Ingrid Schäfer

Graphomotorik für Grundschüler

Praktische Übungen zum Schreibenlernen

Unter Mitarbeit von Dipl.-Psych. Helga Lutz, Marburg

borgmann

Veröffentlicht in der Edition:
borgmann publishing · Hohe Straße 39 · D-44139 Dortmund

Gesamtherstellung: Löer Druck GmbH, Dortmund

Bestell-Nr. 8547

ISBN 3-86145-128-X
ISBN 978-3-86145-128-0

Fotos: Sigrid Staufenberg, Helga Lutz, Ingrid Schäfer

Gestaltung der Arbeitsblätter: Ingrid Schäfer, Sandra Tutsch (nach Angaben von I. Schäfer)

Grafische Symbole: Uta Hengst, Sandra Tutsch, Ingrid Schäfer

Inhalt

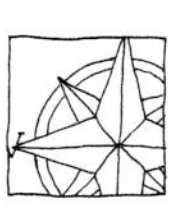

Vorwort

Ist es angezeigt, ein Buch über Graphomotorik im Grundschulalter zu schreiben? Gibt es nicht schon ausreichend Literatur darüber?
In vielen Graphomotorik-Seminaren wurde der Wunsch geäußert, die ideenreichen Erfahrungen von und mit Kindern für Pädagogen, Erzieher und Therapeuten aufzuschreiben. Aber Erfahrungen kann nur jeder selbst sammeln und Ideen entstehen im Prozess mit den Kindern. Die Frage ist, wie können Anregungen gegeben werden, ohne Gefahr zu laufen, rezeptmäßig Lern- und Spielsituationen zur schematischen Übernahme und Umsetzung vorzusetzen.

Zu empfehlen ist für jeden Erwachsenen, sich an seine eigenen ersten Schreibversuche, zu erinnern. Da lohnt es sich beispielsweise, in alten Unterlagen zu stöbern. In den Seminaren erhielten die Teilnehmer die Aufgabe, ein Diktat mit ihrer nicht dominanten Hand zu schreiben, um sich annähernd in Kinder, die Schreiben lernen, hineinzuversetzen und so zu spüren, was evtl. leicht oder schwer von der Hand geht. Es folgten Rückmeldungen wie: ich war von den Fingern bis zur Schulter völlig verspannt, bzw. verkrampft; die Buchstaben purzelten mal mehr nach rechts, mal mehr nach links, nach oben und unten; große Buchstaben gerieten klein, Kleine fielen groß aus; ich blieb nicht auf einer Linie, es ging schräg hoch bzw. hinunter; ich bin nicht schnell genug mitgekommen; das war stressig; unter dem Druck habe ich Buchstaben oder ganze Worte ausgelassen; ich musste mich so auf die einzelnen Buchstaben konzentrieren, dass ich den Sinn des Textes gar nicht verstanden habe; ich musste überlegen, wie der jeweilige Buchstabe geschrieben wird; ich habe ganz viel abgesetzt, neu angefangen; ich habe zu stark aufgedrückt bzw. ganz dünne Striche gezogen; mein Schriftbild ist katastrophal, kaum lesbar; ich habe Ärger, Empörung und Wut verspürt; ich habe einfach aufgehört, keine Lust mehr gehabt; ich habe zu anderen gesehen, andere nach dem Text/Wort gefragt und sie damit gestört; etc. Allerdings ist dieser Vorgang nicht auf Kinder übertragbar, denn so lernen Kinder nicht schreiben; die Probleme sind trotzdem ähnlich und die Erwachsenen erkannten die Anfangsschwierigkeiten von Kindern wieder.
Vor dem Einsatz von graphomotorischen Angeboten für Kinder ist es empfehlenswert, mal selbst z.B. mit dem Material zu experimentieren, sich spielerisch handelnd mit der Situation auseinanderzusetzen und Lust auf dem Entdeckungspfad zu verspüren. Dies sollte jedoch lediglich als Möglichkeit gesehen werden, sich inspirieren zu lassen und sich mit dem Thema zu identifizieren. Es sollte kein Endprodukt geschaffen werden, das von den Kindern imitiert werden soll.
Danach gilt es, mit Kindern auf Entdeckungsreisen zu gehen, mit ihnen herauszufinden, wo sich ihr Lernweg hinbewegt, welche Interessen, Bereitschaften, Ideen sie zeigen, welche Entwicklungs- und Lernhilfen sich für sie eigenen und gemeinsam in den Lernprozess einzutauchen.
Die in diesem Buch beschriebenen Situationen und Variationen sind als Impulse zur Entwicklung von Eigenaktivität und Kreativität gedacht, nicht zur Beraubung von Phantasie oder Hemmung von Aktivitäten. Letzteres wäre der Fall, wenn die Anleitungen ohne an den Kindern individuell orientiert zu sein einfach übernommen werden. Die Spielideen gewinnen erst im Geschehen an Lebendigkeit, nämlich dann wenn die Kinder Möglichkeiten zur Mit- und Ausgestaltung sowie zur Sammlung von Erfahrungen erhalten. Dazu bedarf es für Einzelne bzw. Gruppen angemessene Anforderungen und Herausforderungen, welche z.B. anhand folgender Fragen identifiziert werden können: Was bringt jedes einzelne Kind an Fähigkeitspotential und Erfahrungen mit? Welche Inter-

essen hat es? Wie steht es mit seiner Motivation, bewegend Schreiben zu lernen? Wie verhält es sich im Umgang mit sich und anderen? Es muss jedoch darauf hingewiesen werden, dass es nicht darum geht, dass die Kinder gut „funktionieren“!
Die danach ausgerichtete Inszenierung von Situationsangeboten, Strukturierung und Organisation von Schreib-Lernprozessen ist wohl eine der höchsten Aufgaben jedes Pädagogen/Therapeuten, um Kinder auf diesem Weg zu begleiten und zu unterstützen.

Ziel dieses Buches ist es, Lust zu wecken seine Sinne zu gebrauchen, seinen Körper einzusetzen und damit alles zu benutzen, was Schreibenlernen erleichtert. Darüber hinaus möchte es mit seinen Theorie- und Praxisangeboten das Interesse am Lernen wecken und den Lernprozess lebendiger machen. Schreibenlernen soll im Austausch mit anderen stattfinden und von Freude und Erfolg geprägt sein.

Herzlichen Dank gilt allen Kindern, die in Psychomotorik-Gruppen im Vorschul- und Grundschulalter Lehrmeister und Ideengeber waren. Erst durch sie wurde es möglich, Signale zu verstehen und entsprechend mit ihnen umzugehen. Sie haben geholfen, Blicke zu schärfen und damit dieses Gut zum Tragen gebracht.
Mitgearbeitet an diesem Buch haben Frau Helga Lutz und Herr Dieter Krowatschek vom Schulpsychologischen Dienst in Marburg. Frau Höfler von der Vorklasse der Astrid-Lindgren Schule und Herr Heller und sein Kollegium der Fronhof-Schule (Sprachheilschule) in Marburg.
Ganz besonderer Dank gilt Herrn Krowatschek, der Initiator, Lektor, Mutmacher und Vieles mehr war. Ohne ihn wäre dieses Werk nicht entstanden.
Mein besonderer Dank gilt auch Frau Sandra Tutsch, die mir bei der Gestaltung der Arbeitsblätter und dem Layout der Übungen eine große Hilfe war und auch Frau Uta Hengst für das Zeichnen der Symbole sowie an Frau Nicole Meyer, die den Text korrigiert hat.

Ingrid Schäfer,

Lemgo im Februar 2001

Viele meiner Übungen haben noch einmal die Sozialpädagogin Frau Dagmar Höfler von der Astrid-Lindgren Schule in Marburg und die Leiterin der Vorklasse der Geschwister-Scholl-Schule in Marburg, Frau Ulrike Zuzak in der Schulklasse ausprobiert. Herr Erich Heller und das Kollegium der Frondhofschule (Sprachheilschule), Marburg, haben das Handzeichenalphabet zur Verfügung gestellt.

1. Graphomotorische Fähigkeiten im Überblick

Heute kommen wir allein mit der Bilderschrift nicht mehr aus. Die Bilderschrift ist unabhängig von der Sprache und ermöglicht eine internationale Verständigung. Ihre Symbole sind z.B. auf Flugplätzen, im Straßenverkehr, im Computer-Menü sowie auf Displays vorzufinden. Da derartige Symbole nicht im Zusammenhang mit Lauten stehen, gilt es die Lautsprache mit den dazugehörigen Schriftzeichen zu erlernen. Dies vollzieht sich meist als ein mühsamer Weg mit recht viel Regelwerk. Gehörtes, Gesprochenes, Gesehenes und Getastetes kann mit festgelegten Zeichen so verschlüsselt dargestellt werden, dass jemand, der über die Kenntnisse dieser Zeichen verfügt, die Bedeutung des Geschriebenen versteht. Geheimnisvolle Zeichen zu setzen, ist etwas ausgesprochen Spannendes. Dann auch noch unter Einhaltung der Regeln lesbare Zeichen zu produzieren, erfüllt Kinder oft mit Stolz. Schreiben stellt demnach einen hochkomplexen psychomotorischen Prozess dar, der von einer Vielzahl von Funktionen und Fähigkeiten abhängt (vgl. RUDOLF, 1988).

1.1 Entwicklung der Graphomotorik

Schriftzeichen zu setzen, erfordert in wahrnehmungs-, kognitiv-, psychisch- und bewegungsbezogenen Bereichen Fähigkeitsniveaus, die abhängig von der individuellen Entwicklung sowie von Umweltanregungen sind. Auch wenn es sich bei der Graphomotorik schwerpunktmäßig um den sensorisch kontrollierten motorischen Schreib-Vollzug handelt, können die anderen Fähigkeitsbereiche nicht außer Acht gelassen werden. Erst die zentrale Integration aller analysierten Informationen ermöglicht die motorische Umsetzung. Der Entwicklungsprozess beinhaltet, angeregt durch handelnde Auseinandersetzungen mit der Umwelt, eine zunehmende Differenzierung und Integration aller Funktionssysteme. Die individuelle Fähigkeitsentwicklung bereitet die Basis für den Erwerb der Fertigkeit Schreiben.

Bis ein Kind schreiben kann, hat es einen langen erfahrungsreichen Weg hinter sich. Es hat sich intensiv mit seinem Körper, in verschiedenen Handlungsräumen, mit Dingen, besonders mit Menschen seiner Umwelt vielfältig auseinandergesetzt und soweit ihm die Möglichkeiten dazu gegeben wurden, sich auf diese Weise begabt. Ein kurzer entwicklungsbezogener Einblick zeigt Beispiele von Fähigkeiten auf, die einem Kind zum Schuleintritt für das Schreibenlernen zu wünschen sind:

Altersbezug	Wahrnehmungen: visuell, taktil, kinästhetisch, auditiv	Sprache	Bewegungen
1. - 2. Lebensjahr	fixiert, verfolgt, betrachtet, erkennt, ordnet zu, sortiert, berührt, spürt sich, betastet Objekte, umschließt, läßt los, ahmt nach, horcht, hört hin, versteht Wortbedeutungen, zeigt Benanntes, befolgt Aufträge	äußert sich mit Lauten, lacht, kichert, plappert, spricht in Ein-Wort-, dann in Zwei-Wort-Sätzen, benennt Gegenstände und Personen	führt Hände zueinander, greift im Pinzetten-, Zangen-, Drei-Finger Führungsgriff, kritzelt, zieht kontrolliert Striche in verschiedene Richtungen, setzt sich mit Stiften auseinander
3. - 4. Lebensjahr	orientiert sich in Räumen, sucht, unterscheidet Größen und Formen, erkennt die Lage von Objekten,stellt Beziehungen von Objekten her, erkennt bestimmte Buchstaben, ertastet Objekte, hört Vokale heraus	wiederholt Reime, Texte, fragt nach, begleitet sich beim Spielen, singt, spricht in Drei-Wort-Sätzen	benutzt z.B. Schere mit Halte- und Führungshand, malt Striche in verschiedenen Längen, Kreuze, Bögen, Kreise, die sich schließen, kreuzt die Körper-Mitte zeichnet einzelne Buchstaben ab, wechselt in verschiedene Positionen beim Spielen
5. - 6. Lebensjahr	nimmt Muster wahr, erkennt Fehlendes, unterscheidet Gleiches und Ähnliches, ertastet, differenziert Formen, Größen und Längen, ahmt Hand-, Fingerstellungen nach	spricht in Fünf-Wort-Sätzen, mit Nebensätzen, beschreibt, erklärt, benennt Formen, liest laut seinen Namen und einzelne bekannte Worte	malt in verschiedenen Formen (Winkel, Ovale, Schleifen u.a.) und Größen Häuser, Bäume, Blumen, zeichnet eine vollständige Menschendarstellung, schreibt seinen Namen in Druckschrift

Tab. I: Beispiele zur Entwicklung der Graphomotorik

Derartige Idealvoraussetzungen für das Schreibenlernen können sich nur durch einen entsprechenden Anregungsgehalt entwickeln. Je mehr man sich an Kindern orientiert, mit ihnen spielt, kommuniziert, singt und lacht, ohne sie zu „überfüttern“, umso mehr gibt man ihnen die Chance, psychische und soziale Qualitäten auszubilden. Nur so wird die Basis geschaffen, aus eigener Motivation heraus Schreiben lernen zu wollen.

1.2 Bausteine zur Graphomotorik

Wie hoch die Komplexität der benötigten Fähigkeiten in ihrer Integration ist, soll mit dem Bausteine-Haus verdeutlicht werden. Das Haus erscheint noch nicht vollständig bezugsfertig und einzelne Wohnungen stehen noch leer. Für manche Türen fehlt der richtige Schlüssel. Das Geheimnisvolle liegt in den Zugängen zu den Wohnungen, den Ausstattungen und den Verbindungen untereinander. Das behagliche Wohnen, Ausbauen, Verändern bringt die Zeit sowie viele Erfahrungen miteinander mit sich.
Das Zusammenwirken graphomotorischer Funktionen und Fähigkeiten so betrachtet, soll mit diesem Bausteine-Haus aufzeigen, welche hohen und vielfältigen Anforderungen an Kinder gestellt werden, die für das Schreiben notwendig sind.
Mit den Bausteine-Blöcken (senkrecht von links nach rechts) werden Schwerpunktbereiche hervorgehoben:
- sensorisch-funktionelle Bereiche
- Wahrnehmungs-Bereiche
- motorisch-konditionelle, energetisch bestimmte Bereiche
- motorisch-koordinative, steuernd-regelnd bestimmte Bereiche
- psychische, kognitive, sprachliche, soziale Bereiche.

Neurophysiologisch und -psychologisch gesehen, stehen die einzelnen Bausteine miteinander in Verbindung. Erst mit dem zunehmend wachsenden, gut funktionierenden, sich mehr und mehr verknüpfenden Netz mit vielen Schaltstellen in unserem Gehirn können verarbeitete Informationen an die Bewegungsorgane geleitet werden und sinnvolle Bewegungen entstehen. Gemeinsam tragen diese Funktionen und Fähigkeiten zu einem positiven Selbstwert-Empfinden bei, gestützt und gefördert im sozialen Kontext.

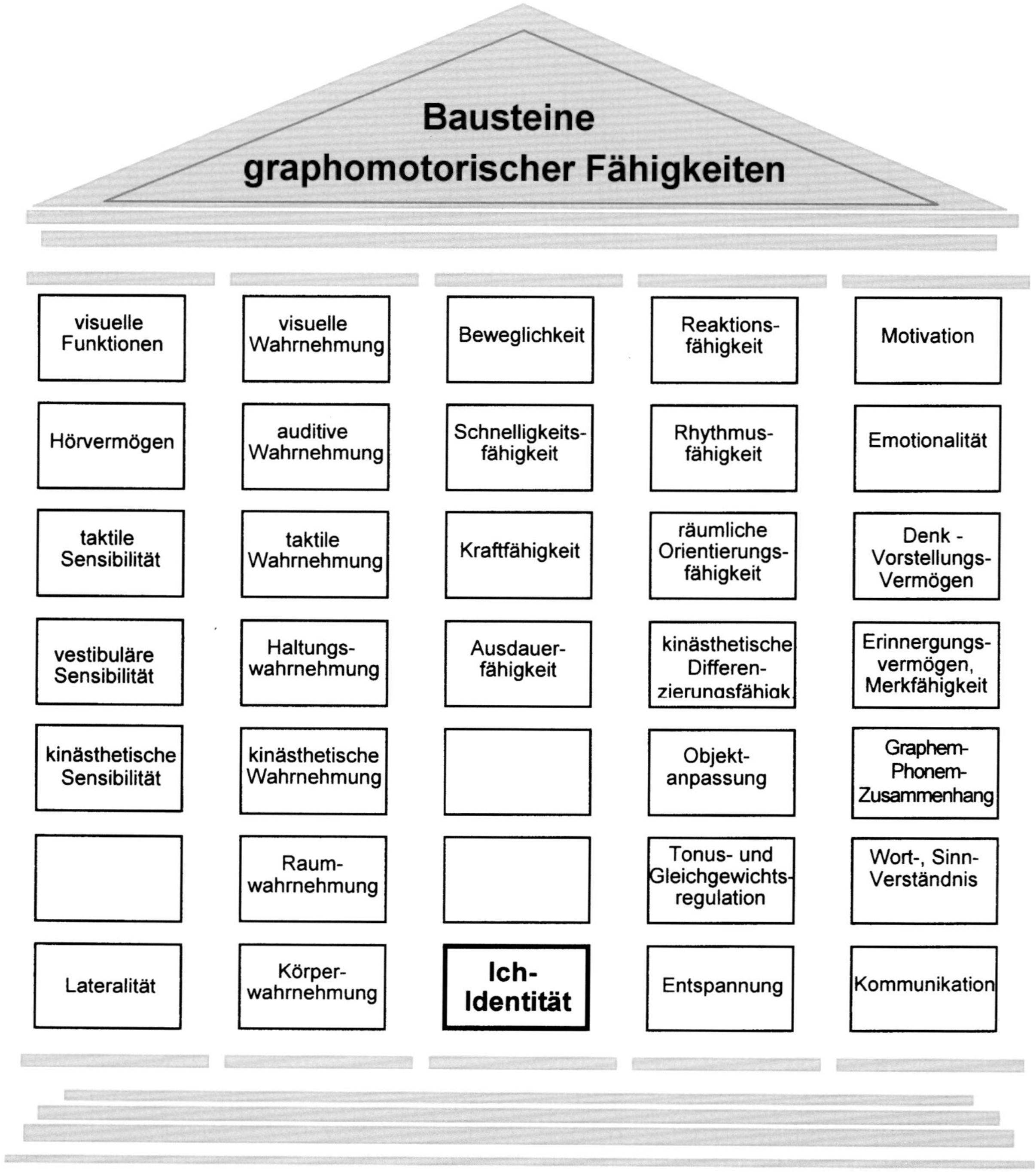

1.3 Graphomotorische Lernprozesse

Entwicklungs- und Lernprozesse beeinflussen sich gegenseitig. Über erlebte Beziehungen im Umgang mit Mitmenschen (besonders mit geliebten Bezugspersonen, die ein „An-die-Hand-nehmen" und „Zur-Hand-gehen" spüren lassen), im Umgang mit sich selbst (sich selbst entdecken, sich an die Hand nehmen), im Umgang mit räumlichen Gegebenheiten (Begrenzungen spüren, Raumschemata erfahren), im Umgang mit Objekten (erkundendes, eroberndes Handhaben) vollzieht sich grundlegend und aufbauend der Schreib-Lernprozess. Werden Sozial-, Körper-, Raum-, Objekterfahrungen als Basis betrachtet, gilt es auf diesen Ebenen, festigend anzusetzen. Weitere Lernanforderungen können gestellt werden, indem mit den Stärken der Kinder gearbeitet und ihren individuellen Fähigkeiten entsprochen wird.

Alles neu zu Lernende bedarf psycho-physischer Wachheit, volle Aufmerksamkeit, die Aufnahmebereitschaft aller Sinne und die Konzentration auf die Aufgabe. Dieser bewusstseinspflichtige Prozess verläuft um so leichter, je mehr sich auf bisherige abgespeicherte Erfahrungen bezogen werden kann. Spielerisches Üben, variationsreiches Wiederholen führen zu graphomotorischen Fertigkeiten, die sich zunehmend durch fließende, wahrnehmungsgeleitete und -kontrollierte Bewegungen kennzeichnen. Dieser Prozess lässt sich aus körper-, raum-, objektbezogenen sowie real erlebten Bewegungssituationen herleiten und führt zu Umsetzungen in abstrakte, zweidimensionale vielfältige Handlungsauseinandersetzungen mit Papier und Stiften. Entscheidend ist, wie sich das Kind organisiert und strukturiert und wieviele bzw. welche Hilfen es hierzu braucht.

1.4 Lernhilfen im Schreiblernprozess

Bereits die sehr frühen selbständigen Aktivitäten des Streichelns, Waschens, Eincremens usw. der Kinder sollten von den Eltern unterstützt werden. Diese sehr körpernahen spürbaren Erlebnisse sind lebenslang für die Selbstannahme von Bedeutung. Körperteile, Körperseiten, Kreuzungen der Körperseiten werden so fundamental erfahren. Groß- wie kleinräumige Haltungs- und Bewegungserfahrungen gesamtkörperlich wie mit einzelnen Körperteilen sind als wichtige Grundausstattungen für das Schreibenlernen notwendig.

Das Hantieren, Konstruieren und Gestalten mit Dingen bilden die Basis für Raum- und Formerfassungen.

Erste graphomotorische Spuren hinterlassen die Kinder bereits an Wänden, auf Tischen, sandigen, erdigen Wegen sowie in Büchern. Sie ahmen das Schreiben von Einkaufszetteln oder Briefen nach. Sinnvolle Gelegenheiten aus der Sicht der Eltern wie aus der Sicht der Kinder sind zu nutzen, z.B. durch Angebote von alten Tapetenresten, Zeitungen, Rückseiten von beschriebenen Papierblättern, allen möglichen Papier- und Pappe-Abfällen, Tafeln, sowie bemalbare Flächen draußen. Verschiedene Stöckchen, Stifte, Pinsel u.a. ebenso wie Hände (beid-, einhändig) und Finger können zum Experimentieren eingesetzt werden. All das gilt es im Schreiblernprozess zu berücksichtigen.

Beobachtungen der Kinder in den einzelnen Fähigkeitsbereichen bleiben unerlässlich. In alltäglichen Situationen ist ein Beobachten immer gegeben oder gezielte Beobachtungssituationen können zum Begutachten gesondert geschaffen werden. Hierzu mögen die Tabellen in den jeweiligen Kapiteln dienen.

Anhand der ausgewerteten, interpretierten Beobachtungen lassen sich individuell für die Kinder mögliche Ziele ableiten. Schwerpunktmäßig sind zu den Praxisbeispielen Ziele aufgeführt, die lediglich globale Richtungen aufzeigen. Materialvorschläge und Anleitungen zu Spiel-/Übungsangeboten mit Varianten zu entsprechenden Zielen werden ebenfalls in den folgenden Kapiteln aufgeführt. Sie stellen Praxissituationen dar, aus deren Vielzahl geeignete Lernangebote und Lernhilfen ausgewählt werden können. Konkretisierungen und Ergänzungen sind keine Grenzen gesetzt.

Einige altbekannte Prinzipien gilt es für die Umsetzung der Spiel- und Übungssituationen in Erinnerung zu rufen:

- Wertschätzung der Kinder
- Intentionale Verbalisierung (beschreiben statt beurteilen) ihrer situationsbezogenen Handlungen

- den Kindern individuellen Zugang ermöglichen
- Achtung der Individualität im motorisch-emotionalen Ausdruck bis hin zum Schriftbild des Einzelnen
- Steigerungen der Schwierigkeits- und Komplexitätsgrade am Kind orientiert anbieten
- Aktivitäten, Geschichten initiieren, Phantasien entfachen
- zum kreativen Mitgestalten anregen und Ideen der Kinder aufgreifen
- lebendiges Experimentieren und Erfahrungen sammeln ermöglichen
- individuelle (kleinste) positive Veränderungen wahrnehmen, Fähigkeiten vorher und nachher vergleichen und dem Kind zurückmelden, ohne dabei einzelne Kinder untereinander zu vergleichen
- Kinder selbst Unterschiede wahrnehmen und herausfinden lassen, mit welcher Hand ihnen beispielsweise etwas besser gelingt
- über erlebte, gespürte Körper-, Raum- sowie Objekterfahrungen Vorstellungshilfen schaffen und auf diesen Erfahrungen aufbauen
- Kindern von groß- zu kleinräumigen, grob- zu feingesteuerten Bewegungen Entwicklungsanregungen geben
- zur Unterstützung der Kinder im Umgang mit Begrenzungen und Linien gilt:
  - von spürbar dreidimensionalen zu nur noch sichtbaren zweidimensionalen;
  - von breiten-dicken zu schmalen-dünnen;
  - von geraden zu gebogenen, zickzackförmigen, unterbrochenen;
  - von nebeneinander verlaufenden zu sich zunehmend kreuzenden, form- und richtungsgebenden räumlichen Begrenzungen bzw. Raumlinien
  - den taktil-kinästhetischen Wahrnehmungsbereich für Schreibbewegungsvorstellungen besonders ansprechen
- Eselsbrücken bauen, Merk-, Orientierungshilfen anbieten
- die Kinder zum Beschreiben ihres Tuns, zum Benennen von Wahrgenommenem, zum Lautieren und leisen Mitsprechen beim Schreiben anregen (verinnerlichte Sprache ist für die Schrift, das Setzen von Laut-Zeichen erforderlich)
- die Kinder zum Horchen, Lauschen, Hinhören animieren (denn Hören hat eine hoch integrierende Funktion)
- unterschiedliche Schreibunterlagen (Papiersorten) und Schreibgeräte (Stifte) erproben, diese auf verschiedenen Ebenen (waagerecht, schräg, senkrecht, am Fußboden, an Tischen, an der Wand) arbeitend auswählen lassen
- auf großen Flächen bis zu kleiner werdenden Flächen Bewegungs- und Schreibexperimente ermöglichen
- Schreibstift-Hilfen (z.B. dreieckige Aufsatzstücke) anbieten
- Einsatz von Musik, Instrumenten und Liedern, denn dieses trägt nicht nur zur Motivation bei, sondern auch wesentlich zum Rhythmusempfinden und Rhythmusfinden für Schreibbewegungen
- die Übertragung erlebter ganzkörperlicher Bewegungshandlungen auf Papier mit dem Stift führt zu Arbeitspapieren, die die Kinder sich selbst gestalten
- selbstentwickelte Arbeitspapiere von oder für themenbezogene Spielsituationen sind vorgegebenen Übungsblättern vorzuziehen (mit Selbsthergestelltem identifizieren sich Kinder mehr und es stellt ihre Kreativität heraus).

Diese methodischen Aspekte und andere Überlegungen können dem Lernhelfer bzw. Lernbegleiter dazu dienen, Kinder in ihrer Organisation und Strukturierung zu unterstützen. Verschiedene Prinzipien sind in den Praxisbeispielen und unter den Hinweisen wiederzufinden.

Wünschenswert wäre, auch im Sinn einer Integration, wenn die zu erlernenden Schreibbewegungsfertigkeiten in Fächer wie z.B. Sport, Mathematik, Kunst, Musik einbezogen würden. Eine gute Zusammenarbeit auch mit den Eltern ist für den Schreiblernprozess unentbehrlich. Es ist wichtig, dass sie, ohne Druck auszuüben, helfen Erfolge zu sichern.

2. Sensorische und motorische Grundlagen

Tast-, Bewegungs- und Gleichgewichtsempfindungen gelten als sensorische Basiskompetenzen. Sie sind die Grundlage dafür, sich in seinem Körper „zu Hause zu fühlen".
Eine gute Integration und Verarbeitung dieser Sinneseindrücke trägt wesentlich zu einer psycho-physischen Balance bei.
Konkrete Erfahrungen sammelt das Kind durch sinnvolle, handelnde Auseinandersetzungen mit sich und seiner Umwelt. Es legt sich einen Erfahrungsschatz über den Umgang mit Mitmenschen, mit sich und seinem Körper, mit Dingen und räumlichen Gegebenheiten an.
Je mehr sich ein Kind wahrnimmt – sich ernst und wichtig nimmt, sich wertschätzt, sich versteht – um so mehr Vertrauen und Mut wird es haben, sich die Welt zu erschließen. Visuelle, auditive, taktil-kinästhetische Wahrnehmungsfähigkeiten sind Voraussetzungen dafür, Handlungssituationen zu meistern. Sie erscheinen dabei oft in einem neuen Licht.
Das Kind orientiert sich zunehmend sicherer an seiner Umwelt, meistert Alltagssituationen und wird schulischen Anforderungen durch ständig herausforderndes Üben, vorwiegend aus eigenem Antrieb gerecht. Motorisches Handeln zeichnet sich nun durch körperliche Gewandtheit sowie Geschicklichkeit in großer Variationsbreite aus. Ausreichende bewegungs- und wahrnehmungsbezogene Erfahrungsmöglichkeiten und eigene Erprobungen lassen im Kind Vertrauen in die eigenen Fähigkeiten wachsen. Diese sensorischen und motorischen Grundlagen sollen durch viele hier dargestellten Übungen gesichert und ausgebaut werden. Es wird Bezug zur graphomotorischen Entwicklung genommen, des weiteren werden die zum Schreibenlernen notwendigen Schritte dargestellt.

Überblick und Zusammenhänge der Bereiche, die in den folgenden Kapiteln angesprochen werden:

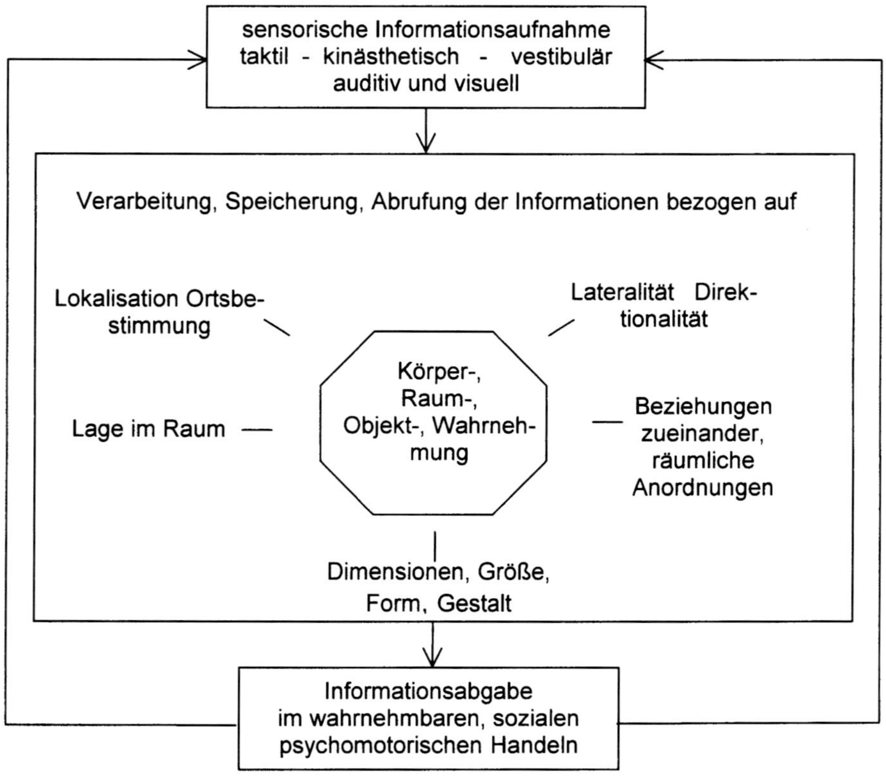

2.1 Körperwahrnehmung und -orientierung

Das sogenannte Körperschema repräsentiert eine Art Abbild von uns. Es verdeutlicht uns, wie wir beschaffen sind, wie wir uns fühlen, welche Meinung und Vorstellung wir von uns haben, wie wir mit uns und unserem Körper umgehen und wie wir in der Lage sind, zu handeln.
In der Auseinandersetzung mit sich selbst, mit räumlichen Gegebenheiten und mit anderen Menschen entwickelt sich unser Körperschema. Dieses Konzept von uns umfasst z.B. alles Wissen über Struktur, Gestalt, Funktionen und über Wirkzusammenhänge der einzelnen Organsysteme. Es umfasst alles körperlich Erlebte und Erfahrene, was wir bis zum jetzigen Zeitpunkt gesammelt haben und uns zur Planung zur Verfügung steht.
Somit wird die Ausbildung und Veränderung des Körperschemas von körperlichem Wachstum, von der Funktion der Organsysteme, von Fähigkeitsentwicklungen, von Umwelteinflüssen, ebenso wie von Krankheiten, Behinderungen und den damit verbundenen Erlebnissen beeinflusst.
Das Körperschema ist Bezugssystem für alle Beziehungen zu uns und unserer Umwelt. So gewinnt die sensible Wahrnehmung unseres Körpers auch Bedeutung für die Graphomotorik.

Folgende Bereiche sollen in diesem Zusammenhang angesprochen werden:

1. Wahrnehmung von Körperseiten und Rechts-Links-Orientierung am Körper
   Die Körperseiten taktil, kinästhetisch, visuell wahrnehmen und unterscheiden, kann
   - ✎ zur Bewusstwerdung und Entscheidung für eine Körperseite beim Schreiben beitragen,
   - ✎ in der Übertragung des Richtungskonzeptes vom eigenen Körper auf den Außenraum hilfreich sein,
   - ✎ für die Planung und Ausführung von Bewegungsrichtungen das Schreiben unterstützen,
   - ✎ die Wahrnehmung von Buchstaben ermöglichen, erleichtern und festigen.

2. Wahrnehmung von oben und unten am Körper.
   - ✎ Auch hier besteht der Zusammenhang zu Schreibrichtungen in Anlehnung an den Körper. Richtungsbegriffe können gefestigt werden.

3. Wahrnehmung der Körperlagen und Körperdimensionen und die Orientierung am Körper.
   - ✎ Dies betrifft beim Schreiben z.B. die Lage und Größe von Buchstaben. Es unterstützt die Vorstellung von Buchstaben.

4. Wahrnehmung und Lokalisation einzelner Körperteile, ihre topographische Anordnung, die Orientierung an Körperteilen und ihre Zusammenhänge
   - ✎ Das Wahrnehmen von Punkten, Buchstaben und ihrer Verbindungen kann vermehrt ins Bewusstsein rücken,
   - ✎ die Beachtung von Reihenfolgen und die Koordination unter Aspekten der räumlichen Orientierung am Körper gewinnen an Bedeutung.

5. Übertragung der Körperwahrnehmung und -orientierung vom Dreidimensionalen zum Zweidimensionalen.
   ✎ Vermehrte Abstraktion und Umsetzungen mit Stift und Papier.

Unter diesen Gesichtspunkten ermöglicht Tabelle II einen Überblick über den Fähigkeitsstand von Kindern. Geeignete Situationsangebote können dem Niveau der Kinder entsprechend ausgewählt werden.
Die in dieser Tabelle aufgeführten Anforderungen bzw. die mögliche Aufgliederung körperschemabezogener Fähigkeiten zeigt deutliche Bezüge zu graphomotorischen Grundlagen auf.
Die vorgeschlagenen Beobachtungssituationen können entsprechend ergänzt und erweitert werden. Hier sind lediglich Beispiele aufgeführt.

Schon SCHILDER (1935) schreibt „Wenn das Wissen über unseren eigenen Körper unvollständig oder fehlerhaft ist, werden alle Handlungen, für die dieses besondere Wissen notwendig ist, ebenfalls fehlerhaft sein."

Anforderungen an körperschemabezogene Fähigkeiten	Beobachtungs-Situation/Aufgabenbeispiel	Reaktionen/ Beobachtungshinweise	Beurteilung	
			Ja	Nein
- emotionale Einstellung - kognitive Vorstellung	Menschdarstellung in der Zeichnung bzw. mit Ton	vollständig		
Seitenbevorzugung	Benutzung einer Hand beim Schreiben	nur rechts		
		nur links		
		wechselnd		
- Rechts-/Links Orientierung - Oben-/Unten Orientierung	Anziehen von Schuhen und Kleidung	richtig angezogen		
Reaktionen auf Benennungen von Seiten und Richtungen	„Zeig mir deinen rechten/linken Arm"	zeigt zutreffend		
	„Zeig mir, wo oben an deinem Körper ist"	zeigt zutreffend		
Benennung von Körperseiten/Richtungen	„Sag mir, auf welche Seite ich zeige"	benennt richtig		
	„Sag mir, wo dein Kopf an deinem Körper ist"	benennt richtig		
Lokalisation bei Berührung	„Zeig mir, wo ich dich angetippt habe"	zeigt genau hin		
Reaktion auf Benennung von Körperteilen	„Tipp auf deinen Ellenbogen"	reagiert entsprechend		
Benennung von Körperteilen	„Sag mir, auf welches Körperteil ich zeige"	benennt/zeigt		
Körperlage-Nachahmung	Demonstration einer Körperlage	richtig ausgeführt		
Körperlage nach Ansage	„Leg dich auf deine (rechte) Seite"	richtig umgesetzt		
Körperstellung/Nachahmung	„Mach so wie ich" (Hand an Kopf) (rechte Hand an linkes Ohr)	richtig nachgeahmt		
		richtig koordiniert		
		richtig gekreuzt		
	spiegelbildlich	spiegelbildlich		
	hintereinander	seitengleich		

Tab. II: Überblick über den Fähigkeitsstand der Kinder

Anforderungen an körperschemabezogene Fähigkeiten	Beobachtungs-Situation/Aufgabenbeispiel	Reaktionen/ Beobachtungshinweise	Beurteilung	
			Ja	Nein
Körperstellung auf Benennung	„Halte deine Hand auf die Schulter der anderen Seite"	richtig umgesetzt		
Anordnung von Körperteilen	Teile eines Hampelmannes zusammen setzen	richtig geordnet zusammengefügt		
Konturen des Körpers und seinerTeile	Zusammenlegung aufgezeichneter und zerschnittener Konturen auf Papier	Körperteillinien erkannt und richtig zusammengefügt		
Reihenfolge von Körperteilen	2-5 Teile nacheinander zeigen	richtig wiederholt		
	2-5 Teile nacheinander benennen	richtig reagiert		
	2-5 Teile nacheinander benennen lassen	richtig benannt		
Übertragung von sich auf andere Personen	zeigen/benennen lassen usw.	erkennt, findet Gezeigtes/Benanntes beim anderen		
Übertragung auf Abbildungen	zeigen/benennen lassen usw.	erkennt, findet Gezeigtes/Benanntes in Abbildung		
Körperdimensionen	- Einschätzung von Längen/Breiten/Reichweiten.... - Selbstannahme seiner Dimensionen	realistische Einschätzung Annahme		
Identifikation mit sich				

2.1.1 Begrüßung

Soziale Situation
In der Gruppe, paarweise

Räumliche Situation
Klassenraum oder Stuhlkreis, überall möglich

Material
Evtl. Arbeitsblatt mit Benennung bestimmter Körperteile- und -seiten

Ziel
- Beobachtung und Orientierung an Körperteilen und Körperseiten;
- Rechts-Links-Unterscheidungen;
- Reaktionen auf Benennungen

Anleitung
Der Lehrer/der Gruppenleiter begrüßt zu Beginn der Stunde alle Kinder einzeln mit der Hand.
Er fordert sie nun auf, die Begrüßung zu erschweren, indem sie ihre rechte Hand verstecken. So können sie sich beispielsweise auf die rechte Hand setzen oder die rechte Hand unter dem linken Arm einklemmen.
Danach geht der Lehrer zu jedem Kind, sucht seine rechte Hand und begrüßt jedes Kind mit einem liebevollen Händedruck.

Varianten
✎ Statt der Begrüßung wird eine Verabschiedung gespielt.
✎ Bestimmte Körperteile und Körperseiten werden begrüßt. Beispiel: Der linke Unterarm wird begrüßt.
✎ Die Kinder finden sich paarweise zusammen. Das eine sagt dem anderen ein Körperteil, versteckt es und lässt den Partner das benannte suchen. Kann mit Körperseiten ebenfalls durchgeführt werden.
✎ Ein benanntes Körperteil wird vom Partner blind ertastet.
✎ In einem Arbeitsblatt (S. 24) sollten benannte Körperteile und -seiten gefunden und ergänzt werden.

Pädagogische Hinweise
Um die Übung zu festigen, empfiehlt es sich, Begrüßung oder Verabschiedung als Ritual über eine Zeit lang im Morgenkreis durchzuführen.
Es sollte darauf geachtet werden, dass die Kinder Körperteile und -seiten vermehrt selbst benennen. Dabei wird das phantasievolle Verstecken einzelner Körperteile selbstverständlich entsprechend bekräftigt.
Baut man die Übung weiter aus und überträgt Körperteile auf das Körperschema des anderen Kindes, erschwert sich für eine Reihe von Kindern die Situation.

2.1.2 Unfall-Notdienst

Soziale Situation
Rollenspiel, Großgruppe, jeder für sich

Räumliche Situation
Großer Raum aber auch am Tisch

Material
Baumwolltücher oder Verbandsmaterial (Pflaster, Schere etc.), rote Kreide, Schminke, Papier und Stifte

Ziel
- Bewusstmachung der Körperteile und -seiten
- Links-Rechts-Orientierung

Anleitung
Zu Beginn kann ein Gespräch über Erfahrungen mit Verletzungen z.B. am rechten Arm, am linken Bein stattfinden.
Ein Teil des Klassenraumes wird dann in eine Unfallstation im Krankenhaus verwandelt (evtl. ein OP-, Verbandstisch usw.).
Rollen werden verteilt. Benötigt werden z.B. Arzt, Pfleger, Schwestern, Verletzte. Ein Unfall – beispielsweise ein Beinbruch – wird inszeniert.
Der Verletzte muss ins Krankenhaus transportiert werden. Dort beginnt die Versorgung des Verletzten. Das gebrochene Bein wird mit Tüchern dick umwickelt (als Gips). Nach der Behandlung wird der Verletzte wieder entlassen.

Varianten

✎ Die Kinder spielen, sie hätten sich am rechten bzw. linken Arm verletzt. Die Verletzungsstellen werden mit roter Kreide markiert. Verbände werden angelegt. Aus Dreieckstüchern entstehen Arm-Trageschlingen. So versorgt, bekommen die Kinder die Aufgabe, ohne Benutzung ihres verletzten Armes einen Parcours zu bewältigen, z.B. sich unter/über die Tische zu bewegen.

✎ Zwei Kinder finden sich jeweils zusammen. Ein Kind spielt eine Verletzung an seiner nicht bevorzugten Hand (Haltehand). Der Partner versorgt die Wunde, verbindet die Hand. Das jeweils verletzte Kind erhält die Aufgabe, z.B. sich mit seiner bevorzugten Hand Schuhe und Strümpfe aus- und wieder anzuziehen, oder einen Reißverschluss zu öffnen bzw. zu schließen.

✎ Alle Kinder sollen sich vorstellen, sie hätten beispielsweise ihr linkes Bein gebrochen. Sie sollen sich nun ohne Benutzung dieses Körperteils auf den Boden setzen, legen, rollen, aufstehen, sich fortbewegen.

✎ Auf einem Arbeitsblatt (S. 26) gilt es, alle rechten (oder linken) Ohren zu markieren.

Pädagogische Hinweise
Selbstverständlich kann man versuchen, die Unfallsituationen von den Kindern selbst gestalten zu lassen.
Probleme mit Verletzungen können beschrieben werden und die entsprechenden Körperteile werden auch immer während des Spiels verbalisiert.
Die Erfahrungen der Kinder werden vertieft, wenn die verletzten Körperteile in verbundenem Zustand über einen längeren Zeitraum erlebt werden.

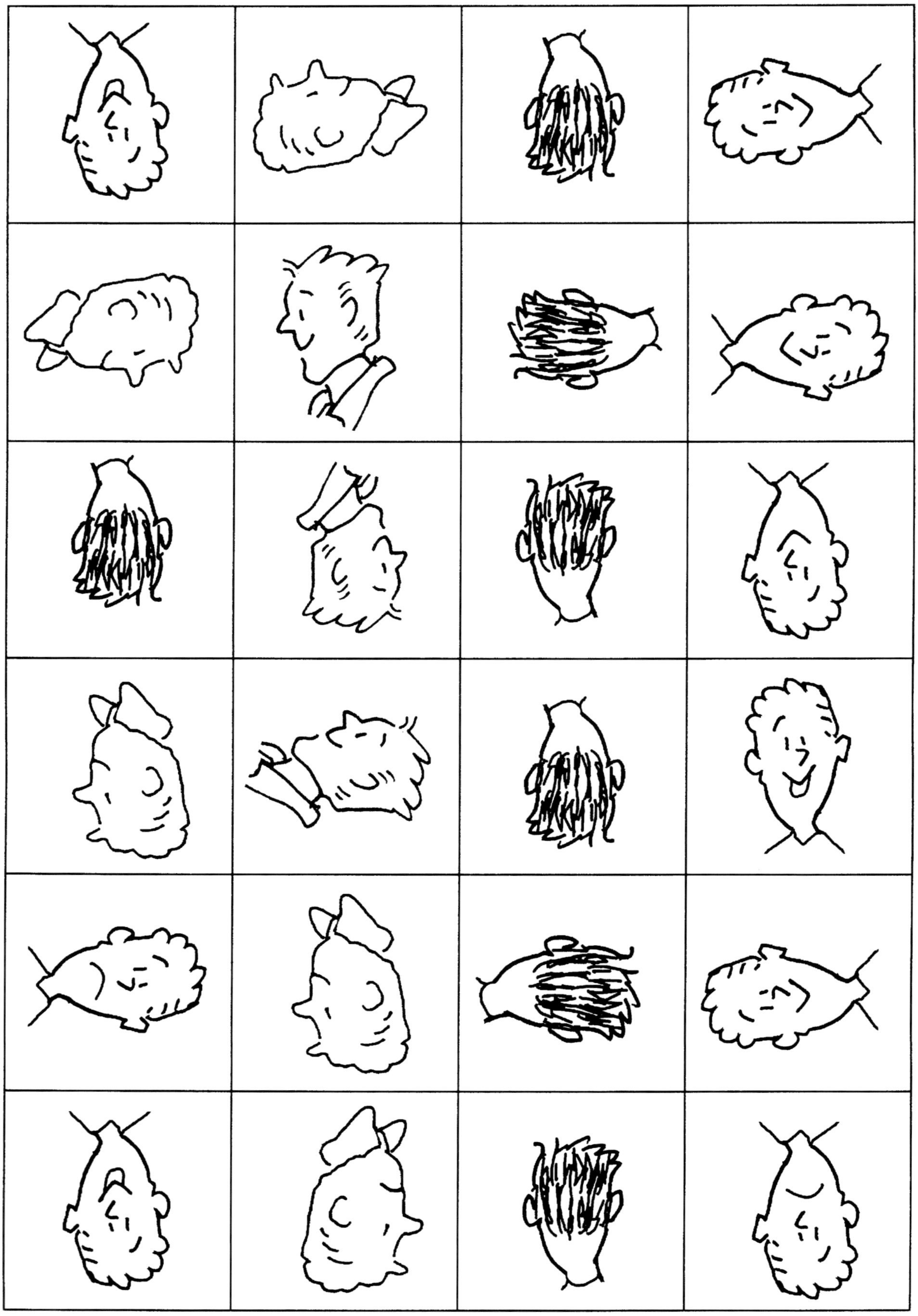

2.1.3 Paradiesvögel

Soziale Situation
Großgruppe, paarweise, als Fangspiel.

Räumliche Situation
Großer Raum, Pausenhalle, Flur, Sporthalle, Schulhof.

Material
Chiffontücher oder Baumwolltücher, Wäscheklammern, Musik **oder**: Krepp-Papier, Geschenkbänder, Zeitungspapierstreifen, Papier und Stifte

Ziel
- Wahrnehmung des rechten und linken Arms
- Beweglichkeit in den Schulter-Arm-Gelenken
- Ausdrucksmöglichkeiten mit den Armen

Anleitung
Jedes Kind heftet sich mit Wäscheklammern Tücher an seinen rechten und linken Arm. Diese werden zu Flügeln mit bunten Federn und so verwandeln sich die Kinder in Paradiesvögel. Zur Musik schwingen die Paradiesvögel ihre Flügel und fliegen durch den Raum. Hört die Musik auf, hocken sich die Vögel hin, oder setzen sich auf ihre Stühle.
Bei zwei oder mehr Gruppen wird gewechselt. Die Kinder, die sich gerade nicht in Paradiesvögel verwandeln können, singen oder klatschen zur Musik, bis sie an die Reihe kommen.

Varianten
✎ Einige Kinder der Klasse/Gruppe haben keine Paradiesvogelfedern abbekommen. Sie sind neidisch auf die schönen Federn und versuchen, während der Vogelflüge einzelne von den anderen zu erhaschen.
✎ Nur der Lehrer ist neidisch auf die hübschen Paradiesvögel und versucht, Federn von den Kindern zu rauben.
✎ Die Paradiesvögel führen einen Tanz, eine Polonaise oder ähnliches zu dem Lied „Alle Vögel sind schon da“ auf. Mit den Flügeln werden verschiedene Schwünge beid-/einseitig experimentierend ausgeführt. Die Vogel-Mutter (Vogel-Vater) macht Flügelschläge vor, die Vogeljungen ahmen sie nach und machen mit: Mit den Flügeln (ein-/beidseitig) Formen, Buchstaben oder Zahlen schwingen. Die dargestellten Formen werden selbstverständlich erraten.
✎ Nach dem erlebten Paradiesvogel-Spiel können die Kinder evtl. Vögel mit großen Flügeln und bunten Federn auf Papier oder an die Tafel malen – bzw. ausmalen (siehe Arbeitsblatt S. 28). Vielleicht mögen die Kinder auch skizzieren, wohin die Vögel geflogen sind.

Pädagogische Hinweise
Es hat sich als sinnvoll erwiesen, eine Geschichte über die Paradiesvögel zu erzählen – bzw. erzählen zu lassen. Auch die gespürten anstrengenden Armbewegungen können kommentiert werden. Vielfalt und Ausdruck der Flügelschwünge sind zu verbalisieren. Der Einsatz der Armbewegungen rechts im Vergleich zu links kann bei dieser Übung gut beobachtet werden.
Selbstverständlich müssen auch die Kinder genügend Zeit haben, über Erlebtes zu berichten.

2.1.4 Sommersprossen

Soziale Situation
Fangspiel, paarweise

Räumliche Situation
Großer Raum (z.B. Klassenraum), Pausenhalle, Bewegungsraum

Material
Klebepunkte (kurze Klebestreifen oder Pflaster) **oder**: Wäscheklammern, Papier und Stifte

Ziel
- Rechts-Links-Orientierung am eigenen Körper und bei anderen
- taktile Wahrnehmung von Berührungspunkten – einschließlich ihrer Lokalisation

Anleitung
Ein Kind als Fänger bekommt die Aufgabe, die anderen Kinder an verschiedenen Stellen der rechten Körperseite anzutippen. Wer gespürt hat, wo er berührt wurde, zeigt die Stelle dem Lehrer und erhält bei Benennung einen Klebepunkt für diese Stelle. Das Fangspiel läuft so lange, bis der Lehrer keine Klebepunkte mehr ausgibt. Kein Kind scheidet während des Spieles aus. Im Anschluss können die Kinder ihre erhaltenen Klebepunkte zählen. Sie behalten diese „Sommersprossen" auf der rechten Körperseite bis zum Ende der Stunde.

Varianten
- ✎ Jedes Kind erhält drei Klebepunkte, die es sich an verschiedene Körperteile der linken Körperseite klebt. Beim folgenden Fangspiel nimmt es sich jeweils den Punkt ab, an dem es berührt worden ist. Es können zwei oder drei Fänger bestimmt werden.
- ✎ Die Kinder spielen paarweise zusammen. Jedes Paar erhält eine Wäscheklammer. Ein Kind steckt sich jeweils die Klammer an ein bestimmtes Körperteil einer Körperseite, ohne dass das andere Kind dies sehen kann. Der Partner ertastet nun mit verbunden Augen – also blind – die Klammer und benennt Körperteil und Körperseite. Danach wird gewechselt.
- ✎ Der Lehrer geht herum, während die Kinder sich schlafend stellen und heftet Einzelnen einen Klebepunkt (oder eine Wäscheklammer) an. Die Kinder ertasten den Klebepunkt und flüstern dem Lehrer die Körperseite und das Körperteil zu.
- ✎ Auf dem Arbeitsblatt (S. 30) setzen die Kinder auf Zuruf der Lehrkraft Punkte auf die Kleidung und auf die Körperteile – z.B. 5 Punkte auf den linken Strumpf, 4 Punkte auf den rechten Arm etc.

Pädagogische Hinweise
Zu Beginn der Übung empfiehlt es sich, Körperseiten und Körperteile nochmals zeigen zu lassen und die Benennung zu bekräftigen, um die Körperwahrnehmung der Kinder zu unterstützen.
Bevor die rechte und linke Körperseite im Spiel abwechselnd eingesetzt werden, arbeitet man über einen längeren Zeitraum nur auf/mit einer Körperseite. So wird den Kindern die Unterscheidung „rechts" und „links" besser bewusst.

2.1.5 Re-rot- und Li-bunt-Indianer

Soziale Situation
Zwei Gruppen, jeder für sich

Räumliche Situation
Großer Raum, Bewegungsraum, am Tisch

Material
Rote und bunte Wäscheklammern (oder rotes und lila Garn), Musik oder Trommel **oder** Glocken-/Schellenbänder, Papier und Stifte

Ziel
- Rechts-Links-Orientierung am Körper
- Wahrnehmung der Körperseiten und ihrer Bezeichnungen

Anleitung
Die Kinder teilen sich in zwei Gruppen auf, in den Stamm der Re-rot-Indianer und in den Stamm der Li-bunt-Indianer. Zur Kennzeichnung der Zusammengehörigkeit schmücken sich die Stammesangehörigen. Auf Zuruf der Lehrkraft stecken sich die Re-rot-Indianer an bestimmte, benannte Körperteile der rechten Körperseite rote Klammern an und die Li-bunt-Indianer bunte Klammern an Körperteile der linken Körperseite. Es folgt ein Indianertanz der beiden befreundeten Stämme. Die Indianer stampfen, schleichen, klatschen, stimmen ihre Indianerrufe an, mal laut, mal leise zu Trommelschlägen oder Musik.
Zum Schluss legen sich die Indianer zum Schlafen hin. Die Lehrkraft geht leise herum und verwandelt die Indianer wieder in Kinder zurück, indem sie ihnen Klammern abnimmt.
Vor dem Erwachen spüren die Kinder nach, ob sie links oder rechts noch eine Klammer ertasten können.

Varianten
- ✎ Die Gruppe des Re-rot-Indianerstammes beklammert sich selbst an den rechten Körperseiten mit roten Klammern, die Gruppe des Li-bunt-Indianerstammes tut dies linksseitig ebenfalls selbständig mit bunten Klammern. Die beiden Gruppen legen sich jeweils in einer Reihe gegenüber. Die Lehrkraft erzählt eine Geschichte von Indianern, in der die Namen rechts und links vorkommen. Sobald die Re-rot-Indianer den Namen rechts hören, stehen sie schnell auf und versuchen Li-bunt-Indianer zu fangen, aber die Li-bunt-Indianer laufen rasch weg. Umgekehrt läuft es, wenn das Wort links in der Geschichte vorkommt, dann greifen die Li-bunt-Indianer an. Zum Schutz hat jeder Stamm auf seiner Seite eine Stuhlreihe, wohin er flüchten und sich retten kann. Gelingt es einem Indianer nicht sich zu retten, muss er als Gefangener auf einen Stuhl des gegnerischen Stammes.
- ✎ Die Gruppe der Re-rot-Indianer (rechts mit roten Klammern geschmückt) bewachen ihre Schätze. Sie stehen mit gegrätschten Beinen im Kreis. Zwischen ihren Beinen haben sie jeweils eine Klammer (als Schatz) aufgestellt, die sie ohne Körperberührung verteidigen. Die Li-bunt-Indianer greifen an, indem sie versuchen, die Schätze wegzunehmen. Bei Spielwechsel versuchen die Li-bunt-Indianer ihre Schätze zu schützen.
- ✎ Auf dem Arbeitsblatt (S. 33) können die Re-rot-Indianer die Indianer-Kleidung mit roten Fransen (evtl. nur rechtsseitig) versehen, die Li-bunt-Indianer, die Kleidung mit anderen bunten Farben (evtl. nur linksseitig) schmücken.

Pädagogische Hinweise
Zu Beginn der Übung kann es sinnvoll sein, alle Kinder dem Stamm der Re-rot-Indianer zuzuordnen, damit eine Körperseite ganz explizit ins Bewusstsein rückt. Es kann dann gewechselt werden und alle werden zu Li-bunt-Indianern.
Die Wortverbindung rechts und rot und links und bunt stellen für die Kinder eine hilfreiche „Eselsbrücke“ dar.
In der Praxis hat es sich bewährt, durch Glocken- oder Schellenbänder an einer Körperseite oder an einem bestimmten Körperteil (rechter Fuß oder linke Hand) die Seiten auditiv erleben zu lassen. Dies ist eine sehr schöne Ergänzung zu der Übung.

2.1.6 Schuhe- und Hüte-Schau

Soziale Situation
Jeder für sich in der Gruppe, gemeinsam, Anschleich- oder Fangspiel

Räumliche Situation
Großer Raum, Klassenraum, Bewegungsraum oder am Tisch

Material
Zeitungen, Klebeband **oder**: von den Kindern mitgebrachte Hüte, Schuhe, Decke oder großes Tuch, Papier und Stifte

Ziel
- Oben-Unten-Orientierung am Körper.
- Einübung entsprechender Begrifflichkeiten

Anleitung
Die Kinder stellen sich vor, sie seien in einer Hut- und Schuhmacherei. Dort werden aus Zeitungen Supermodelle angefertigt. Jedes Kind probiert seine einmalige Kopfbedekkung oben und seine besondere Fußbekleidung unten am Körper aus und versucht, sich wirkungsvoll damit zu bewegen.
Die Modenschau beginnt. Die Kinder gehen über den Laufsteg, werden bewundert und beklatscht. Jede kleinste Besonderheit der Supermodelle wird von den Zuschauern kommentiert (z.B. „Oben auf dem Kopf gefällt mir besonders die Hutspitze.")

Varianten
✎ Die Kinder ziehen ihre mitgebrachten Hüte und Schuhe an. Sie gehen über den Laufsteg und werben für ihre besondere Bekleidung. Sie sprechen zu den Zuschauern und sagen, für welchen Zweck die Bekleidung benutzt werden kann – z.B. Stiefel und Regenhut: Sie halten die Körperteile oben und unten bei Regenwetter absolut trocken.
✎ Alle Hüte und Schuhe liegen unter einem großen Tuch. Dieses Kleiderlager wird von einem oder mehreren Kindern bewacht. Die Bewacher schlafen. Einzelne Kinder schleichen sich an, ertasten sich einen Hut oder ein Paar Schuhe. Wenn die Bewacher aufwachen, laufen die sich Anschleichenden schnell weg, damit sie nicht gefangen werden.
✎ Alle Schuhe befinden sich unter dem großen Tuch. Jedes Kind ertastet sich einen rechten und linken Schuh, probiert diese an und versucht darin zu gehen.
✎ Bis auf ein Kind haben alle einen Hut auf. Dieses versucht im Fangspiel, den Hut eines anderen Kindes zu schnappen. Derjenige, dessen Hut abgenommen wurde, wird jeweils zum Fänger.
✎ Nur ein Hut ist im Spiel. Wer den Hut hat, versucht, ihn einem anderen Kind aufzusetzen. Dies kann nach Musik gespielt werden. Immer wenn die Musik aufhört, wird ein zusätzlicher Hut ins Spiel gegeben.
✎ Modezeichner sind am Werk. Sie entwerfen ungewöhnliche Hüte und Schuhe – Arbeitsblatt (S. 35)

Pädagogische Hinweise
Es ist wichtig zur Begriffsvertiefung beizutragen, indem man die Begriffe „oben" und „unten" häufig benennen und aussprechen lässt.

Hüte: ____

Schuhe: ____

2.1.7 Schmuckwerkstatt

Soziale Situation
Jeder für sich oder Großgruppe

Räumliche Situation
Klassenraum

Material
Bunte Wäscheklammern, Baumwoll- (Gymnastik-) Seilchen (oder Garn)
oder: Perlen, Kugeln, Ringe, Garn zum Auffädeln, Papier, Schere, bunte Büroklammern

Ziel
- Vertiefung der Oben-Unten-Orientierung am Körper
- Hand-Hand-Kooperation und Fingergeschicklichkeit

Anleitung
Die Kinder stellen Schmuck-Ketten her, mit denen sie sich oben am Hals und unten an den Fußfesseln schmücken. So verwandeln sie sich in prachtvoll behängte Ureinwohner Afrikas oder in Indianer. Anschließend kann ein Freudentanz oder Friedensfest stattfinden.

Varianten
- ✎ Die Kinder wählen aus ihrer Mitte einen Indianer-Häuptling. Dieser wird am Hals und an den Füßen mit vielen Ketten geschmückt. Die Ketten wurden zuvor selbstverständlich von den Kindern phantasievoll hergestellt.
- ✎ Die Kinder spielen Schatzsucher. Viele Perlen u.a. sind vorher im Raum versteckt. Jedes Kind sucht sich eine bestimmte Anzahl von Schatzperlen, um sie für eine Hals- und/oder Fußkette aufzufädeln. Anschließend schmücken sich alle mit ihren Ketten und tragen sie auf einen Schmuck-Basar, um sie evtl. dort zu veräußern (Anpreisen der prachtvollen Ketten).
- ✎ Die Kinder schneiden Papierstreifen und verschiedene Formen aus. Sie heften die Formen mit bunten Büroklammern an die Papierstreifen. Auf diese Weise entstehen wunderbare Schmuck-Ketten. In Schmuckgeschäften bieten Verkäufer die Ketten an und probieren den Kunden den Halsschmuck an.
- ✎ Die Kinder entwerfen Schmuck-Ketten auf Papier, stellen sich eine Muster-Kollektion zusammen, die sie evtl. ebenfalls im Schmuckgeschäft vorführen.

Pädagogische Hinweise
Die Übung fördert Kinder in ganz unterschiedlichen Bereichen. Zum einen werden die Begriffe oben und unten wiederum häufig genannt. Sie werden aber durch die Ketten intensiv erlebt. Alle Anpreisungen und Verkaufsgespräche dieser Übung motivieren Kinder zum Reden. Durch die vielen unterschiedlichen Gestaltungsmöglichkeiten wird die Kreativität der Kinder auf vielfältige Art und Weise gefördert.

2.1.8 Verkleidungsstaffel

Soziale Situation
Großgruppe

Räumliche Situation
Klassenraum, Bewegungsraum, am Tisch

Material
Von den Kindern mitgebrachte große Kleidungsstücke: Unterhemd, T-Shirt, Jacke, Strümpfe, kurze Hose, Rock, Mütze, Sonnenbrille (Ski-Brille) **oder**: Karnevals-Kostüme, Arbeitskleidung (Kittel, Schutzhelm u.a.), Seilchen, Wäscheklammern, Papier und Stifte

Ziel
- Einübung der Oben-Unten-Orientierung am Körper
- An- und Ausziehen von Kleidung

Anleitung
Die Kinder haben sich in Gruppen aufgeteilt. Ein Kind aus jeder Gruppe stellt sich zur Verfügung, um verkleidet zu werden. Alle Kleidungsstücke liegen durcheinander auf einem Haufen. Auf Zuruf der Lehrkraft z.B. „einen Strumpf für unten" läuft jeweils ein Kind aus jeder Gruppe los, sucht das entsprechende Kleidungsstück aus dem Stapel und zieht es dem zu verkleidenden Kind an.
Das Spiel dauert so lange, bis das zu verkleidende Kind „vollständig angezogen" ist und lustig aussieht. Die Kinder der jeweiligen Gruppe erfinden für den Verkleideten einen ungewöhnlichen Namen.

Varianten
✎ Für einen Staffel-Wettkampf erhält jede Mannschaft eine bestimmte Anzahl von Kleidungsstücken – beispielsweise für jede Gruppe je 1 Unterhemd, 1 T-Shirt, 1 Jacke, 1 kurze Hose, 1 Paar Strümpfe, 1 Hut, 1 Paar Schuhe. Das zu verkleidende Kind steht seiner Mannschaft in größerem Abstand gegenüber. Auf ein Startzeichen hin läuft das jeweils erste Kind jeder Mannschaft mit einem Kleidungsstück los und zieht es dem zu verkleidenden Kind an, kehrt zurück und das nächste Kind startet. Eine bestimmte Reihenfolge der anzuziehenden Kleidungsstücke kann vorgegeben werden. Eine Mannschaft ist dann fertig, wenn das verkleidete Kind zu seiner Gruppe gelaufen kommt, alle Kleidungsstücke an hat und von seiner Mannschaft hochgehoben wird.
✎ Das verkleidete Kind wird im Staffel-Spiel wieder von seiner Mannschaft entkleidet. Die einzelnen Kleidungsstücke werden am Boden richtig angeordnet hingelegt.
✎ Jede Mannschaft erhält eine bestimmte Anzahl von Kleidungsstücken, zwei Seile und Wäscheklammern. Welche Mannschaft hat zuerst alle Kleidungsstücke, die oben angezogen werden auf die eine Leine, und die von unten angezogen werden, auf die andere Leine gehängt?
✎ Auf einem Arbeitsblatt (S. 38) zeichnen die Kinder auf Zuruf bestimmt Kleidungsstücke für oben an die obere Wäscheleine, die für unten an die untere Wäscheleine.

Pädagogische Hinweise
Zu beachten ist, dass kein Kind aufgrund seiner Verkleidung ausgelacht wird.

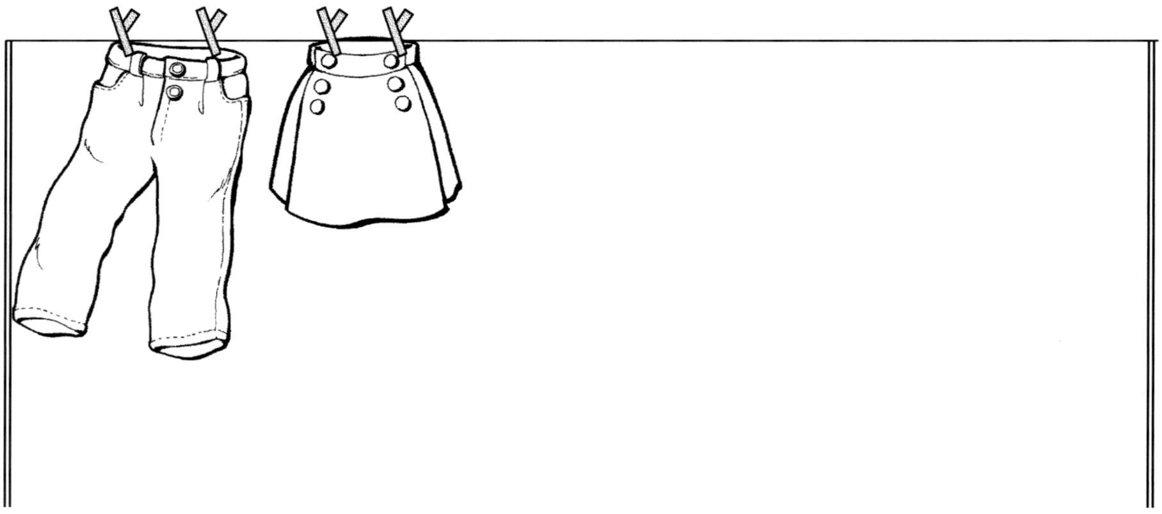

2.1.9 Käfergekrabbel

Soziale Situation
Lehrkraft mit einzelnen Kindern, paarweise

Räumliche Situation
Im Klassenraum an Tischen, im Bewegungsraum am Boden

Material
Entspannungsmusik **oder** Federn, Wäscheklammern als Käfer, kleine Plastikkäfer, Papier und Stifte

Ziel
- Oben-Unten-Orientierung am Körper bei sich und anderen
- Taktile Körperwahrnehmung
- Selbstbeherrschung und entspannende Elemente

Anleitung
Die Kinder sitzen bequem und entspannt auf ihren Stühlen. Sie haben, wenn möglich, die Augen geschlossen. Die Lehrkraft/der Gruppenleiter kündigt den Kindern einen lieben Käfer an, der sie gleich besuchen wird. Die Entspannungsmusik spielt. Der Betreuer geht herum, berührt die Kinder als Käfer und krabbelt mit zwei Fingern – z.B. über den Rücken zum Kopf hin, oder vom Bein abwärts zum Fuß hin. Die Kinder flüstern ihm zu, wo sie der Käfer besucht hat, und ob er von oben nach unten oder von unten nach oben krabbelte.

Varianten
- ✎ Die Kinder finden sich zu zweit zusammen. Ein Kind stellt sich schlafend. Das andere Kind spielt den Käfer. Der Käfer krabbelt mal oben, mal unten am Körper entlang. Das sich schlafend stellende Kind versucht den Käfer zu verscheuchen oder zu fangen.
- ✎ Das Kind sagt seinem Spielpartner bei geschlossenen Augen, wo sich der Käfer auf seinem Körper ausruhen darf, z.B. oben auf dem Kopf. Der Partner setzt jeweils den Käfer (Wäscheklammer) dort ab.
- ✎ Der Partner lässt den Käfer auf dem Körper des anderen krabbeln und beschreibt die Richtung, wohin sich der Käfer bewegt.
- ✎ Auf einem Arbeitsblatt (S. 41) können die Kinder Käfer aufzeichnen und sie nach oben und unten auf dem Papier krabbeln lassen, so dass Krabbelspuren sichtbar werden.

Pädagogische Hinweise
Manche Kinder zeigen bei Berührung eine besondere Sensibilität. Kitzeln und plötzliches Pieken sollte von daher vermieden werden. Bei diesbezüglich eher empfindlichen Kindern kann man mit den Fingern fester aufdrücken oder insgesamt mehr Handruck einsetzen, damit das „Gekrabbel" annehmbarer wird.
Die richtige Benennung der Lokalisation und Richtung des Käfergekrabbels sollte durch den Erwachsenen auf jeden Fall bekräftigt werden.

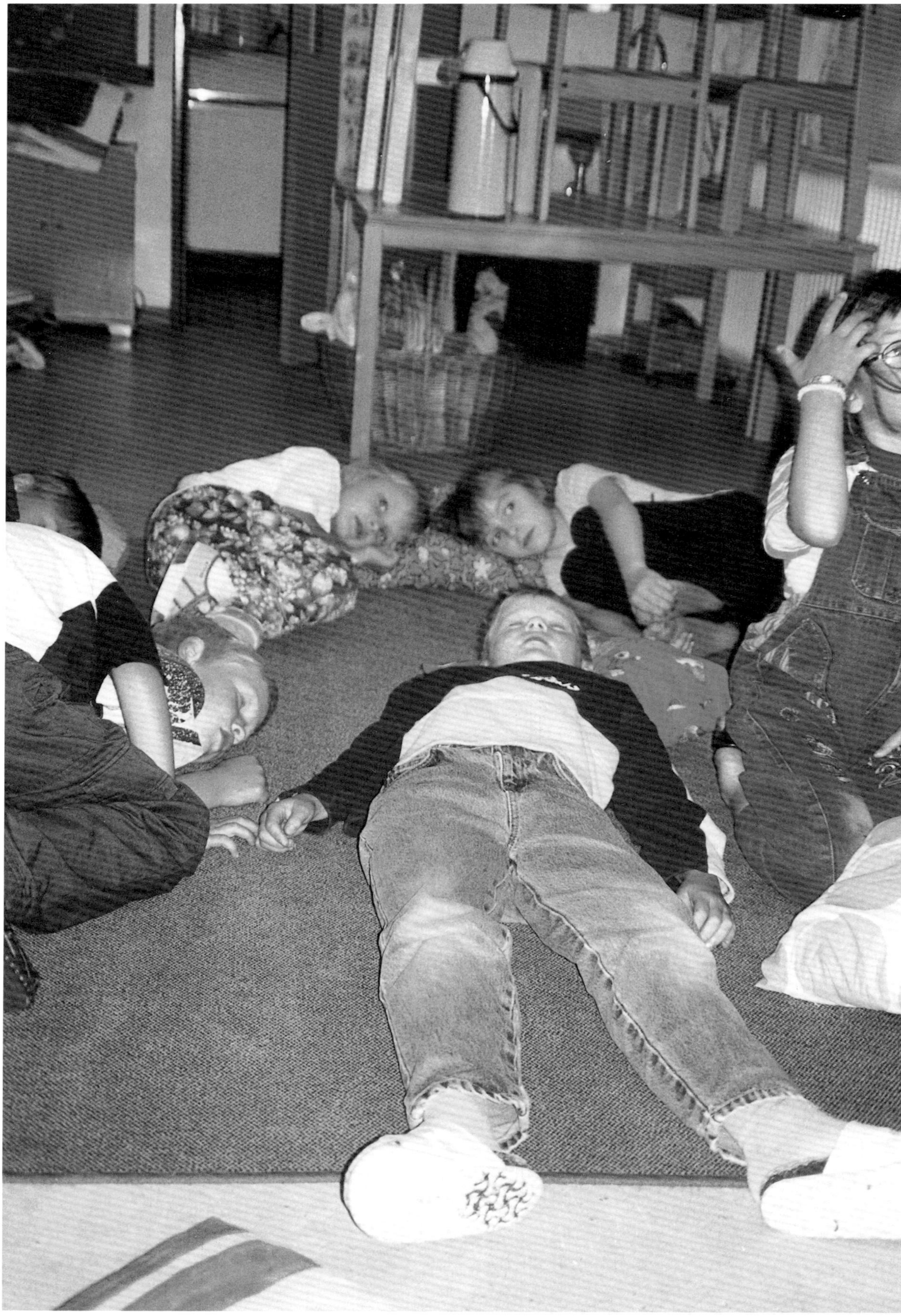

Die Kinder warten auf den Käfer.

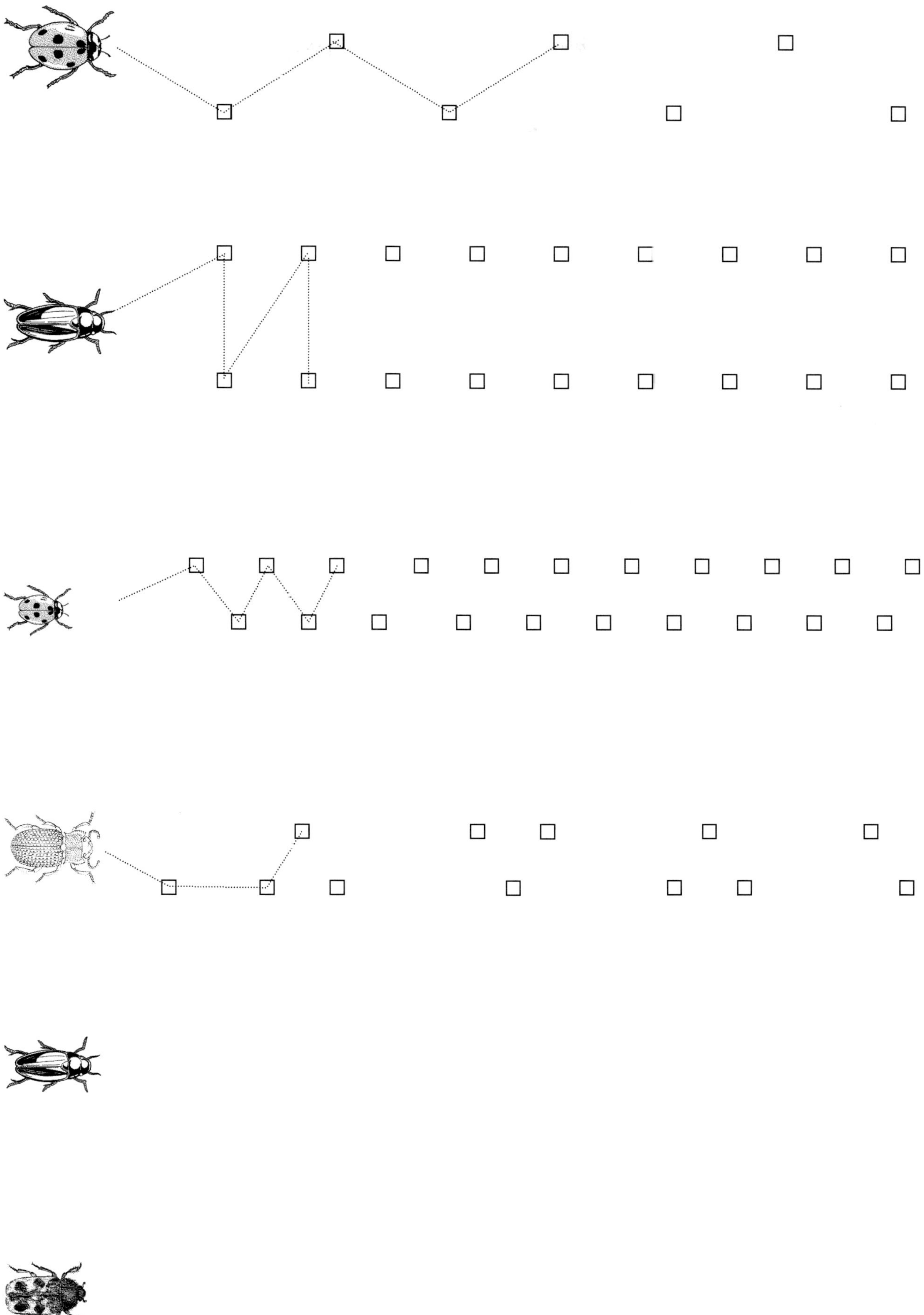

2.1.10 Körper-Buchstaben-Rätsel

Soziale Situation
Paarweise, Kleingruppen

Räumliche Situation
Klassenraum, Bewegungsraum

Material
Buchstaben oder Worte an der Tafel, Buchstabenkarten

Ziel
- Wahrnehmung von Körperlagen und -stellungen

Anleitung
Die Kinder experimentieren mit ihrem Körper und finden heraus, wie sie Buchstaben mit ihrem Körper im Stehen oder Liegen darstellen können.
Der Spielleiter greift Ideen von den Kindern auf, stellt selbst Buchstaben dar und lässt diese von den Kindern erraten.

Varianten
- ✎ Die Kinder bilden zu zweit einen Buchstaben.
- ✎ Die Kinder legen in einer kleinen Gruppe mit ihrem Körper einen Buchstaben.
- ✎ Einer Dreiergruppe wird ein Wort (z.B. OPA) vom Spielleiter zugeflüstert. Jedes Kind der Gruppe bildet jeweils einen Buchstaben. Sie stellen bzw. legen sich in der richtigen Reihenfolge, so dass die anderen Kinder das Wort erkennen und lesen können.
- ✎ In kleinen Gruppen überlegen sich die Kinder Wörter, stellen dazu die Buchstaben dar und lassen das Wort erraten.
- ✎ Kinder stellen Buchstaben oder Wörter mit Fehlern dar. Wer findet heraus, welcher Buchstabe verkehrt herum liegt?
- ✎ Buchstabenkette: Ein Kind beginnt, den ersten Buchstaben eines gedachten Wortes darzustellen, z.B. ein E. Das nächste Kind stellt jeweils den nächsten Buchstaben dar, bis ein vollständiges Wort – z.B. ELEFANT – zu lesen ist.

Pädagogische Hinweise
Es empfiehlt sich, die Buchstaben waagerecht liegend und senkrecht stehend darstellen zu lassen. Kinder, die Schwierigkeiten mit der Buchstabenlage haben, dürfen keinesfalls blamiert werden.
Der Ort, wo die Buchstaben dargestellt werden, sollte in der Regel festgelegt werden.
Ein Vorlagenblatt (S. 43) mit allen Buchstaben kann eine große Hilfe sein.

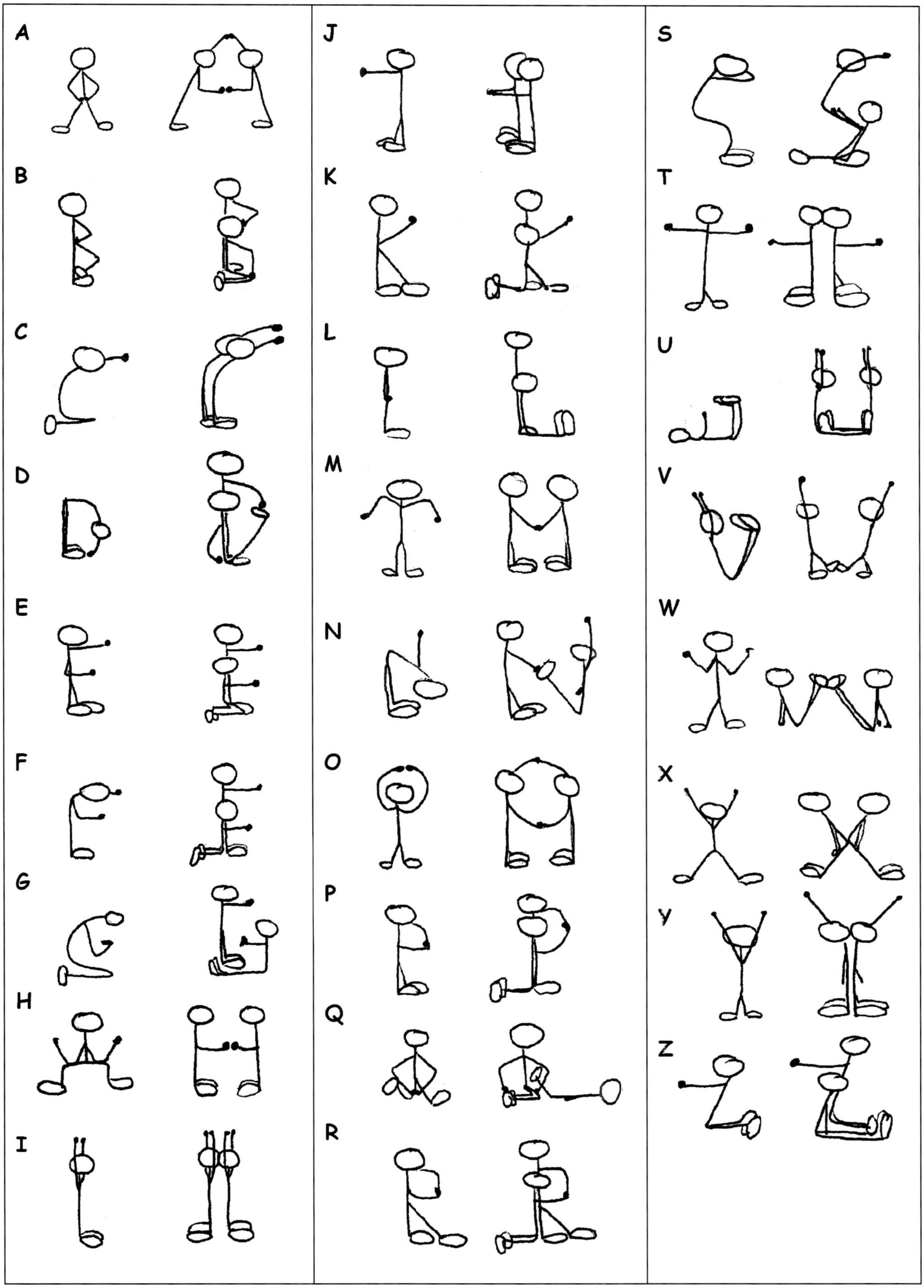
A
B
C
D
E
F
G
H
I
J
K
L
M
N
O
P
Q
R
S
T
U
V
W
X
Y
Z

2.1.11 Der Riese

Soziale Situation
Kleingruppen

Räumliche Situation
Klassenraum, Bewegungsraum

Material
Musik, Stühle, Tische, Tücher, Decken, Schwungtuch, Baumwollseilchen, Wäscheklammern u.a. **oder**: Zeitungen, Klebeband, Papier, Stifte

Ziel

- Darstellung und Wahrnehmung von Körperlagen
- Unterscheidung von Körperlängen

Anleitung

Die Kinder bewegen sich je nach Ansage mal als Riesen mal als Zwerge im Raum. Sie stellen den Riesen lang streckend mit großen Schritten dar. Er kann sogar laut poltern. Als Zwerge machen sie sich klein, bücken sich und trippeln in kleinen Schritten herum (evtl. zu Musik).

Die Kinder erhalten den Auftrag, einen riesengroßen Riesen zu bauen. Größer als alle im Raum. Beim Bauen werden ihrer Phantasie keine Grenzen gesetzt.

Schon beim Aufbau achten alle darauf, dass der Riese eine gewisse Stabilität hat.

Den Kindern ist es freigestellt, wie sie ans Werk gehen. Sie können vorher planen, sich absprechen und unterschiedlichste Materialien nutzen – so wie sie es möchten.

Der Riese soll mächtig, groß und stark erscheinen und für eine Zeit lang der Beschützer der Kinder sein.

Varianten

✎ Ein oder mehrere Riesen werden aus Zeitungspapier hergestellt. Als Gerüst können Tische und darauf stehende Stühle dienen. Es soll deutlich werden, dass der Riese lange Arme, große Hände, lange Beine und große Füße hat.

Pädagogische Hinweise

Bei dieser Übung begleitet der Lehrer die Kinder in ihrem Tun. Er wird kommentieren aber ihnen keinesfalls Arbeit abnehmen. Vielleicht kann er eine spannende Geschichte über Riesen erzählen oder sogar die Kinder eine solche erfinden lassen.

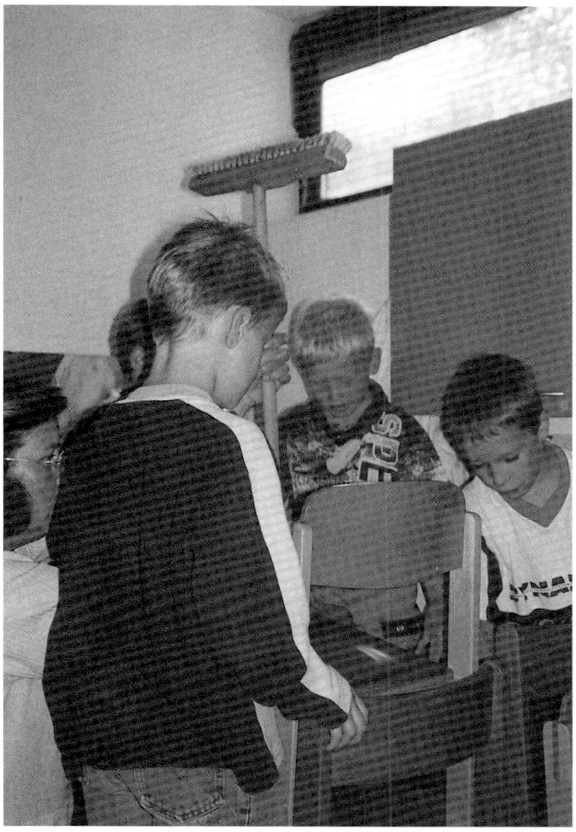

Ein stabiles Gerüst wird gebaut.

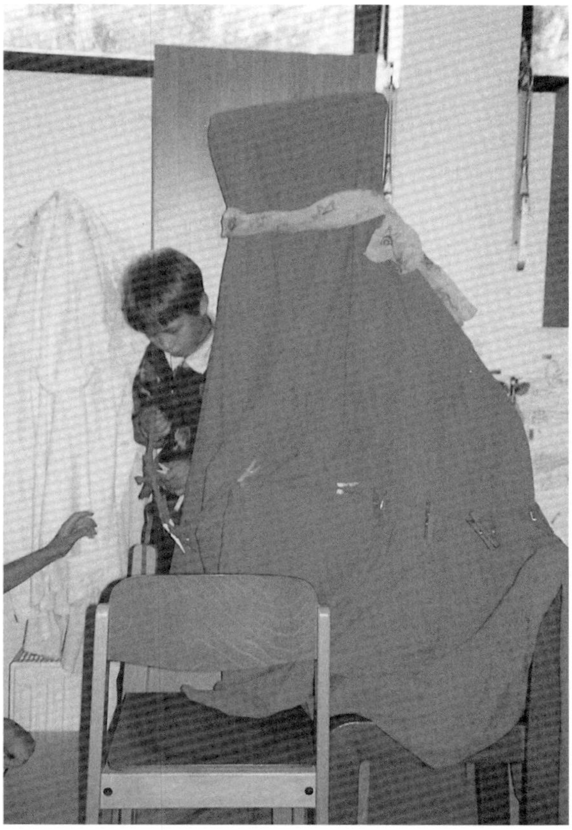

Der Riese nimmt Gestalt an.

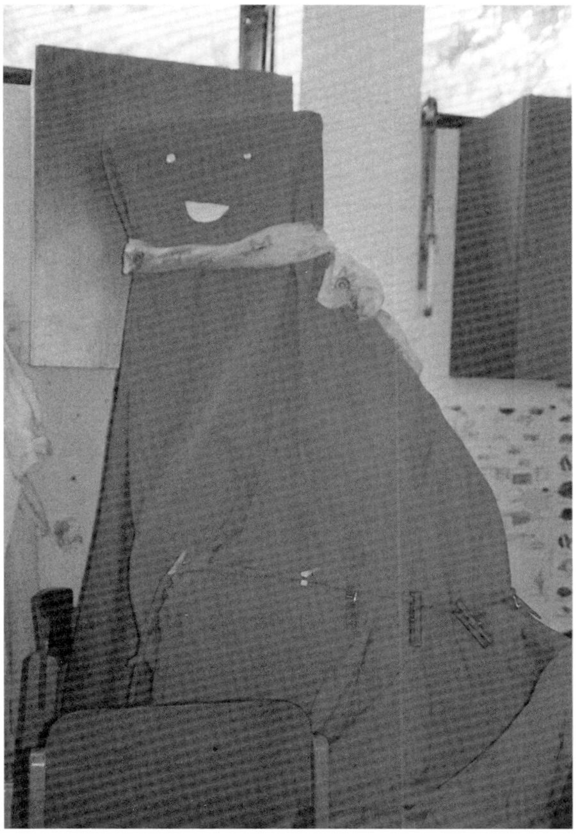

Jetzt ist er fertig ...

... und wird präsentiert.

2.1.12 Gespenster

Soziale Situation
Großgruppe

Räumliche Situation
Klassenraum, Bewegungsraum

Material
Von den Kindern mitgebracht: Regenschirme, großer Bettbezug, kleiner Kopfkissenbezug, (Schuh-)Karton, Wäscheklammern **oder**: zusätzlich Papier und Stifte oder Buchstabenkarten

Ziel
- Wahrnehmung von Körperdimensionen

Anleitung
Die Kinder verwandeln sich in Gespenster. Als kleine Gespenster ziehen sie sich den Kopfkissenbezug über den Kopf, als große Gespenster ziehen sie den großen Bettbezug über den Regenschirm, spannen ihn auf und halten ihn hoch. Mit viel Hui-Buh wandeln sie durch den Raum. Der Lehrer ruft sie zu bestimmten Orten im Raum, wo die Gespenster sich geheimnisvoll unterhalten. Sie bewegen sich vorsichtig, langsam und hören, von wo der nächste Ruf erklingt.

Varianten
- ✎ Die Kinder bewegen sich als große Gespenster im Raum. Wenn sie sehr hungrig sind, werden sie immer dünner. Die Kinder klappen dann den Regenschirm zusammen. Bekommen sie etwas zu Essen, werden sie wieder dick. Sind die Gespenster müde, machen sie sich klein, hocken sich hin. Werden sie wieder wach, dann recken sie sich und machen sich ganz groß. Dieses Spiel kann von einer Geschichte begleitet werden.
- ✎ Zwei oder mehr der großen Gespenster haben ihren Namen verloren. Die anderen Kinder überlegen Gespensternamen, z.B. GROMALU, BABULA und schreiben die Buchstaben jeweils einzelnen auf ein Stück Papier. Sie geben dann die Papierbuchstaben ihren Gespenstern. Leider verlieren die Gespenster die Buchstaben sofort wieder. Sie werden von den kleinen Gespenstern wieder eingesammelt und geordnet.
- ✎ Auf ein bestimmtes Zeichen des Gruppenleiters ist Gespensterstunde. Die Kinder verwandeln sich in unterschiedlichste Gespenster und bewegen sich im Raum. Ist die Gespensterstunde vorüber, sinken die Gespenster in sich zusammen.
- ✎ Ein oder zwei große Gespenster sind Beschützer der Kinder. Ein Kind kann beispielsweise einen Drachen spielen und versuchen Kinder zu fangen. Die Kinder, die sich von dem Drachen bedroht fühlen, flüchten für kurze Zeit unter das Gespensterkleid.

Pädagogische Hinweise
Zu lange Gespensterkleider werden mit Wäscheklammern hochgesteckt.
Gelegentlich möchten sich sehr ängstliche Kinder nicht in Gespenster verwandeln. Dies sollte keinesfalls erzwungen werden. Vielmehr finden sie Sicherheit beim Lehrer und erleben die Übung aus einer gewissen Distanz.

2.1.13 Meister Langarm – Meister Langfinger

Soziale Situation
Jeder für sich, miteinander, paarweise

Räumliche Situation
Großer Raum

Material
Garn, Bindfäden, Scheren, Lineal (Zollstock) **oder**: Tonpapier, Zeitungen, Pfeifenputzer, Klebeband, Papier, Stifte

Ziel
- Wahrnehmung von Körperdimensionen
- Längenvergleich von Körperteilen
- Beziehungen von Körperteilen zueinander wahrnehmen

Anleitung
Die Kinder messen mit Garn bestimmte Körperteile ab, z.B. Fingerlängen, Armlängen und schneiden die entsprechenden Fadenlängen ab. Sie vergleichen diese Körperabmessungen mit anderen Kindern. Wer hat die längsten Arme, wer die längsten Finger etc.? Werden weitere Körperteile auf diese Art und Weise abgemessen, lassen sich aus den entsprechenden Fäden Körpergestalten legen.

Varianten
✎ Die Kinder arbeiten paarweise zusammen. Ein Kind hilft dem anderen seine Arme in Zeitungspapier zu wickeln, so dass ganz lange Arme entstehen. Sie kleben das Papier mit Klebebandstückchen fest, damit es sich nicht aufrollt. Anschließend bewegen sich die Kinder mit ihren langen Armen, begrüßen und umarmen sich. Was kann man mit so langen Armen tun, was nicht?

✎ Die Kinder rollen sich aus Tonpapier lange Finger, oder stellen sich aus Zeitungen lange Fingerrohre her, die sie sich an ihre Finger anheften. Mit diesen langen Fingern versuchen sie etwas aufzunehmen, etwas zu ertasten, etwas zu berühren etc.

✎ Die Kinder spielen mit ihren langen Fingern Spinnen, die mit ihren Spinnenbeinen über den Tisch laufen, anderen Spinnen begegnen etc.

✎ Auf einem Arbeitsblatt (S. 48) können die Kinder, Spinnen mit langen Beinen malen. Werden die Punkte durch Striche miteinander verbunden, entstehen Spinnen mit langen Beinen.

Pädagogische Hinweise
Man kann zusätzlich die Länge der Fäden der abgemessenen Körperteile auch mit dem Lineal ermitteln und so Zahlen erhalten, die addiert und verglichen werden können.

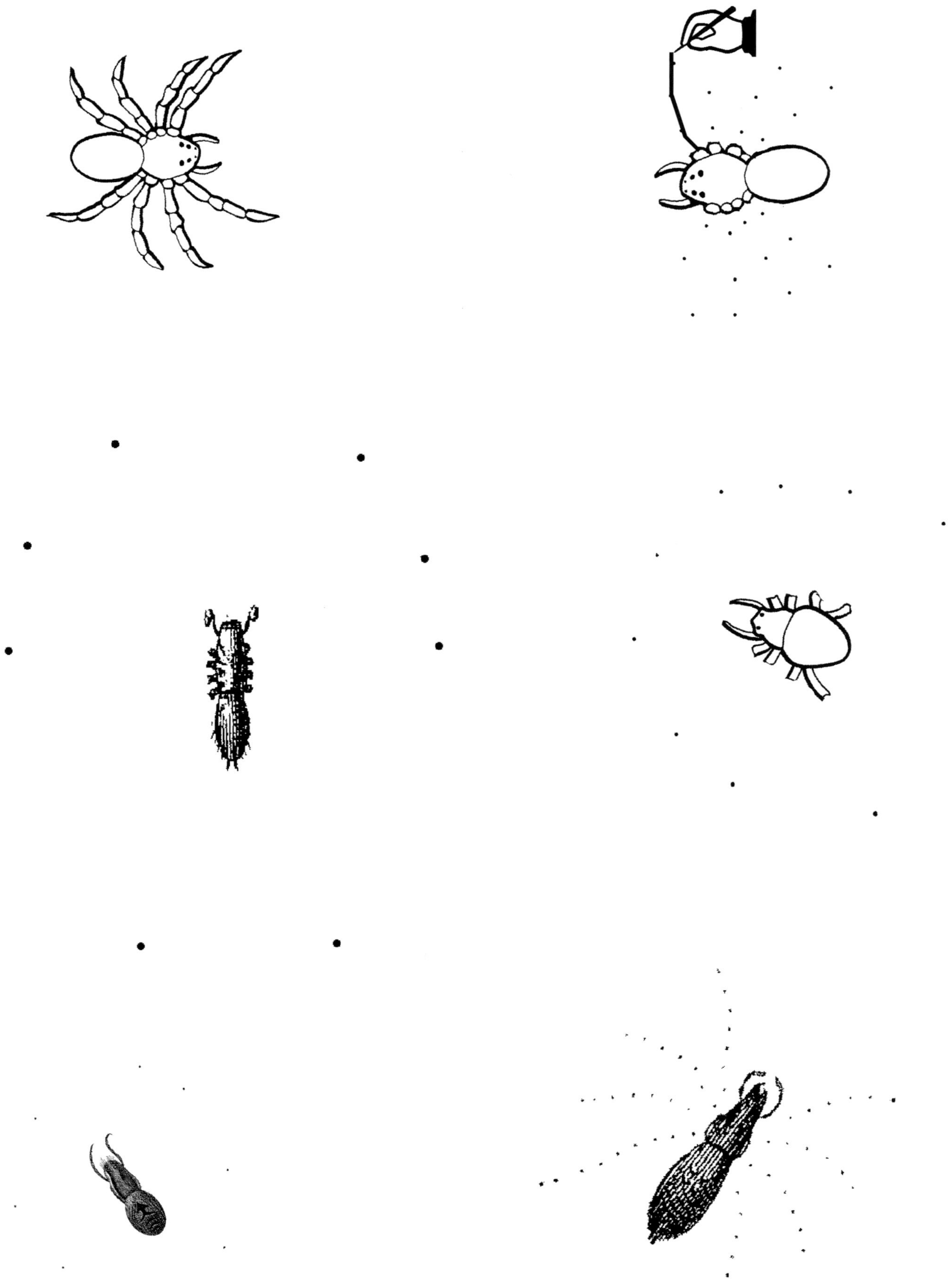

2.1.14 Körpermagnete

Soziale Situation
Jeder für sich, paarweise, Großgruppe

Räumliche Situation
Klassenraum

Material
Stühle, Tische, Musik (oder Trommel)
oder: Teppichfliesen, Papier, Stifte

Ziel

- Lokalisation von Körperteilen
- Koordination von Körperteilen
- räumliche Orientierung

Anleitung
Die Kinder bewegen sich zu Musik oder Trommelrhythmen frei im Raum. Auf Zuruf des Übungsleiters oder eines Kindes führen sie bestimmte Aufträge aus – beispielsweise „Hand an Wand“, „Ellenbogen auf Stuhl“, „Zeigefinger an Tafel“. Das Spiel geht so lange, bis alle Körperteile einmal aufgerufen worden sind und ihre magnetische Haftkraft bewiesen haben.

Varianten

- ✎ Ein Kind nennt zwei oder mehrere Körperteile, die auf Zuruf aneinander gehalten werden müssen. Zunächst werden nur zwei Körperteile – wie „Zeigefinger an Zeigefinger“ – aneinandergehalten. Später können es mehr werden.
- ✎ Die Kinder ummalen auf dem Papier ihre rechte und linke Hand. Auf Zuruf – beispielsweise „Daumen der linken Hand zu Zeigefinger der rechten Hand“ – verbinden die Kinder mit einem Strich die entsprechenden Finger miteinander. Dazu kann das Arbeitsblatt (S. 50) benutzt werden.
- ✎ Zwei Kinder stehen sich jeweils gegenüber. Einzelne Körperteile werden aufgerufen. Die Kinder halten sie aneinander.
- ✎ Jedes Kind erhält eine Teppichfliese. Wie viele Körperteile passen gleichzeitig auf die Fliese? Die Kinder probieren verschiedene Variationen aus. Sie legen auf Zuruf bestimmte Körperteile auf die Fliese.
- ✎ Aus neun Fliesen wird ein sogenanntes Fliesen-Magnetfeld gebildet. Fünf Kinder stehen um das Magnetfeld herum. Sie erhalten unterschiedliche Aufträge – beispielsweise „Fuß auf Fliese“ und „Hand auf eine andere Fliese“. Die Wahl der Fliesen bleibt jedem Kind überlassen. Es darf jedoch immer nur ein Körperteil auf eine Fliese bringen.

Pädagogische Hinweise
Bei diesem Spiel können die Kinder auch selbst Aufträge entwickeln. Wenn mehrere Körperteile berücksichtigt werden, trainiert dies die Merkfähigkeit.

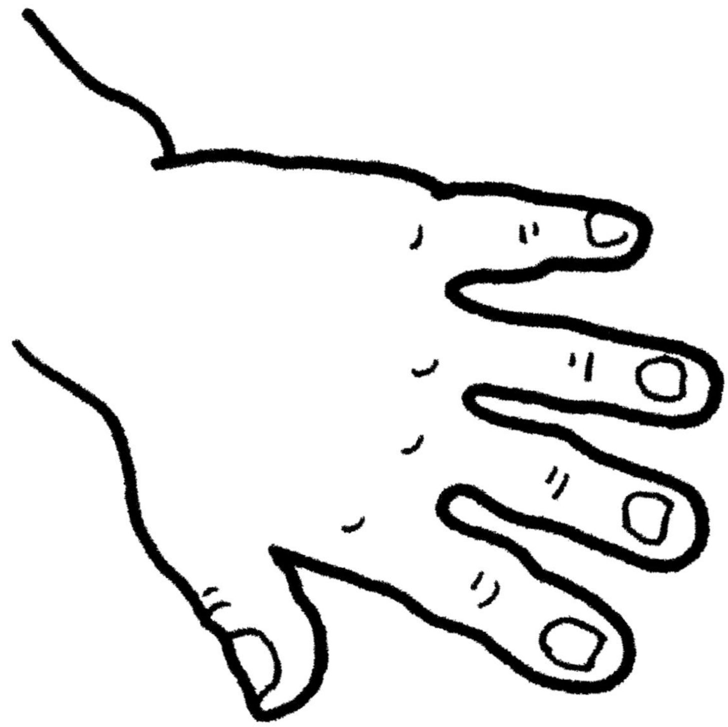

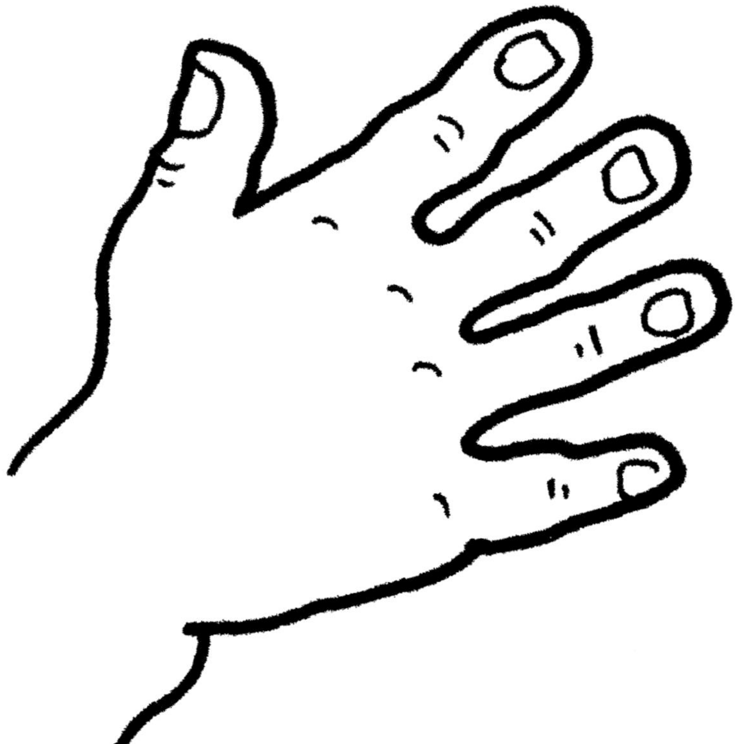

2.1.15 Piepmaschine

Ziel
- Orientierung am Körper
- Lokalisation von Körperteilen
- taktile Körperwahrnehmung.

Soziale Situation
Paarweise, Großgruppe

Räumliche Situation
Klassenraum

Material
Stühle, Tische **oder**: Sandsäckchen oder Bierdeckel, Papier und Stifte

Anleitung
Die Kinder finden sich zu zweit zusammen. Ein Kind sitzt am Tisch oder liegt auf dem Boden. Es denkt sich eine bestimmte Stelle am Körper aus und merkt sie sich. Der Spielpartner berührt vorsichtig verschiedene Körperstellen. Wenn er die richtige Stelle berührt, ruft das andere Kind „Piep“. Danach kann gewechselt werden.

Varianten
- ✎ Es spielen wieder zwei Kinder zusammen. Ein Kind denkt sich zwei oder mehrere Stellen am Körper aus. Das andere Kind muss sie durch Berührung finden. Bei jeder richtigen Stelle wird mit „Piep“ bestätigt.
- ✎ Jetzt kann ein Sandsäckchen auf die jeweilige Körperstelle gelegt werden. Sind alle Punkte gefunden, bewegt sich das Kind an diesen Stellen und schüttelt sich, bis die Sandsäckchen abfallen.
- ✎ Der Lehrer und ein Kind gehen herum und legen Kindern Sandsäckchen auf bestimmte Körperteile. Merken die Kinder die Auflage, flüstern sie leise „Piep“. Werden die Säckchen wieder weggenommen, bewegen sich die Kinder mit diesen Körperteilen oder sagen, auf welchem Körperteil das Säckchen gelegen hat.
- ✎ Das Körperteil, das berührt worden ist, wird mit einem Piep vom Kind bewegt. So können mehrere Körperteile in Bewegung gebracht werden. Erfolgt eine erneute Berührung an einem sich bewegenden Körperteil, so wird die Bewegung damit gestoppt.
- ✎ Mit dem Arbeitsblatt (S. 53) arbeiten wieder zwei Kinder zusammen. Das eine Kind denkt sich eine bestimmte Taste oder Tastenkombination aus, die das andere Kind durch Anpunkten mit dem Stift herausfinden soll.

Pädagogische Hinweise
Auf dem Arbeitsblatt sollten nicht zu viele herauszufindende Punkte vereinbart werden. Einmal gewählte Punkte dürfen während eines Spieles selbstverständlich nicht spontan verändert werden.

Ob der Startknopf der Piep-Maschine gefunden wird?

1
2
3
4
5
6
7
8
9
*
0
#

1 2 3 4 5 6 7 8 9 0 ß
Q W E R T Z U I O P Ü
A S D F G H J K L Ö Ä
Y X C V B N M

2.1.16 Zwillinge

Ziel
- Orientierung am Körper
- Identifizierung von Körperteilen
- Wahrnehmung Körperstellungen
- Wahrnehmung der topographischen Anordnung

Soziale Situation
Zwei Gruppen, paarweise

Räumliche Situation
Klassenraum

Material
2 vorbereitete Gliederpuppen (z.B. 2 x 16 Körperteile aus Pappe jeweils verbunden mit Verschlußklammern) **oder**: Körpermännchen "Jonny", aus 2 gleichen Illustrierten 2 Personenabbildungen

Anleitung
Es werden zwei Gruppen gebildet. Jede erhält eine Gliederpuppe, die aus 16 Teilen bestehen kann (6 Teile für Arme und Beide, 2 Rumpfteile, 1 Halsteil etc.)
Die Kinder betrachten die Körperteile und benennen sie. Schließlich nehmen sie die Körperteile auseinander. Jede Gruppe bekommt die Aufgabe, die Körperteile wieder zusammenzufügen und beide Puppen als Zwillinge Hand an Hand nebeneinander zu legen.

Varianten
✎ Alle Teile der zwei Gliederpuppen liegen durcheinander gemischt vor den Kindern. Sie bekommen die Aufgabe, die Körperteile zu identifizieren und zu einem Zwillingspaar zusammenzusetzen.
✎ Gelingt es den Gruppen auch mit geschlossenen Augen, die Körperteile ihrer Gliederpuppe zu identifizieren und in Absprache die Teile richtig zusammenzufügen?
✎ Die Gruppen fügen an ihrem Zwilling jeweils absichtlich Teile falsch zusammen. Sie tauschen die Gliederpuppen. Nun geht es darum, die Teile wieder richtig zu platzieren.
✎ Jede Gruppe bringt ihre Zwillingspuppe in eine jeweils andere Körperstellung. Anschließend erhalten sie die Aufgabe, Veränderungen in der Körperstellung vorzunehmen. Dabei sollen die beiden Zwillinge immer gleich aussehen. Diese Körperstellungen können von den Kindern auch selbst mit- und nachvollzogen werden.
✎ Die Kinder bringen Personenabbildungen aus Illustrierten mit. Einzelne Körperteile werden ausgeschnitten und puzzleartig wieder zusammengesetzt. Untereinander können bestimmte Teile getauscht werden, so dass lustige Personenfiguren entstehen.

Pädagogische Hinweise
Bei der Durchführung der Übung geht man von der ganzheitlichen Betrachtung der Gliederpuppen/Zeitungsausschnitte hin zu den Teilen aus und bildet dann wieder die Ganzheit der Puppe. Die Anzahl der Körperteile ist davon abhängig, wie differenziert die Kinder ihren Körper kennen (z.B. Ober-/Unterarm, Ober-/Unterschenkel).
Die Teile aus den Zeitungsausschnitten können evtl. auch aufgeklebt werden.

2.1.17 Roboter

Ziel

- Wahrnehmung der topographischen Anordnung von Körperteilen.
- Auseinandersetzung mit Körperstellungen und Gelenkbewegungen
- Beachtung von Bewegungsabfolgen

Soziale Situation
Paarweise, Dreiergruppen

Räumliche Situation
Klassenraum, Bewegungsraum

Material
Stühle, Tische **oder:** Papier, Stifte, Scheren

Anleitung

Die Kinder finden sich zu zweit zusammen. Eines spielt den Roboter, das andere den Ingenieur. Der Roboter sitzt. Der Ingenieur überprüft die Bewegungsmöglichkeiten der Gelenke von den Fingern bis zu den Schultern. Anschließend bringt er diese in bestimmte Stellungen (in den Gelenken gebeugt bzw. gestreckt). Per Fingerdruck stellt er den Roboter an bzw. aus und der Roboter nimmt in der Reihenfolge (z.B. Hand gefaustet, Unterarm angebeugt, Oberarm abgespreizt) die Gelenkstellungen ein, bzw. lässt den Arm wieder gelöst sinken. Der Ingenieur erfindet verschiedene Roboterbewegungen.

Varianten

✎ Die Kinder spielen paarweise. Ein Kind stellt einen Roboter dar, der in seinen Gelenken verrostet, verbogen und steif ist. Der Ingenieur ölt, reibt die Gelenke, richtet sie wieder gerade und gibt ihnen eine neue Funktion in einer bestimmten Bewegungsabfolge.

✎ Wieder spielen zwei Kinder zusammen. Der Roboter steht und soll zum Gehen gebracht werden. Langsame Armschwünge und Beinbewegungen werden programmiert. Der Roboter wird vom Ingenieur mit einem Fingerdruck auf den Rücken angestellt und mit einem Druck auf das Brustbein abgestellt. Ist der Roboter angestellt, bewegt er sich (wie vorher programmiert) nur vorwärts. Soll er die Richtung wechseln, muss er erst abgestellt und gedreht werden.

✎ In einer Dreier-Gruppe wird vom Ingenieur ein Doppel-Roboter gebaut, der Bewegungen in einer bestimmten Reihenfolge ausführen kann. Der Doppel-Roboter kann auch mit Geräuschen/Worten programmiert werden.

✎ Auf dem Arbeitsblatt (S. 56) kann der Roboter angemalt, zerschnitten und wieder zusammengesetzt werden.

Pädagogische Hinweise

Die Gelenkbewegungen des Roboters können auch von den Ingenieur-Kindern geführt und angesagt oder nur angesagt werden. Die Roboter setzen die jeweiligen Kommandos um. Es können auch bestimmte Tätigkeiten programmiert werden.

2.1.18 Bären-Spuren

Soziale Situation
Kleingruppen

Räumliche Situation
Klassenraum

Material
Tische, Papier, Buntstifte, Scheren
oder: Hand-, Fußstapfen, Papier und Fingerfarben

Ziel
- Rechts-Links Unterscheidung von Körperteilen und auf Abbildungen
- Vergleich von Hand-/Fußgrößen
- Wahrnehmung von Körperteilen und ihrer Raumlage
- Koordination von Körperteilen und ihren Seiten

Anleitung
Die Kinder befühlen, betrachten ihre eigenen Hände und die anderer. Die Hände begegnen sich auf und unter dem Tisch. Sie reichen sich die rechten oder linken Hände, ertasten die rechten bzw. linken Hände unter dem Tisch. Mit einem roten Stift ummalen sie auf Papier ihre rechten Hände, mit einer anderen Stiftfarbe ihre linken Hände. Dies erfolgt in gleicher Weise mit den Füßen.
Hände und Füße stellen Bärentatzen dar, die von den Kindern aus Papier ausgeschnitten werden. Die Bärentatzen werden in ihren Größen verglichen und geordnet. Alle Linken und Rechten werden gemischt, um sie anschließend wieder zu sortieren.

Varianten
✎ Die Kinder legen mit den Bärentatzen Spuren, die zu einem bestimmten Ort (gemeinsame Höhle) führen. Die Bärenkinder gehen nur auf ihren Füßen. Vielleicht können die Spuren sogar so gelegt werden, dass die Bären auf Händen und Füßen im Bärengang den Spuren folgen.
✎ Die Fuß-/Handspuren zeigen je nach Auslage an, ob die Bären sich vor-, zurück- oder seitwärts bewegen.
✎ Die Kinder legen mit den „Bärentatzen" sich wiederholende Muster, die eine Art Bären-Tanz-Schritte darstellen und probieren diese aus.

Pädagogische Hinweise
Zur Unterscheidung von Rechts und Links kann es hilfreich sein, die rechten Tatzen mit einem rotem Stift zu ummalen.

2.1.19 Körper-Puzzle

Soziale Situation
Großgruppe, Kleingruppen

Räumliche Situation
Klassenraum

Material
Große Papierbögen oder Tapetenrollen (Reste), Stifte, Scheren, Klebeband
oder: Tafel-Teile-Satz, Kreide

Ziel

- Wahrnehmung der topographische Anordnung von Körperteilen
- Orientierung an Körperteilen, ihren Seiten, Lagen und auf Abbildungen
- Wahrnehmung von Körperauflagen und Begrenzungen

Anleitung

Ein großer Papierbogen wird in der Länge eines Kindes an der Wand befestigt. Er geht vom Boden aus.

Ein Kind stellt sich mit den Füßen auf das Papier und lehnt sich an den Bogen. Es wird mit Stiften an allen Körperteilen, die den Bogen berühren, ummalt.

Anschließend dienen die Konturen dazu, fehlende Körperteile z.B. Mund, Nase, Ohren und Augen zu ergänzen. Dann kann die Abbildung farbenprächtig mit Kleidung, evtl. mit Mustern angemalt werden, z.B. mit Schuhen, langer Hose, Pullover mit kurzen Ärmeln.

Der Bogen wird dann in viele Teile geschnitten, um diese als Puzzle-Teile zu einem ganzen Bild am Fußboden wieder zusammenzusetzen.

Varianten

✎ Wie zuvor, jedoch sind nur die Konturen auf dem Papierbogen sichtbar.

✎ Das Papier wird in viele Teile zerschnitten, die Teile werden im Raum verteilt oder versteckt, anschließend gesucht und zusammengesetzt. Das Ganze kann auch als Staffel- oder Wettspiel mit je nach Mannschaften entsprechender Zahl von Körper-Puzzlen durchgeführt werden.

✎ Beim Zeichnen der Konturen kann wie folgt vorgegangen werden:
1. Das Kind sagt, wo es umzeichnet werden möchte, bzw. sagt, wo es dies spürt,
2. Ein Partner umfährt – spürbar für das liegende Kind – die Körperteile und sagt, wo er gerade zeichnet
3. Der Partner zieht mit dem Stift, spürbar für das liegende Kind, an Körperteilen entlang, lässt jedoch absichtlich bestimmte Stellen aus, die später visuell wahrgenommen werden und auf dem Papier ergänzt werden können.
4. Das liegende Kind nimmt taktil wahr, wo der Partner noch nicht gewesen ist, sagt dies und die Linien (Konturen) werden vervollständigt.

Pädagogische Hinweise

Wichtig ist, dass die Kinder selbst entscheiden, wer sich ummalen lassen möchte. Nicht jedes Kind mag das Ummalen.

Ausgefüllte bzw. ausgemalte Konturen lassen sich grundsätzlich leichter wieder zu einem Puzzle zusammensetzen, als nur die gezeichneten Körper-Begrenzungen.

2.1.20 Hampelmann

Soziale Situation
Kleingruppen

Räumliche Situation
Klassenraum, auf dem Fußboden

Material
Holzlegeteile-Satz oder aus Pappe angefertigte Streifen und Bögen **oder:** Tapetenreste oder große Papierbögen, Stifte

Ziel
- Wahrnehmung von Körperteilen und Körperstellungen
- Körperpositionen erfinden und nachahmen
- Darstellung und Übertragung der Körperstellungen vom Drei- zum Zweidimensionalen

Anleitung
Die Kinder legen mit den Holzlegeteilen (kurze, lange Latten, kleine, große Bögen) lustige Hampelmänner. Sie betrachten ihre Gestalten, benennen die Körperteile und prägen sich das Dargestellte ein. Der Lehrer oder ein Kind aus den Gruppen, nimmt für die anderen nicht sichtbar einzelne Teile weg. Anschließend bemerken die Kinder dies, und benennen bzw. ergänzen Fehlendes.

Varianten
✎ Die Kinder verändern die Körperhaltungen der gelegten Hampelmänner, imitieren dies mit ihrem Körper spiegelbildlich.
✎ Die Kinder erfinden Körperhaltungen und stellen sie dar. Andere Kinder legen mit den Holzlegeteilen diese nach.
✎ Auf großen Papierbögen werden mit den Holzlegeteilen lustige Hampelmänner gelegt und anschließend werden die Teile mit dem Stift ummalt. Die Gruppen tauschen ihre Bögen aus und legen die entsprechenden Legeteile auf die Abbildungen.
✎ An der Tafel werden mit den vorhandenen Legeteilen menschliche Gestalten entworfen, gemalt, und anschließend am Fußboden nachgelegt.
✎ Nach Vorlage auf dem Arbeitsblatt (S. 60) legen die Kinder die Positionen nach bzw. stellen sie mit ihrem Körper dar.

Pädagogische Hinweise
Hier werden Anforderungen an Form-, Größen-, Raumlage-Wahrnehmung und Wahrnehmung räumlicher Beziehungen gestellt. Diese gilt es bei den Kindern zu unterstützen.

2.1.21 Schatten

Soziale Situation
Paarweise, Kleingruppen

Räumliche Situation
Klassenraum, auf dem Boden

Material
Baumwollseilchen, Sprungseile **oder:** Gardinen-/Bleischnüre, Tafel-Teile, Kreide

Ziel
- Umrisswahrnehmung von Körperlagen und -stellungen
- Wahrnehmung von Körperauflagen und Begrenzungen

Anleitung
Ein Kind umrandet seinen liegenden Partner mit Seilen, so dass vom ganzen Körper die Körperumrisse als Schatten sichtbar sind. Anschließend legt es sich in diese Umrisse, die Körperdimensionen (Länge, Breite) und die Körperstellung werden verglichen.

Varianten
- ✎ Die Kinder probieren verschiedene Körperlagen und -stellungen aus. Mit den Seilen lassen sie bleibende Schatten entstehen.
- ✎ Eine Gruppe legt für eine andere Gruppe Körperumrisse, die schwierige Körperlagen darstellen. Diese sollen die anderen Gruppenmitglieder herausfinden und nachahmen.
- ✎ Wie zuvor – zwei Schatten können sich auch überschneiden.
- ✎ Auf einer großen Fläche aus Tafelteilen können Körperlagen dargestellt werden. Nacheinander können mehrere Kinder ihre Umrisse quer übereinander gezeichnet, erscheinen lassen. Die einzelnen Tafelteile eignen sich dann als Puzzle.
- ✎ Auf dem Arbeitsblatt (S. 62) folgen die Kinder mit dem Stift den Konturen oder ahmen die Körperlagen nach.

Pädagogische Hinweise
Es kann sein, dass ein Kind sich beschwert, es sei nicht so dick oder dünn, wie die Umrisse es wiedergeben. Hier können Erklärungen zu Verzerrungen von Schatten hilfreich sein.
Abgebildete Körperumrisse können evtl. mit verschiedenen Körperlagen im Raum dargestellt werden. Entscheidend hierfür ist der Betrachtungspunkt z.B. Vierfüßlerstand, Rückenlage, Seitenlage.

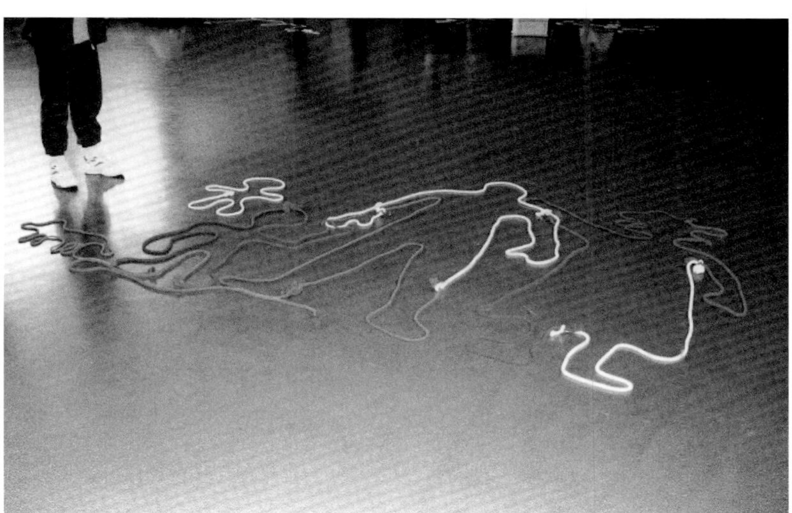

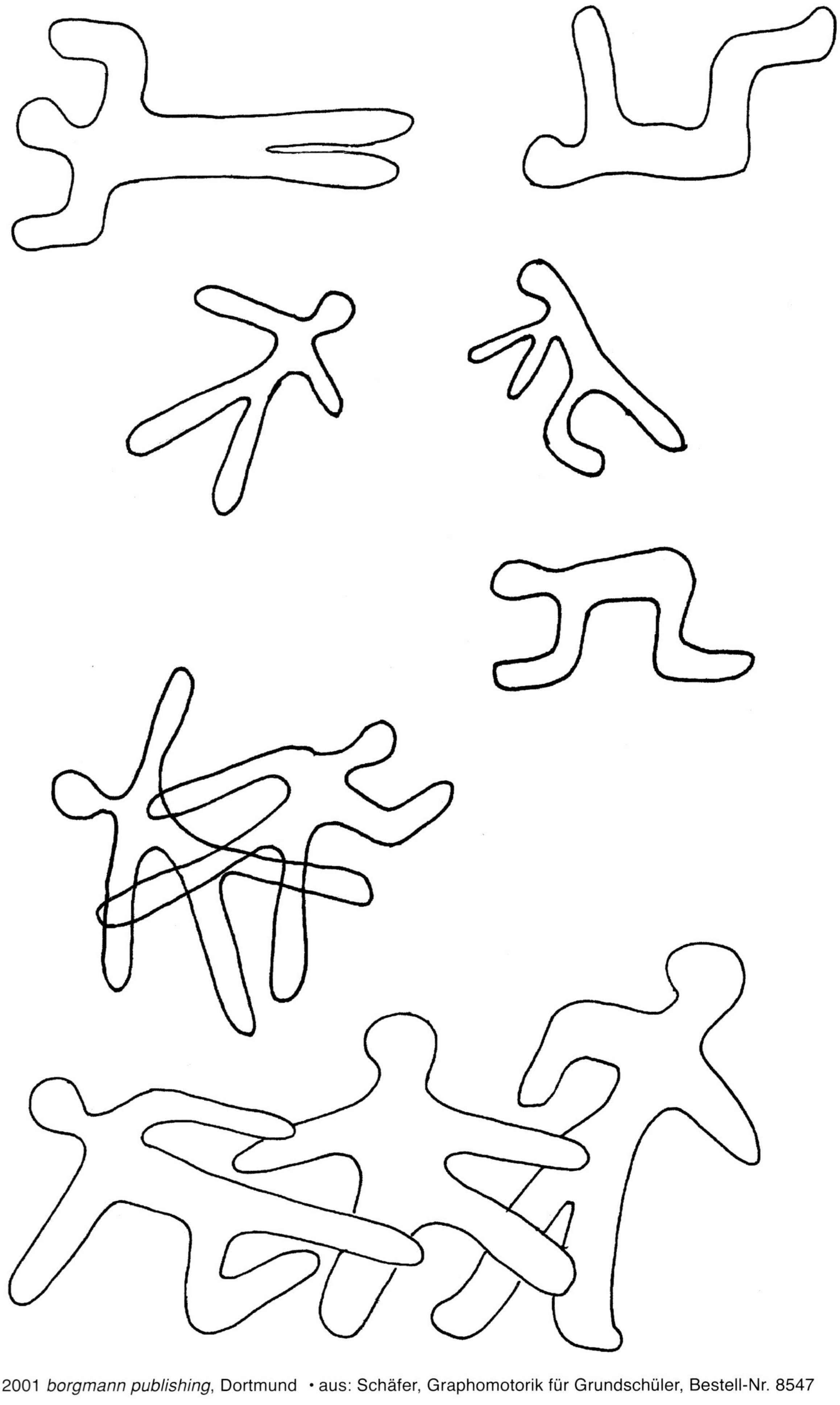

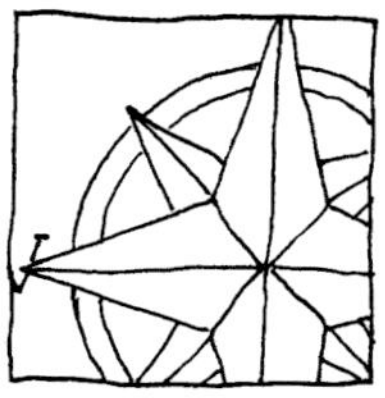

2.2 Raumwahrnehmung und -orientierung

Um Räume erfassbar zu machen, müssen wir uns mit „Hand und Fuß" in sie hineinbegeben. Wir sammeln Informationen über den Raum mit unseren Sinnen, unserem Körper und seinen Bewegungen. Nach KEPHART (1977) müssen wir lernen, sensorische Informationen in Raumbegriffe zu interpretieren und gleichzeitig lernen, Raumkonzepte auszubilden, die die Interpretation ermöglichen. Über erlebnis- und erfahrungsbezogene Auseinandersetzungen strukturieren wir den Raum und machen ihn damit für uns begreifbar. So erfassen wir z.B. Richtungen, lokalisieren Raumpunkte, nehmen Begrenzungen wahr, verbinden Orte und stellen Beziehungen verschiedener Raumpunkte zueinander her.
Dieses erlernte Konzept vom Raum hängt eng mit dem Konzept von uns selbst zusammen. So sagt FROSTIG (1973), dass der Raum als Ausdehnung des eigenen Körpers empfunden wird.
Räumliche Wahrnehmung und Orientierung im Raum sind wesentliche Grundlagen für den Schreiblernprozess. Je lebendiger und gleichzeitig bewusster Kinder großräumig Situationen in diesem Zusammenhang erfahren, desto leichter wird es ihnen fallen, daraus Vorstellungen für kleinräumige, richtungsorientierte Schreibbewegungen zu entwickeln.

Mit Bezug zur Graphomotorik werden hier für Situationsangebote folgende Bereiche angesprochen:

1. Richtungswahrnehmung von links nach rechts bzw. umgekehrt, sowie Rechts-Links-Orientierung im Raum;
   - ✎ Die Blickrichtung von links nach rechts und zurück,
   - ✎ ebenso die räumliche Richtungsführung der Bewegungen einschließlich des Richtungswechsels sind für das Schreiben von Bedeutung.
2. Richtungswahrnehmung von unten nach oben bzw. umgekehrt, sowie die Oben-Unten-Orientierung im Raum;
   - ✎ Die Schreib-Bewegungsrichtung für Buchstaben verlangt einen Wechsel von oben nach unten bzw. von unten nach oben,
   - ✎ Begrenzungen z.B. durch Linien müssen beachtet werden.
3. Räumliche Wahrnehmung von Abständen, Entfernungen, Dimensionen und die damit verbundene Orientierung;
   - ✎ Sie ist bedeutsam für Strichlängen, Lücken zwischen Worten,
   - ✎ ebenso für Buchstabenlängen, -größen und -breiten beim Schreiben.
4. Lokalisation von Raumpunkten und Wahrnehmung der Beziehungen von Raumpunkten
   - ✎ Beim Ansetzen von Strichen und Bögen an einem bestimmten Punkt.
   - ✎ Beim Aneinandersetzen in der richtigen Reihenfolge und Richtung gilt es, jeweils das Eine zu lokalisieren und das Andere miteinander in Bezug zu setzen, ohne das Erste zu vergessen.

5. Übertragung von Raumlinien auf Papier bzw. Übertragungen von abgebildeten Raumlinien auf den Raum.
   - ✎ Für das Schreiben sind z.B. Linienrichtungen, -überschneidungen, -kreuzungen sowie Abstände zu beachten.
   - ✎ Die Wiedergabe von großräumig zweidimensional dargestellten Linien in kleinräumige bzw. umgekehrt ist für die Wahrnehmung und Schreibbewegung von Bedeutung.

Für koordinierte Bewegungen ist die räumliche Orientierungsfähigkeit ein wichtiger Baustein. Wie sehr die räumlich gesteuerte Bewegungskoordination mit den sensorisch integrierten und richtig interpretierten Wahrnehmungsfähigkeiten verbunden ist, spiegelt sich im groß- wie im kleinräumigen Verhalten wieder. Erst vielfältige Erfahrungen begünstigen die Entwicklung zu einer klaren Begrifflichkeit und sicheren Handlungskompetenz.
Möglichkeiten der konkreten Beobachtung zu diesem Thema sollen mit der Tabelle III verdeutlicht werden.

Anforderungen an raumorientierungsbezogene Fähigkeiten	Beobachtungssituation/ Aufgabenbeispiel	Reaktionen/ Beobachtungen z.B.	Beurteilung	
			Ja	Nein
allgemeine Orientierung	- „Wo ist dein Platz?" - „Zeig mir den Weg zu den Toiletten."	findet sich zurecht		
emotionale Einstellung	- „Lauf in die Halle." (Pausen/Turnhalle)	läuft frei in der Halle herum		
kognitive Vorstellung	- „Bau/Mal mir bitte ein Haus."	baut aus Klötzen ein Haus, bzw. malt es auf Papier		
- Rechts-links Orientierung: - Richtung folgen (visuell)	einen Weg nach rechts bzw. links vorgehen oder zeigen, ohne/mit Richtungswechsel	ahmt nach, wechselt entsprechend die Richtung		
Reaktion auf Benennung	„Geh nach rechts/links (von Dir aus)"	geht/zeigt in die entsprechende Richtung		
		unterscheidet rechts/links		
Benennung (verbal)	„Geh einen Zick-zack-Weg und sag jeweils in welche Richtung du gehst."	benennt z.B. "nach rechts", „nach links"		
Richtung folgen (taktil-kinästhetisch)	Mit geschlossenen Augen auf einem Seil entlangfahren	ertastet fortlaufend den Seilweg		
Richtung hören (auditiv)	„Geh/Zeig/Sag die Richtung an, aus der ich deinen Namen rufe." (Augen geschlossen)	hört		
		zeigt		
		geht		
		benennt die Richtung		
		wendet Kopf (Ohr) hin		
Oben-Unten-Orientierung: Richtung folgen (visuell)	Nach oben/unten mit Finger zeigen	verfolgt mit Augen und Finger den Weg		
Reaktion auf Benennung	- „Zeig nach oben / unten."	zeigt die entspr. Richtung an		
Benennung (verbal)	- „Sag mir wohin ich zeige."	benennt „nach oben"		
		„nach unten"		
Richtung folgen (taktil-kinästhetisch)	„Spür mit deinem Finger an meinem, wohin ich zeige"	spürt		
		folgt		
		benennt nach oben		
		unten		

Tab. III: Beobachtung der Raumwahrnehmung und Orientierung

Anforderungen an raumorientierungsbezogene Fähigkeiten	Beobachtungssituation/ Aufgabenbeispiel	Reaktionen/ Beobachtungen z.B.	Beurteilung	
			Ja	Nein
Richtung hören (auditiv)	„Zeig/Sag, ob mein Klatschen oben oder unten zu hören ist." (Augen zu)	zeigt		
		sagt die entsprechende Richtung an		
		blickt hin		
Orientierung an Raumdimensionen: Begrenzungen Höhe und Breite (visuell und taktil)	„Ich halte das Seil wie ein Tor, versuch durchzukommen, ohne es zu berühren." a) schmal u. hoch b) breit u. niedrig	nimmt Begrenzung wahr		
		gelangt hindurch, ohne anzustoßen		
Abstände (visuell, evtl. taktil)	„Stell dir vor, dies ist ein Wassergraben, den ich hier mit dem Seil lege. Versuch hinüberzuspringen, ohne in den Graben zu treten." a) eng b) weit	schätzt Abstand ein		
		gelangt hinüber		
		tastet auf Aufforderung den Abstand ab		
Raumpunkte, Anordnungen und Reihenfolgen visuell wahrnehmen	- einen markierten/gezeigten Punkt im Raum ertasten bzw. wiedererkennen. - Zwei (bis sechs) Punkte sind auf dem Boden markiert Ein Weg von einem zum anderen Punkt wird vorgegeben/gezeigt. „Geh den Weg nach."	lokalisiert		
		findet den Punkt wieder		
		setzt die Punkte in Beziehung		
		merkt sich den Weg		
		geht nach Vorgabe visuell orientiert		
taktil	„Taste den Weg."	tastet die vorgegebene Reihenfolge		
auditiv	„Geh den beschriebenen Weg."	versteht		
		reagiert entsprechend der Anweisung		
Übertragung der Raumorientierung vom Dreidimensionalen ins Zweidimensionale und umgekehrt	Einen auf Papier aufgezeichneten Weg im Raum nachgehen.	geht den Weg anhand der Skizze		
	Einen markierten Weg gehen und ihn auf Papier wiedergeben.	hat sich den Weg nach Begehen vollständig/in Teilen eingeprägt und skizziert		

Für viele Beobachtungssituationen bzw. Aufgabenbeispiele kann sowohl ohne als auch mit Überschneidungen/Kreuzungen gearbeitet werden. Kreuzungen, die eine Figur-Grundwahrnehmung verlangen, erschweren jeweils die Situation. Sie sind jedoch wichtige Voraussetzungen für das Schreiben von Buchstaben und Zahlen.
Die Raumwahrnehmung und räumliche Orientierung ist u.a. abhängig von einer guten Funktionsfähigkeit der Sinnesorgane. An dieser Stelle soll besonders auf ein gutes Hör- und Sehvermögen hingewiesen werden, das eine zusätzliche Beobachtung erforderlich macht. Häufig ist hierzu eine ärztlichen Untersuchung anzuraten.

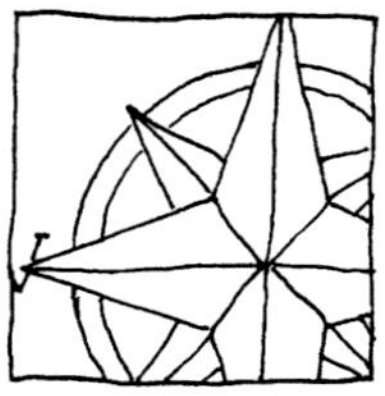

2.2.1 Polonaise im Karree

Soziale Situation
Jeder für sich, paarweise, Kleingruppen

Räumliche Situation
Klassenraum, Bewegungsraum

Material
Musik, Stühle/Tische **oder:** Papier und 2 Stifte pro Teilnehmer

Ziel
- Rechts-Links-Orientierung im Raum
- Raumrichtungserfahrung, visuomotorisch

Anleitung
Die Kinder suchen sich einen Weg durch den Raum. Sie gehen zur Musik vorwärts und geradeaus. Wenn die Musik aufhört, bleiben die Kinder stehen und auf Zuruf z.B. „nach rechts", drehen sie sich mit einer Vierteldrehung nach rechts, um dann zur Musik wieder ihren Weg geradeaus fortzusetzen.
Ist ein Hindernis im Weg (z.B. Tisch, Wand), heißt es stehen bleiben und den Richtungszuruf abwarten.

Varianten
✎ Mehrere Kleingruppen werden gebildet und jeweils von einem Kind angeführt. Jede Gruppe geht dem führenden Kind hinterher, das den Richtungswechsel nach rechts bzw. links ansagt. Bei Musik-Stop wechselt die Führung. Der Anführer bestimmt, wie sich fortbewegt wird z.B. im Zwergengang, hüpfend, krabbelnd.
✎ Ein Kind führt seinen Partner. Start und Ziel werden bestimmt. Vom Start aus darf nur geradeaus gegangen und im Winkel z.B. nur links abgebogen werden bis das Ziel erreicht ist. Wieviele Male muss abgebogen werden, um genau am Ziel anzukommen? Hindernisse wie Tische sind willkommene Erschwernisse.
✎ Die Kinder gehen paarweise, anfangs nebeneinander geradeaus durch den Raum. Sie trennen sich, d.h. ein Kind biegt rechts, das andere links ab, um sich an einem anderen Ort wieder zu treffen.
✎ Anführung einer Polonaise mit allen Teilnehmern in verschiedenen Karree-Formen (an der Wand entlang, zur Raum-Mitte wechselnd usw.).
✎ Die Kinder malen ein-/beidhändig zur Musik die vorher gegangenen Raumwege auf Papier.
✎ Auf dem Arbeitsblatt (S. 69) fahren die Kinder mit dem Stift in einer Hand zwischen den Linien entlang und benennen dabei, wann sie nach oben – rechts – unten – rechts usw. abbiegen. Oder sie skizzieren beidhändig den Weg.

Pädagogische Hinweise
Als zusätzliche Hilfe kann auch ein Gegenstand mitbenannt werden, der sich rechts oder links befindet.
Zunächst sollte aber immer nur eine Richtung angesagt werden, um sie zu sichern. Erst dann wird zwischen links und rechts gewechselt.

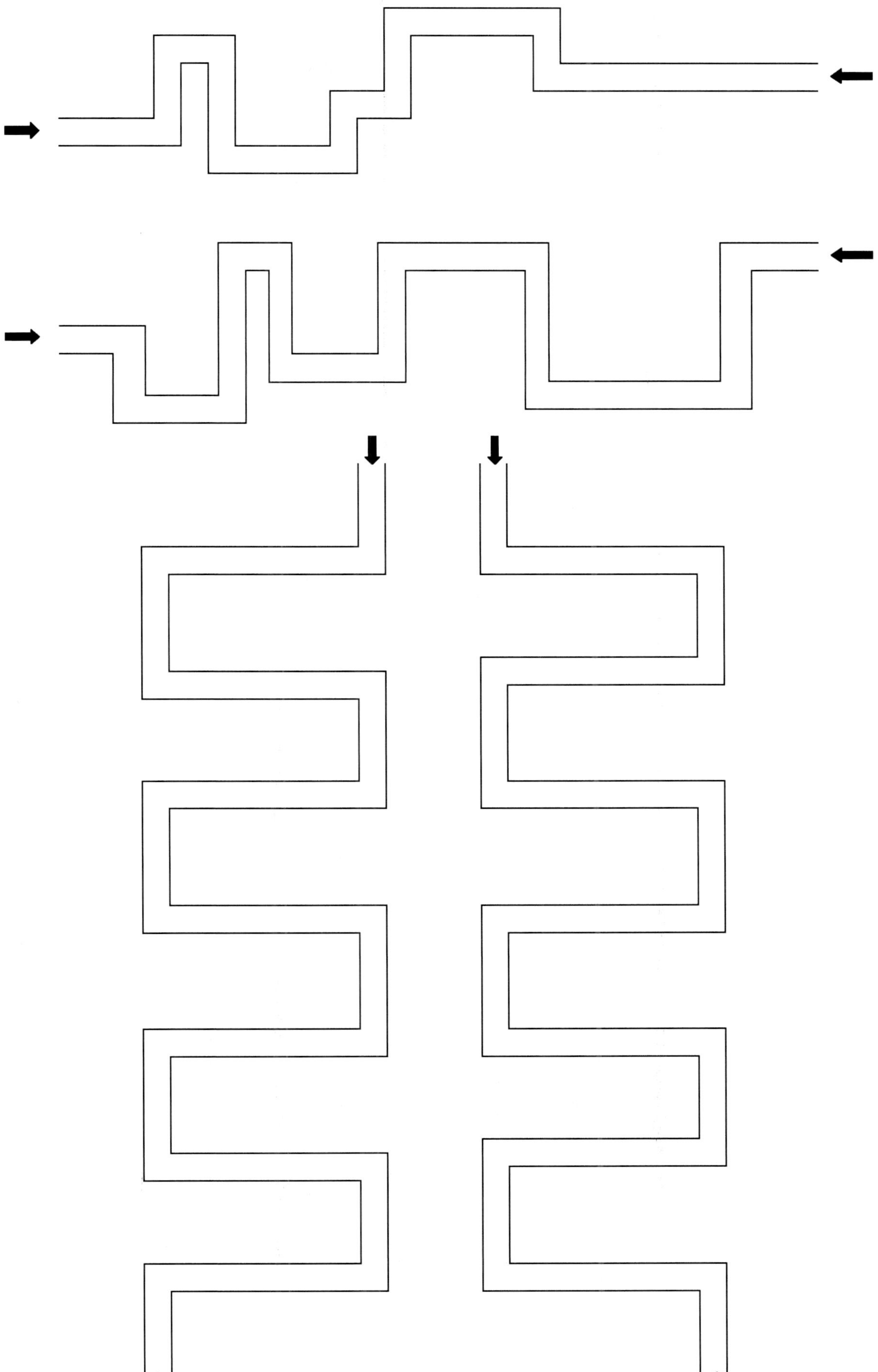

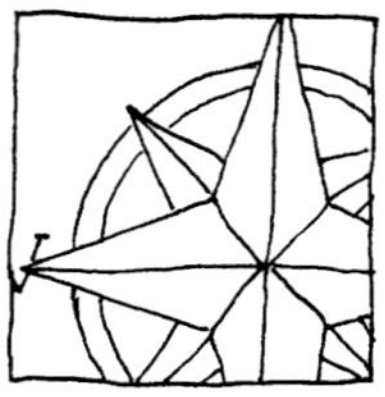

2.2.2 Blindenführer

Soziale Situation
Paarweise, Kleingruppen

Räumliche Situation
Drinnen und Draußen

Material
2 kleine Steine pro Paar, Papier, Stifte

Ziel
- Rechts-Links-Orientierung im Raum
- Raumrichtungserfahrung, visuo-, taktil-motorisch, auditiv
- Einprägung von Raumrichtungen

Anleitung
Ein Blinder wird von seinem Partner von einem bestimmten Ausgangspunkt (Platz) aus durch den Raum geführt. Das führende Kind beschreibt den Weg, den es mit dem Blinden geht, benennt Richtungen und was rechts bzw. links vom Weg liegt oder steht. Anschließend versucht das geführte Kind, den Weg mit geöffneten Augen zu wiederholen.

Varianten
- ✎ Der Blinde wird von seinem Partner mit Signalen (z.B.: zwei kleine Steine in Ohrnähe des Blinden werden aneinander geklopft) durch den Raum geführt. Je nachdem, ob das Geräusch am rechten oder linken Ohr hörbar ist, geht der Blinde in die entsprechende Richtung.
- ✎ Der Partner flüstert aus einer gewissen Entfernung den Namen seines blinden Partners. Dieser zeigt in die entsprechende Richtung und folgt blind seinem Namen lauschend der Stimme des Partners.
- ✎ Der Blinde wird durch Zurufe vom Partner geführt. Dabei dürfen keine Gegenstände, die im Raum stehen und auch der Partner selbst nicht berührt werden.
- ✎ Der Blinde wird wieder geführt. Er nimmt Richtungen und Richtungswechsel wahr und beschreibt sie.
- ✎ Der Blinde ertastet sich selbst einen Weg durch den Raum. Ertastet wird, was sich rechts bzw. links neben ihm befindet und benennt dabei die Seiten oder Richtungen. Der Partner begleitet ihn, damit der Blinde viele Tasteindrücke sammeln kann, aber sich nicht verletzt oder anstößt.
- ✎ Eine Gruppe Blinder wird von einem Sehenden sicher durch den Raum geführt.
- ✎ Der Blinde wird durch Anpusten am rechten bzw. linken Arm vom Partner geführt und spürt dadurch, wohin er sich bewegen soll.
- ✎ Der Partner führt den Blinden mit vorher vereinbarten Zeichen:
  Tippen auf die rechte Schulter heißt nach rechts gehen,
  Tippen auf die linke Schulter bedeutet nach links gehen,
  Tippen auf das Brustbein ist vorwärts, auf den Rücken ist rückwärts gehen,
  Tippen auf den Kopf heißt stehen bleiben.
- ✎ Auf dem Arbeitsblatt (S. 72) führt der Hund den Blinden. Mit dem Stift geht das Kind den Weg mehrmals entlang. Anschließend versucht das Kind den Weg mit geschlossenen Augen zu zeichnen.

Pädagogische Hinweise
Bei der Übung hat es sich als günstig erwiesen, Anfangs- und Endpunkte festzulegen. Die Länge des Weges wird dem Konzentrationsvermögen der Kinder angepasst. Durch die häufigen Richtungswechsel erfolgt darüber hinaus automatisch ein ausgezeichnetes Training der Merkfähigkeit.

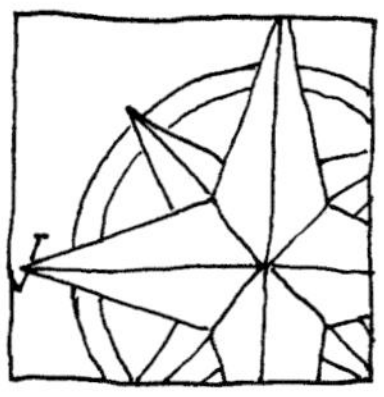

2.2.3 Abschleppdienst

Soziale Situation
Jeder für sich, paarweise, Dreiergruppen

Räumliche Situation
Klassenraum, Bewegungsraum

Material
Garnknäuel, Klebestreifen pro Paar
oder: Spielautos, Papier, Stifte

Ziel
- Rechts-Links-Orientierung im Raum
- Raumrichtungserfahrung, visuomotorisch
- Wahrnehmung von Richtungsüberschneidungen

Anleitung
Die Kinder bereiten paarweise Straßen vor. Alle Paare beginnen an einer Raumseite. Jedes Paar bekommt einen markierten Ausgangspunkt.
Die Kinder erhalten ein Garnknäuel. Sie spannen es am Boden und kleben es bei Richtungswechsel (rechts oder links) mit einem Klebestreifen (ca. 5 pro Paar) an. Hierdurch entsteht für jedes Paar eine Straße, die sich zunächst nicht kreuzen sollen.
Jetzt wird eine Geschichte über den Abschleppdienst erzählt. Sie macht deutlich, wie abgeschleppt wird. So kann sich ein Kind an das andere hängen. Es kann aber auch Huckepack getragen werden. Oder es wird auf den Rücken des (krabbelnden) Abschleppers „aufgeladen". Die Straße zur Werkstatt ist vorgegeben. Das Auto wird repariert und zurückgebracht. Die Partner tauschen ihre Rolle und das Spiel beginnt erneut. Es können natürlich auch die Ausgangspunkte verändert werden.

Varianten
- ✎ Der Abschleppdienst wird nachts angefordert und muss die Straße ertasten.
- ✎ Der Fahrer, der mit seinem Auto abgeschleppt wird, beschreibt den Straßenverlauf während der Fahrt.
- ✎ Der Fahrer, der abgeschleppt werden will, ruft dem Abschleppdienst von der gegenüberliegenden Seite aus den Weg zu.
- ✎ Die Hände der Kinder sind die Abschleppautos. So kann die rechte Hand auf der Garnstraße entlangfahren, während die rechte Hand des Partners daraufgeladen ist. So bewegen sich die Paare auf der Garnstraße vorwärts und biegen rechts oder links ab.
- ✎ Die Kinder fahren mit Spielzeugautos hintereinander auf den Straßen und schleppen sich so ab.
- ✎ Die Kinder bilden Dreiergruppen. Zwei sind vom Abschleppdienst und tragen zusammen das dritte Kind die Straße entlang.
- ✎ Auf Papier zeichnet sich jedes Kind Straßen auf, auf denen es danach mit dem Abschleppfahrzeug (Stift) mehrfach entlangfährt.
- ✎ Auf dem Arbeitspapier (S. 74) können die Straßen abgefahren werden.

Pädagogische Hinweise
Wenn die Kinder Sicherheit auf ihren Straßen gewonnen haben, kann man die einzelnen Straßen auch parallel zueinander und sich überkreuzen lassen. Dabei ist es wichtig, dass die Anfangs- und Endpunkte für die miteinander agierenden Kinder festgelegt sind.

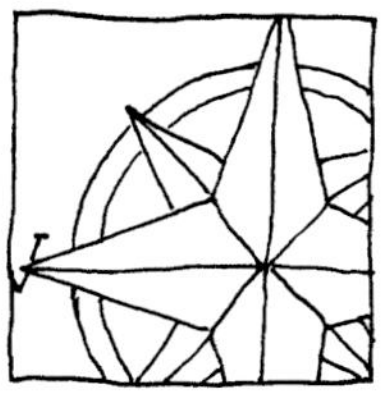

2.2.4 Bussard auf Mäusejagd

Soziale Situation
Jeder für sich, Großgruppe, als Fangspiel

Räumliche Situation
Klassenraum

Material
Tische **oder:** Baumwollseile, große Papierbögen/Papiertischdecken/Packpapier, Klebestreifen, Tafelteile, Kreide, Papierblätter, Stifte

Ziel
- Oben-Unten-Orientierung im Raum
- feinmotorische Steuerung und Reaktion
- visuomotorische Zielkontrolle

Anleitung
Ein Kind spielt den Bussard. Die anderen sind die Mäuse und laufen im Raum herum. Auf den Ruf hin „Der Bussard kommt!", retten sich die Mäuse unter die Tische. Der Bussard kommt angeflogen und versucht, eine Maus zu schnappen. Hat er eine Maus erwischt, schmeckt sie ihm nicht, und er lässt sie wieder frei. Er muss eine neue Maus fangen...

Varianten
- ✎ Die Kinder sitzen in Gruppen um einen Tisch herum oder im Kreis am Boden. Jedes Kind hat ein Baumwollseil an dessen Ende mehrere Knoten gemacht wurden. Dies sind die Mäuse. Alle Kinder legen ihr Seil in die Mitte, so dass die Mäuse sich dicht gedrängt in der Mitte des Kreises aufhalten. Ein Kind ist der Bussard und kreist mit einer Hand in der Luft. Auf Zuruf fällt er über die Mäuse her, die sich ganz schnell verziehen (weggezogen werden).
- ✎ Bei dieser Variation sind die Mäuse aneinander gelegte Hände der Kinder und wieder ist ein Kind der Bussard. Wenn er sich auf die Mäuse stürzen will, werden die Hände schnell weggezogen.
- ✎ Große Papierbögen sind mit Klebestreifen auf mehreren Tischen befestigt. Die Kinder stellen sich um die Tischgruppen und malen an ihrem Platz am Rand des Papiers kleine Mäuse auf. Zwei oder drei Kinder kreisen in der Mitte des Papiers mit ihrem Stift als Bussarde herum. Bei Zuruf versuchen sie genau jeder eine Maus zu treffen. Jedes Kind darf einmal Bussard sein. Das Spiel ist dann zu Ende, wenn alle Mäuse geschnappt sind.
- ✎ Jedes Kind erhält das Arbeitsblatt „Bussard auf Mäusejagd" (S. 77). Es kreist mit dem Stift als Bussard auf dem oberen Teil ihres Blattes. Auf Zuruf lässt es den Stift heruntersausen, genau auf eine Maus. Dazu kann eine spannende Geschichte erzählt werden: Ein Bussard schwebt in den Lüften und verspürt Hunger. Da sieht er eine Maus. Aber leider huscht diese schnell in ihr Mauseloch. Da entdeckt er noch eine Maus. Im Sturzflug fällt der Bussard über die Maus her. Hat er sie erwischt?

Pädagogische Hinweise
Unter Umständen kann auf das Spiel „Spitz pass auf" Bezug genommen werden, weil es die meisten Kinder kennen.

Bei den kreisenden Bewegungen, die der Bussard mit der Hand oder als Stift macht, kann rechts und links herum gekreist werden. Es können dabei auch Achterschleifen dargestellt werden.
Gerade die Richtung von oben nach unten sollte deutlich bewusst gemacht und verbalisiert werden.
Zur Demonstration des Spiels aber auch zum Üben eignet sich die Wandtafel. Um das Spiel häufiger durchzuführen, können Tafeln eingesetzt werden.

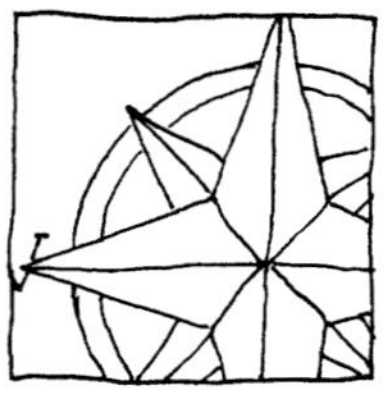

2.2.5 Seilbahn/Lift fahren

Ziel
- Oben-Unten-Orientierung im Raum
- Raumwahrnehmung und Bewegungsführung
- feinmotorische Steuerung

Soziale Situation
Dreiergruppen, Kleingruppen, jeder für sich

Räumliche Situation
Klassenraum

Material
Garn, Wäscheklammern **oder:** Baumwollseile, Papier, Stifte

Anleitung
Jeweils drei Kinder finden sich zusammen. Eine Wäscheklammer wird als Lift/Gondel auf einen langen Faden gefädelt. Zwei Kinder spannen den Faden und halten ihn an den Enden. Das dritte Kind fährt den Lift.
Es führt die Wäscheklammer je nach Seilbahnrichtung nach oben bzw. unten. Mit dem Lift können auch kleine Gegenstände, wie: Papier, Stift, Radiergummi (von der Wäscheklammer gehalten) transportiert werden.

Varianten
- ✎ Mehrere Kinder halten einen langen Faden als Seilbahn. Die Seilbahn führt in verschiedene Richtungen nach oben oder unten. Ein Kind führt behutsam tastend mit geschlossenen Augen den Lift die Seilbahn entlang.
- ✎ Mehrere Kinder spannen die Seilbahn so, dass mit dem Faden ein Buchstabe dargestellt wird, den ein Kind ertasten kann. Der Faden kann entweder senkrecht oder auch waagerecht gespannt werden. Der Verlauf einer Buchstaben-Seilbahn etwa in Form eines M, W, N kann vorher aufgeschrieben und dann gebildet werden.
- ✎ Die Kinder erfinden verschiedene Muster und Formen für den Seilbahnverlauf. Sie zeichnen den Verlauf auf Papier vor.
- ✎ Auf dem Arbeitsblatt (S. 79) ist der Stift die Gondel. Die Kinder fahren mit dem Stift die Seilbahn nach oben oder unten. Es können auch die Wege von Hütte zu Hütte nachgezeichnet werden.

Pädagogische Hinweise
Es hat sich als günstig erwiesen, den Lift anfangs visuell und taktil-kinästhetisch, später aber nur taktil-kinästhetisch zu fahren. Die Ebenen der Seilbahn können verändert werden. Zusätzlich lässt man die Richtungen durch die Kinder benennen.

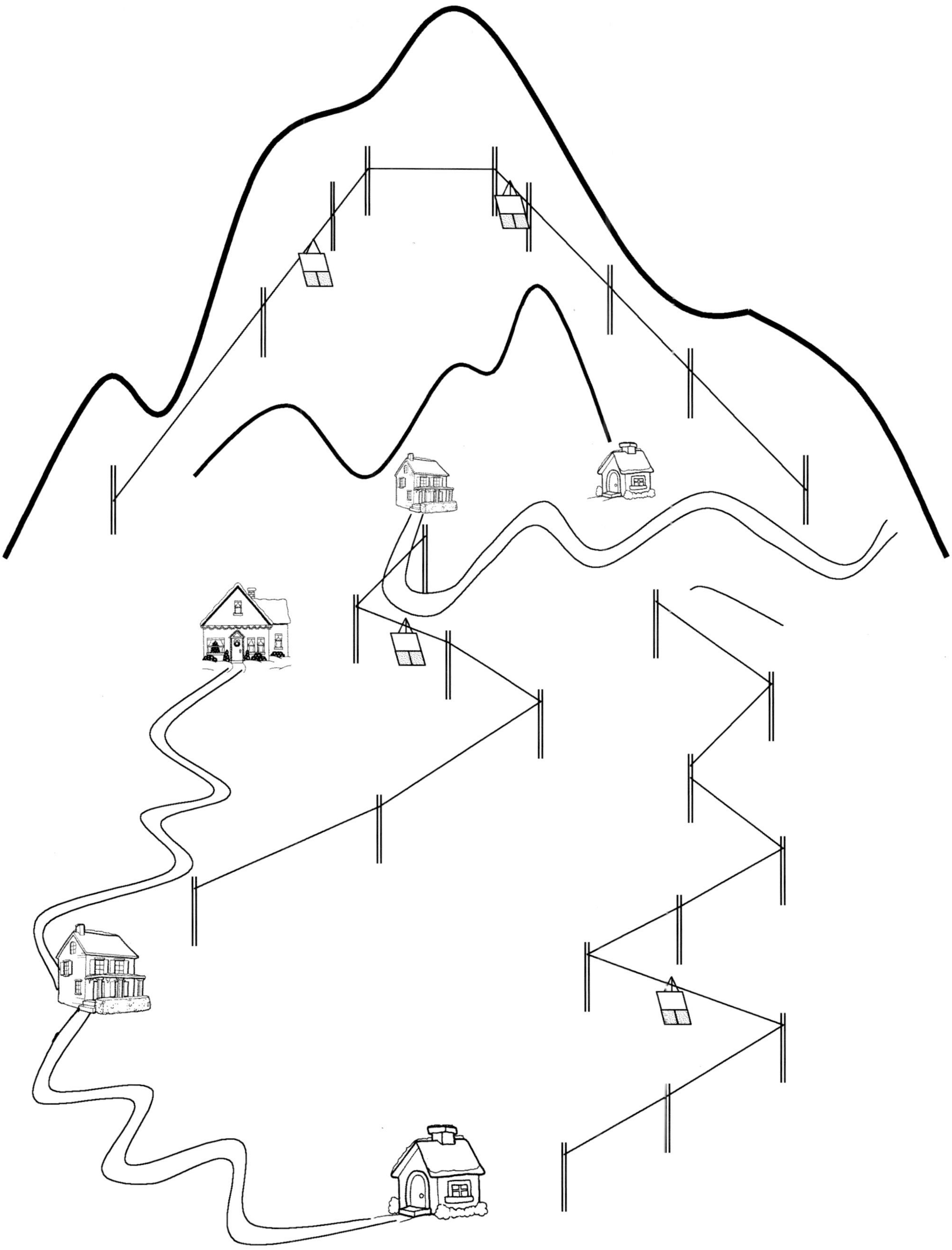

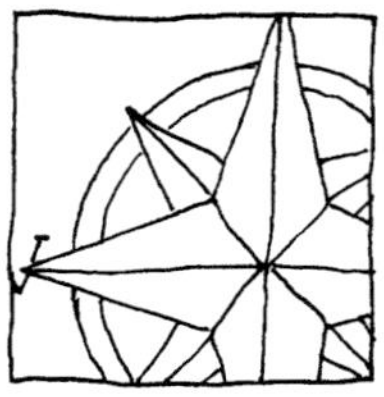

2.2.6 Transportband

Ziel
- Oben-Unten-Orientierung im Raum,
- Objektverfolgungen visuell
- simultante Hand-Hand-Kooperation

Soziale Situation
Paarweise, Kleingruppen, jeder für sich

Räumliche Situation
Klassenraum, u.a.

Material
2 Baumwollseile pro Paar, 1 Plastik-/Wurfring **oder:** Schaumstoff-/Bälle, Ballons, diverse Kleinmaterialien, Garn und kleine Ringe, Papier, Stifte

Anleitung
Jeweils zwei Kinder spannen zwei Seile zwischen sich und halten sie an den Enden fest. Sie ziehen einen Ring durch beide Seile. Der Ring soll nun nach oben oder unten transportiert werden, ohne ihn mit den Händen zu berühren. Dies kann geschehen, indem das eine Kind oben die Seilenden zusammenhält und das andere unten die Seilenden auseinanderzieht.

Varianten
✎ Zwei Kinder legen zwei Seile gespannt auf den Boden. Auf die Seile legen sie einen Schaumstoffball. Wie kann dieser nun mit Hilfe der Seile transportiert werden? Die Kinder probieren aus, welche Gegenstände noch auf diese Art und Weise befördert werden können (z.B. Lineal, Heft, Buch).
✎ Auf dem Arbeitsblatt (S. 81) zeichnen die Kinder auf, wie der Ball spiralförmig herunterrollt.

Pädagogische Hinweise
Die Kinder sollten zunächst die Möglichkeit erhalten, auszuprobieren, wie mit ihren Seilen Gegenstände transportiert werden können. Der Lehrer registriert, wie die Kinder beidhändig arbeiten. Ebenso kann die Nah- und Ferneinstellung der Augen beim Verfolgen der Gegenstände beobachtet werden.

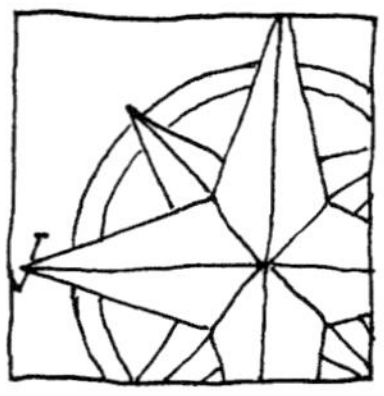

2.2.7 Fahrstuhl fahren

Soziale Situation
Jeder für sich, paarweise, in Kleingruppen, Großgruppe

Räumliche Situation
Klassenraum, Bewegungsraum

Material
Tische, Stühle **oder:** kleine Gegenstände, z.B. Radiergummi o.ä., Papier, Stifte

Ziel
- Oben-Unten-Orientierung im Raum
- Oben-Unten-Orientierung im Körper
- Beweglichkeit in den Handgelenken

Anleitung
Gemeinsam wird besprochen, wie der Fahrstuhl fährt, z.B.: Erdgeschoss = Fussboden, 1. Etage = Stuhl, 2. Etage = Tisch. Den Fahrstuhl stellt jedes Kind mit einer Hand dar. Die Kinder entwerfen eine Geschichte zum Fahrstuhlspiel z.B.: Frau Meier wartet unten im Erdgeschoss auf den Fahrstuhl. Endlich ist er da. Sie geht hinein und drückt auf den Knopf für die 2. Etage. Der Fahrstuhl fährt nach oben. Frau Meier hat ihre Einkaufstasche im Erdgeschoss vergessen. Sie will wieder nach unten fahren, aber...

Varianten
- ✎ Der Fahrstuhl fährt folgendermaßen: Erdgeschoss = Füße, 1. Etage = Knie, 2. Etage = Bauch, 3. Etage = Schulter, 4. Etage = Kopf.
- ✎ Ein Kind stellt mit einer Hand den Fahrstuhl dar. Ein anderes spielt Frau Meier und steigt mit seiner Hand in den Fahrstuhl ein....
- ✎ Die Kinder spielen zu zweit Fahrstuhl (Hand auf Hand).
- ✎ Das eine Kind stellt den Fahrstuhl mit seiner Hand dar, das andere sagt die Fahrtrichtungen und Etagen an (ohne mitzufahren).
- ✎ Jedes Kind stellt mit seiner einen Hand einen Personenfahrstuhl und mit der anderen Hand einen Lastenaufzug dar. Diese Aufzüge fahren in verschiedene Richtungen und halten an unterschiedlichen Stationen.
- ✎ Beide Hände eines Kindes sind jeweils Lastenaufzüge. Handrücken bzw. Handinnenflächen (Finger sind dabei gestreckt) sind die Tragflächen, auf die kleine Gegenstände gelegt und so zu den Etagen transportiert werden.
- ✎ Das Arbeitsblatt (S. 83) zeigt ein Hochhaus mit zehn Stockwerken und zwei Fahrstühlen. Zu einer Geschichte oder auf Ansage können ein Fahrstuhl (einhändig) oder zwei Aufzüge (beidhändig) benutzt werden. Der Stift zeichnet die Fahrtrichtungen auf.

Pädagogische Hinweise
Die Übung eignet sich besonders gut dafür, dass sich die Kinder Geschichten ausdenken bzw. fortführen. In diesen Geschichten können spielerisch Zahlen und/oder Buchstabenkombinationen einbezogen werden. Die Fahrtrichtung des Fahrstuhls kann ebenfalls immer benannt bzw. erfragt werden.

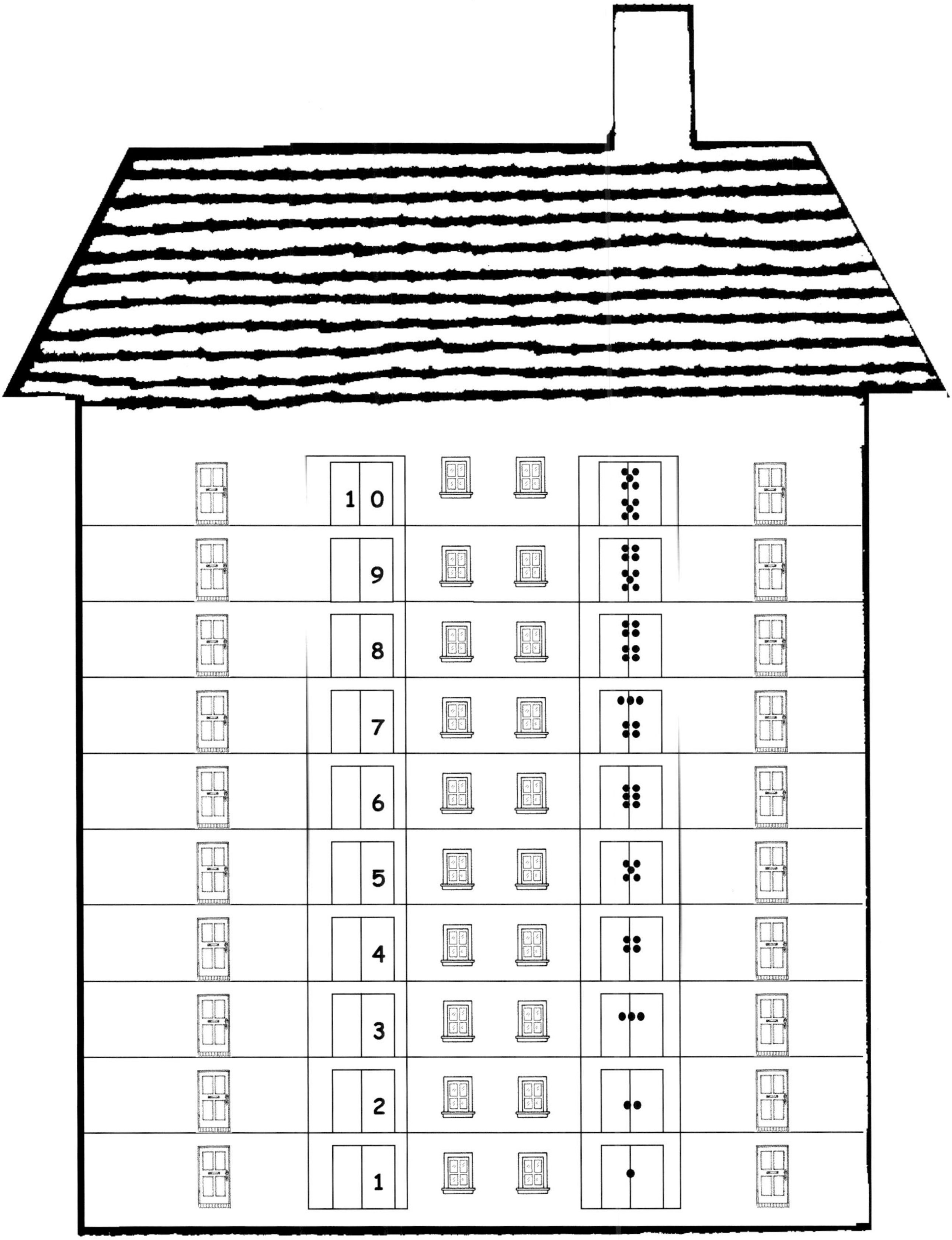
10
9
8
7
6
5
4
3
2
1

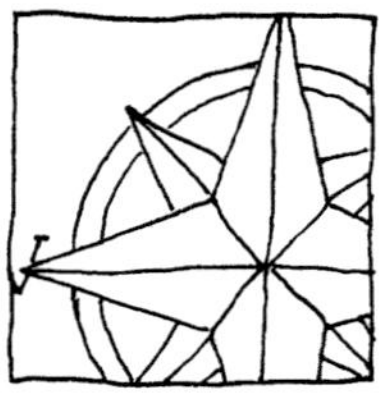

2.2.8 Kästchen springen

Soziale Situation
In Gruppen

Räumliche Situation
Klassenraum, Sport-/Pausenhalle, Schulhof, Plattenwege

Material
Teppichfliesen **oder:** Gymnastik-Reifen, Kreide, Papier und Stifte

Ziel
- Wahrnehmung gleicher und verschiedener Abstände
- räumliche Richtungsorientierung
- Bewegungs-/Sprungrhythmen erfinden und darstellen
- sich Rhythmen einprägen

Anleitung
Teppichfliesen werden in einer Reihe mit gleichen Abständen ausgelegt. Die Kinder gehen, krabbeln, hüpfen, springen auf verschiedene Weise von Fliese zu Fliese.
Sie können Tiere spielen wie einen stolzierenden Storch, einen huschenden Käfer, einen schwerfälligen Elefanten.
Die Abstände der Fliesen sind anfangs eng, werden dann zunehmend weiter. Die Kinder probieren sich in Frosch-, Känguruh-, Tigersprüngen. Sie rufen oder klatschen im Takt zu ihren Sprüngen.

Varianten
✎ Die Fliesenabstände (Reifenabstände) werden z.B.: eng-eng-weit, eng-eng-weit usw. – durch die Fliesen angeordnet, so dass ein sich wiederholender Rhythmus entsteht. In der Bewegungsausführung könnte dies mit Schritt-Schritt-Sprung usw. erfolgen. Die Kinder begleiten mit Klatschen oder Worten den Bewegungsrhythmus.
✎ Die Kinder versuchen einen vorgegebenen Klatschrhythmus aufzunehmen und in Bewegungen umzusetzen (z.B. ta-ta – tam – tam, ta-ta – tam – tam ...).
✎ Die Kinder erfinden eigene Sprung- bzw. Hüpfrhythmen und wiederholen diese.
✎ Wie bei Hüpfkästchen-Spielen legen die Kinder die Fliesen aus oder malen mit Kreide Kästchen auf den Boden. So entstehen Felder für ein- und beidbeiniges Springen
✎ Die Kinder benutzen das Arbeitsblatt (S. 84) oder malen sich selbst Kästchen auf ein Blatt. Jetzt sind die Finger Springer oder Läufer und bewegen sich einzeln oder paarweise (z.B. Zeigefinger, Zeige- und Mittelfinger) im Rhythmus von Feld zu Feld.

Pädagogische Hinweise
Es kann sinnvoll sein, die Übung zu demonstrieren. Am Anfang sollten ganz einfache Rhythmen vorgegeben werden. Unter Umständen begleitet man die Kinder mit Worten oder Singen.

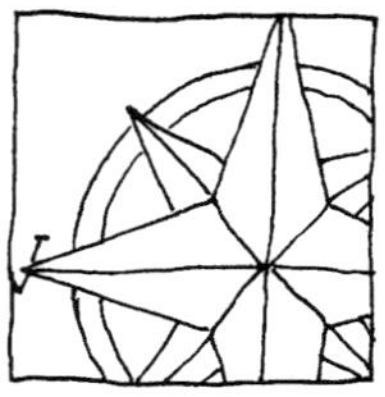

2.2.9 Elektrischer Zaun

Soziale Situation
In Kleingruppen, als Staffelspiel, jeder für sich

Räumliche Situation
Klassenraum, Sporthalle mit Kästen oder Pfosten

Material
Tische, Garn, Klebeband **oder:** Baumwollseile oder Wäscheleinen, z.B. Kastanien oder kleine Holzklötze, Papier und Stifte

Ziel
- Wahrnehmung räumlicher Abstände
- Wahrnehmung von Begrenzungen, visuell, taktil
- Einschätzung von Raumdimensionen in Bezug zu Körperdimensionen
- Körpersteuerung, -behutsamkeit, -beweglichkeit

Anleitung
Die Kinder bilden Kleingruppen. Jede Kleingruppe stellt zwei Tische mit größerem Abstand hin. Jeweils ein Tischbein von den gegenüberstehenden Tischen sind die Pfosten, an denen das Garn kreuz und quer, hin und her, mal nach oben, mal nach unten gespannt und mit Klebestreifen an den Tischbeinen befestigt wird. Die Kinder probieren durch den so entstandenen „elektrischen Zaun" zu steigen, ohne an das Garn zu stoßen.

Varianten
✎ Auf der einen Seite des Zauns liegen Kastanien. Ein paar Kinder reichen den Kindern auf der anderen Seite Kastanien durch den Zaun, ohne anzustoßen.
✎ Das „Einbrecher-Spiel": Einbrecher versuchen durch den Zaun zu gelangen. Sobald sie anstoßen, ruft die Gruppe laut „Hilfe-Polizei".
✎ Zwei oder mehr Mannschaften werden gebildet. Sie stehen auf der einen Seite des Zauns. Auf der anderen Seite befindet sich eine Wiese mit einem Kastanienbaum. Viele Kastanien liegen auf der Wiese verstreut. Welche Mannschaft hat als erste 10 Kastanien auf ihrer Seite. Regel: Es darf immer nur eine Kastanie ohne Benutzung der Hände aufgehoben und transportiert werden.
✎ Zwei Gruppen bilden sich. Die einen sind die Schatzwächter, die anderen Raubritter. Während die Wächter schlafen steigen die Raubritter durch den elektrischen Zaun und schleichen sich an die Schätze heran. Wird ein Raubritter gehört, muss er zurück.
✎ Das Garn (die Baumwollseilchen) wird waagerecht zwischen mehreren Tischbeinen gespannt. Die Kinder steigen von einer zur anderen Seite durch die Felder, ohne die elektrischen Verspannungen zu berühren. Sie können sich auch gegenseitig als Blindenführer oder Lotse dirigieren.
✎ Die Kinder zeichnen sich einen Zaun auf Papier und malen die Zwischenräume aus, ohne den Zaun zu berühren.
✎ Auf dem Arbeitsblatt (S. 87) fahren sie mit dem Stift von einer Seite zur anderen und zurück, führen viele Linien, ohne an das aufskizzierte Netz von Stromleitungen zu stoßen.

Pädagogische Hinweise
Die Zwischenräume zwischen dem Garn müssen noch gerade so groß sein, dass man hindurchschlüpfen kann.

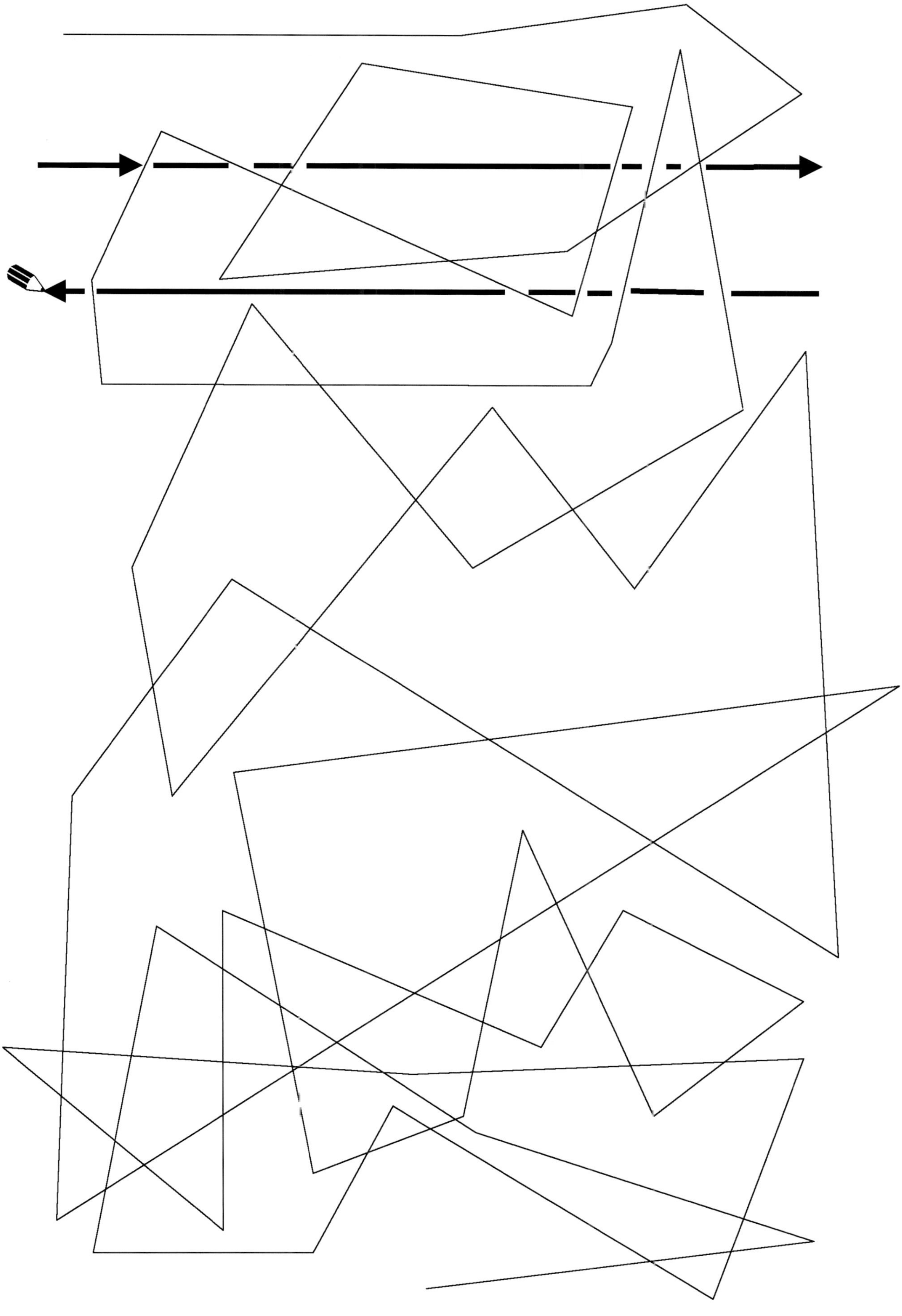

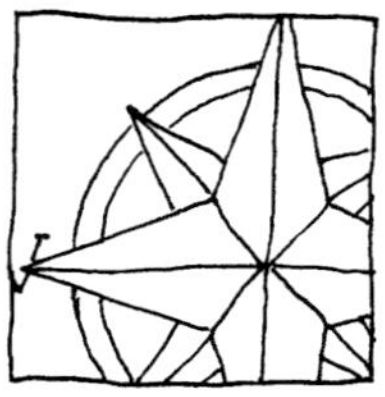

2.2.10 Zaubertore

Soziale Situation
Jeder für sich, paarweise, in Kleingruppen, Großgruppe

Räumliche Situation
Klassenraum, Bewegungsraum

Material
Baumwoll- oder Sprungseilchen **oder:** Zeitungen oder Tapetenreste, Schere, Klebeband, Wäscheleine, -klammern, Papier und Stifte

Ziel
- Wahrnehmung räumlicher Begrenzungen
- Orientierung im Raum
- Einschätzung von Raumdimensionen in Bezug zu Körperdimensionen

Anleitung
Die Kinder suchen sich einen Partner oder teilen sich in zwei Gruppen auf. Von der einen Gruppe erhält jedes Kind ein Seilchen, welches es so hält, dass ein niedriges, hohes, breites oder schmales Tor entsteht. Die Kinder der anderen Gruppe erproben die Tore und versuchen hindurch zu gelangen.
Danach erhalten die Tore eine Zauberkraft, mit der Kinder in verschiedene kleine, dünne, große, dicke Tiere verwandelt werden können. Durch welches Zaubertor passt ein großer, dicker Elefant, durch welches eine kleine Maus usw.?

Varianten
- ✎ Die Kinder sind in zwei Gruppen aufgeteilt. Eine Gruppe stellt mit den Seilchen Formen dar. Die verschiedenen Formen sind von einem Zauberer in Stimmungstore verwandelt worden. Zum Beispiel sind Dreiecke: Wut-Tore, Rechtecke: Lustig-Tore, Quadrate: Traurig-Tore. Je nachdem durch welches Tor die Kinder steigen, sind sie wütend, lustig, traurig und können sich selbst immer wieder verwandeln. Auf Zuruf des Zauberspruchs „Hui-Buh“ bilden die Kinder eine andere Form als die vorher dargestellte. Bei „Hoh“ verschwindet aller Zauber.
- ✎ Aus Zeitungen oder Tapetenresten wird eine große Wand mit Klebestreifen zusammengeklebt. Diese Papierwand wird mit Hilfe von Wäscheklammern an einer Leine aufgehängt, so dass der untere Rand den Boden berührt. In die Wand werden Löcher, Klappen und Tore geschnitten, durch die die Kinder durchreichen, steigen oder krabbeln können. Sie versuchen behutsam durch die Öffnungen zu gelangen, um sich z.B. in verschiedene Tiere des Waldes zu verwandeln.
- ✎ Auf dem Arbeitsblatt (S. 89) führen die Kinder den Stift durch die unterschiedlich breiten Weg-Zwischenräume, ohne an die Begrenzungslinien zu stoßen.

Pädagogische Hinweise
Den Kindern anfangs Zaubertore demonstrieren, durch die sie schlüpfen können.

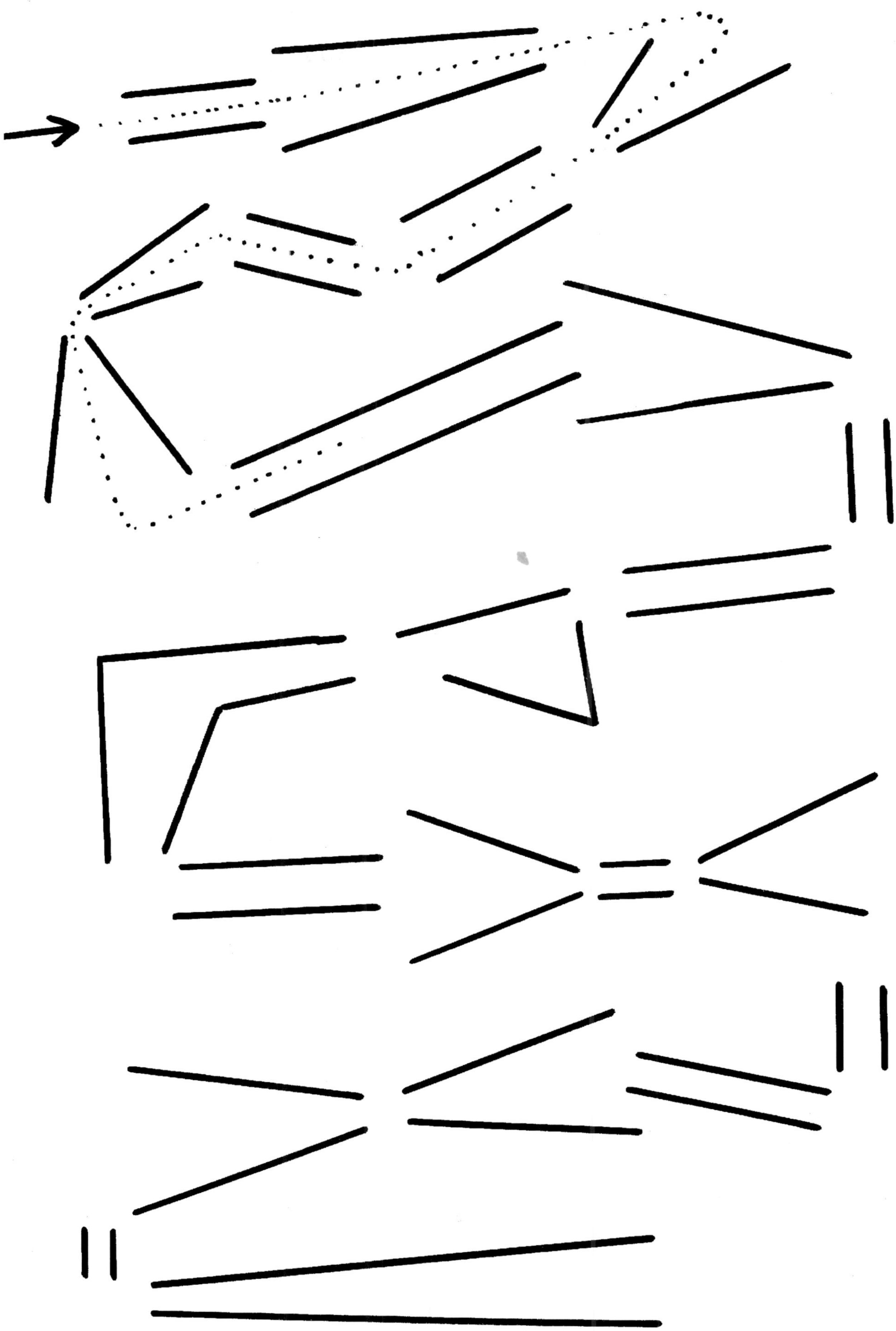

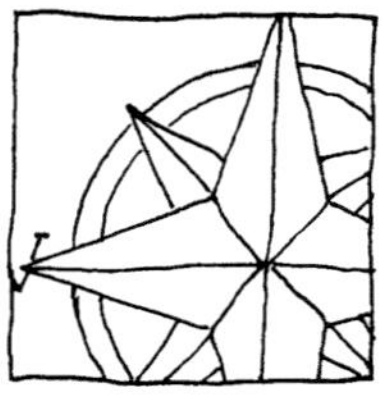

2.2.11 Dickicht

Soziale Situation
Großgruppe, paarweise, jeder für sich

Räumliche Situation
Klassenraum, draußen

Material
Stühle, Tische **oder:** Gymnastikstäbe, Holzklötze oder gesammelte Äste, Stökke, Papier, Stifte

Ziel
- Wahrnehmung räumlicher Abstände und Begrenzungen
- Orientierung im Raum, visuell, taktil-kinästhetisch, auditiv
- Einprägung von Raumwegen

Anleitung
Stühle, Tische sind ungeordnet im Raum so gestellt, dass die Kinder gerade noch durch die Zwischenräume gelangen, ohne anzustoßen. Die Kinder bewegen sich von einer Seite des Raumes zur gegenüberliegenden, schleichen durch das Dickicht und gehen den gleichen Weg wieder zurück.
Auf dem Hinweg ist es noch hell. Die Kinder merken sich ihren Weg, denn auf dem Rückweg ist es dunkel und sie müssen sich zurück tasten.

Varianten
✎ Die Kinder gehen paarweise zusammen. Ein Kind führt das andere z.B, mit Lockrufen, mit Ansagen oder mit Hand-Kontakt durch das Dickicht.
✎ Viele Äste, Stöckchen, Zweige liegen im Raum so verteilt, dass die Kinder sich zwischen ihnen bewegen können. Regel: Nicht auf oder über die Zweige und Stöcke steigen. Die Kinder erproben vielfältige Wege durch das Dickicht. Berührt ein Kind z.B. einen Ast, wird ein schlafendes, wildes Tier geweckt und greift die Eindringlinge an.
✎ Die Kinder schleichen sich von einer Raumseite durch das Dickicht zur gegenüberliegenden Seite. Dort schläft ein Fuchs. Wenn er aber aufwacht, bleiben die Kinder regungslos stehen, um sich nicht zu verraten. Hat der Fuchs noch eine Bewegung eines oder mehrerer Kinder gesehen, treibt er sie aus dem Dickicht. Wer gelangt zur gegenüberliegenden Raumseite?
✎ Die Kinder legen auf ein Blatt Papier viele kleine Stöckchen. Mit dem Stift zeichnen sie verschiedene Wege durch das Dickicht auf.
✎ Auf dem Arbeitsblatt (S. 91) zeichnen die Kinder Wege auf, wie der kleine Igel zu seinem Blätter-Unterschlupf gelangt, ohne an den herumliegenden Ästen und Baumstämmen anzustoßen.

Pädagogische Hinweise
Indem man die Distanzen zwischen den Stöcken verringert, kann man den Parcours erschweren. Die Merkfähigkeit wird durch das Wiederfinden der Wege gefördert.

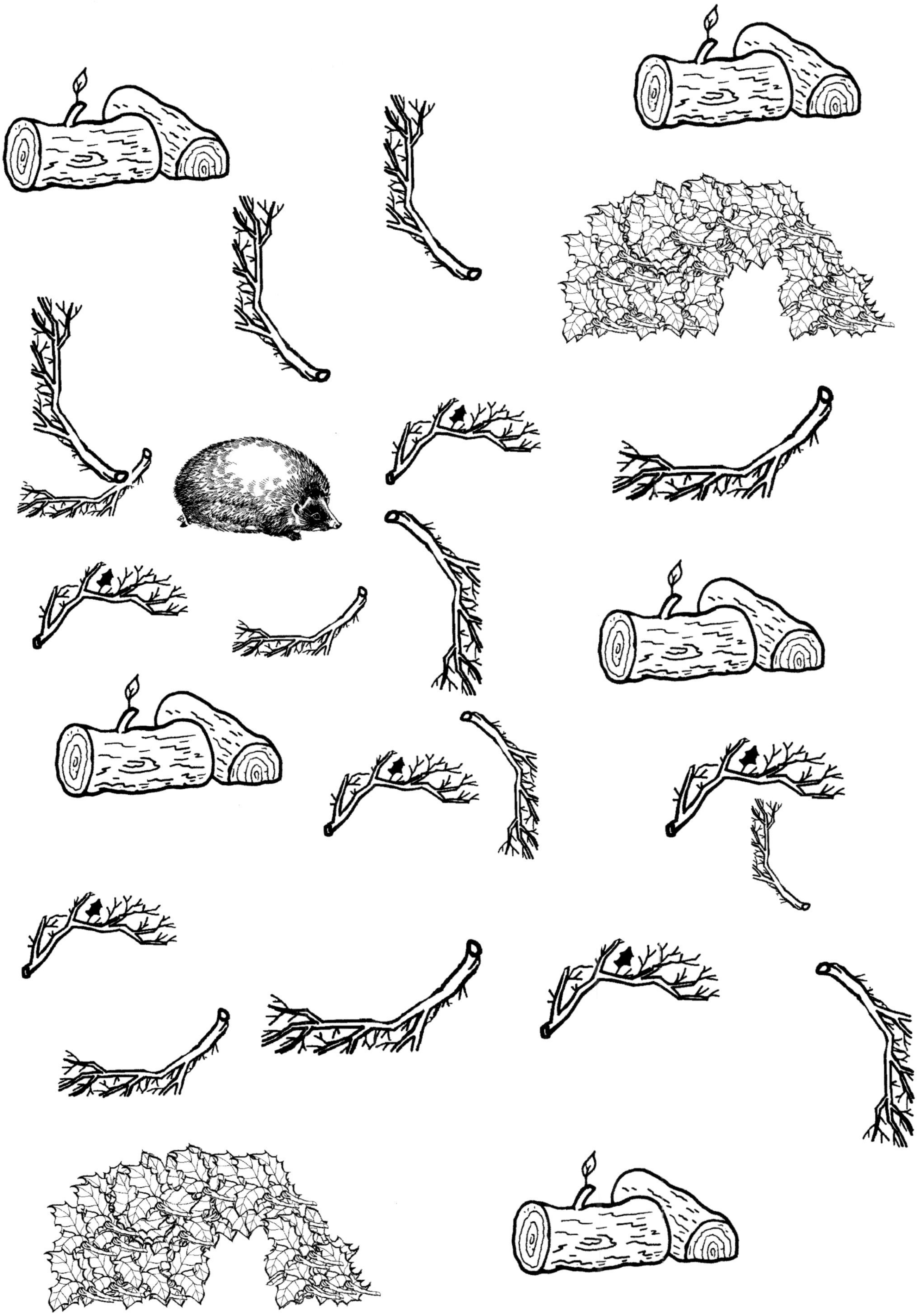

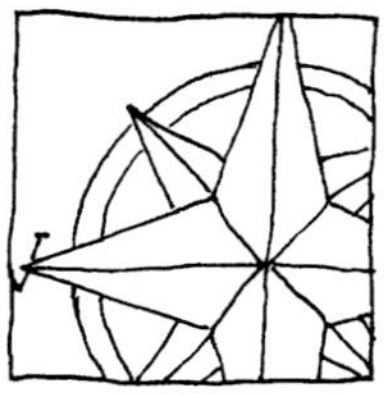

2.2.12 Platzwechsel

Soziale Situation
Großgruppe

Räumliche Situation
Klassenraum, Sporthalle

Material
Stühle, Musik **oder:** Teppichfliesen oder Gymnastikreifen, Papier und Stifte

Ziel
- Wahrnehmung von Raumpunkten und ihren Beziehungen zueinander
- Wahrnehmung der Beziehung von Raumpunkten
- Einprägung von Reihenfolgen

Anleitung
Die Stühle stehen im Raum verteilt. Jedes Kind hat seinen Platz, den es sich merkt. Zur Musik bewegen sich die Kinder im Raum. Wenn die Musik aufhört, kehren sie schnell zu ihrem Platz zurück. Dann gehen sie im nächsten Durchgang mit geschlossenen Augen vorsichtig herum, um beim Ende der Musik mit offenen Augen rasch ihren Platz zu finden.

Varianten
✎ Die Kinder suchen sich jetzt bei Musik-Stopp einen zweiten Stuhl aus, dann einen dritten und vierten Stuhl. Sie merken sich jeweils ihren 1., 2., 3. und 4. Platz. Wenn jetzt die Musik aufhört, wird eine Zahl von 1 bis 4 gerufen und die Kinder laufen entsprechend der Zahl zu dem jeweiligen Platz. Das Spiel kann bis zu 6 verschiedenen Plätzen gesteigert werden.
✎ Um zu wissen, auf welchen Platz man sich bei Musik-Stopp setzen muss, wird eine kleine Rechenaufgabe gestellt z.B. vier minus zwei.
✎ Jetzt soll der richtige Platz gefunden werden, nachdem eine bestimmte Anzahl Finger hochgehalten, Striche oder Zahlen an die Tafel gemalt oder eine Buchseitenzahl gezeigt wurde.
✎ Bei Musik-Stopp wird eine Zahlenkombination angesagt z.B. 2 – 4 – 1 – 3. Die Kinder laufen die entsprechenden Plätze in der angegebenen Zahlen-Reihe ab und setzten sich auf den letzten Platz.

Pädagogische Hinweise
Es ist günstig, kleine Merkhilfen wie: „wer sitzt neben/vor/hinter dir“ oder „steht dein Stuhl in Fenster-/Tafel-/Türnähe“ zu geben.

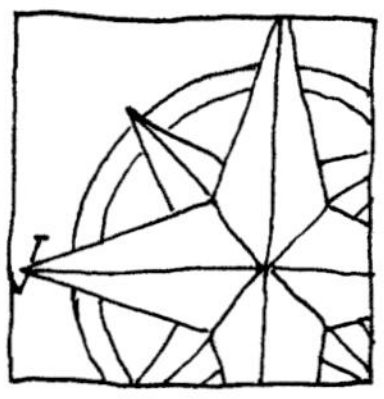

2.2.13 Fluglinien

Soziale Situation
Jeder für sich, Großgruppe

Räumliche Situation
Im Klassenraum, Pausenhalle, draußen

Material
Tische, Papierflieger **oder:** Holzlegeteil-Latten, Buchstabenkarten, Papier, Stifte

Ziel
- Lokalisation von Raumpunkten/ Orten
- Wahrnehmung der Beziehung von Raumpunkten
- Einprägung von Reihenfolgen

Anleitung
Die Kinder stellen sich aus Papier Flieger her. Sie lassen sie von ihrem Platz aus fliegen, holen sie zurück, starten erneut. Vielleicht glückt es dem einen oder anderen Kind, einen Flieger in der Luft zu fangen oder umzuleiten. Die Kinder erproben die Flugtüchtigkeit und Flugweite ihrer Flieger und lassen sich so gezielt wie möglich gegenseitig die Flieger zufliegen. Sie wechseln die Startbahnen (Plätze).

Varianten
✎ Die Kinder bauen sich aus zwei oder mehr lose aufeinander liegenden Holzlatten ein Flugzeug oder einen Hubschrauber. Wird die Startbahn (Tisch) freigegeben, fliegen sie – mit der Hand geführt – los. Die Flüge werden mit einer Geschichte kommentiert. Start, Flug, Landungen werden durchgeführt. Not- oder Zwischenlandungen, Flugzeugschaden, Gewitter, Ausweichmanöver usw. können vom Tower oder Piloten angesagt werden. Die Flugzeuge fliegen eine selbstbestimmte Route, laden Passagiere ein oder aus und fliegen die gleiche Route wieder zurück.
✎ Die Kinder fliegen mit ihren Fliegern vorgegebene Routen mit zwei und mehr Zwischenlandungen. Die Flughäfen sind Tische, die mit Buchstaben gekennzeichnet sind. Die Piloten erhalten dazu eine Buchstabenkombination vom Bodenpersonal.
✎ Die Piloten müssen Warteschleifen in Form der Buchstaben des jeweiligen Flughafens fliegen, bevor sie Landeerlaubnis erhalten.
✎ Die Buchstabenkombinationen ergeben bestimmte Wörter. Bei „MAUS“ geht die Fluglinie von M nach A, nach U und nach S.
✎ Auf dem Arbeitsblatt (S. 95) sind die Buchstaben Flughäfen. Welchen Buchstaben ergeben aneinandergereiht ein Wort?

Pädagogische Hinweise
Statt Buchstaben können auch Wortsilben oder Zahlen verwendet werden. Mit Hilfe der Zahlenmarkierungen können dann kleine Rechenaufgaben gestellt werden.

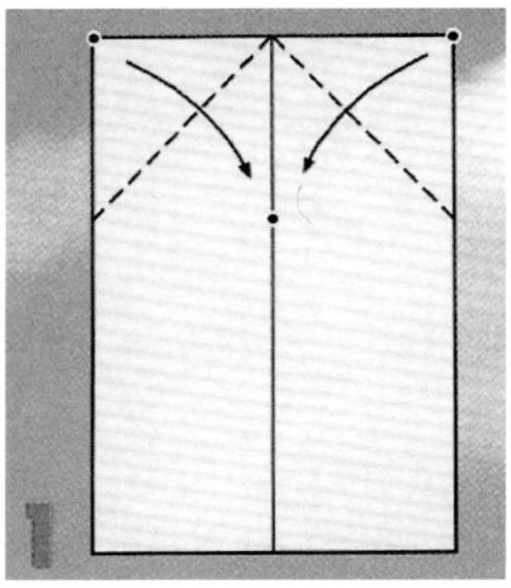

Die beiden Ecken werden zum Mittelbruch gebracht und gefaltet. Die Kanten müssen genau an der Mittellinie liegen.

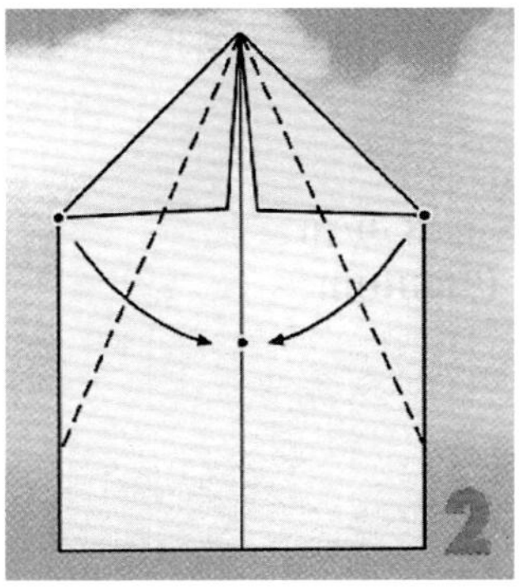

Die beiden gefalteten Kanten werden wieder so zur Mitte gebracht, dass sie am Mittelbruch verlaufen. Der obere Teil muss als richtige Spitze gefaltet werden.

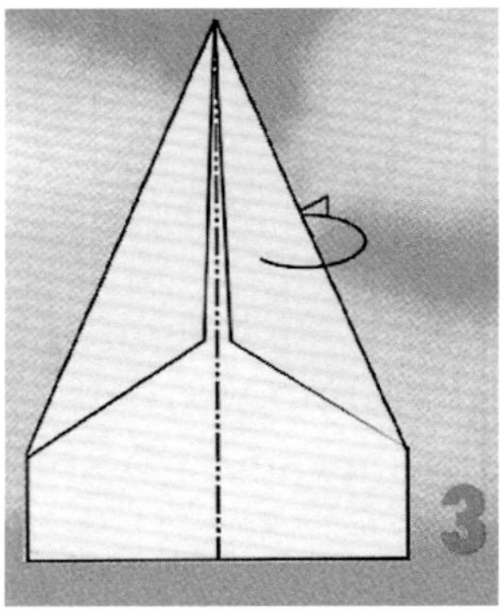

Bergfalte in der Mitte. Man kann das Papier auch wenden und eine Talfalte anlegen.

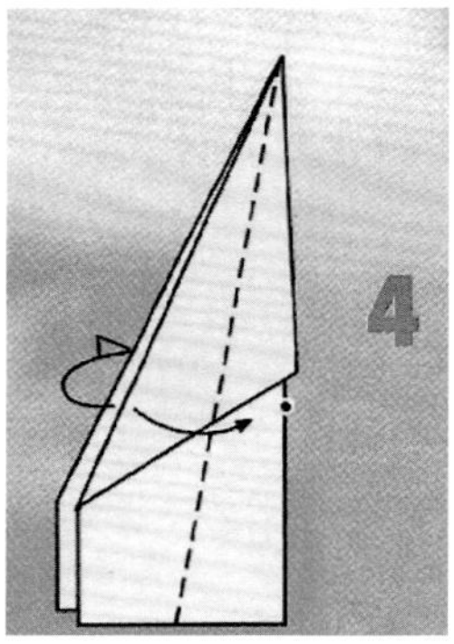

Die Konstruktion wird noch schmaler dadurch, dass die beiden gefalteten Kanten zur senkrechten Kante auf der rechten Seite geklappt werden. Man bringt die Konstruktion in eine horizontale Lage.

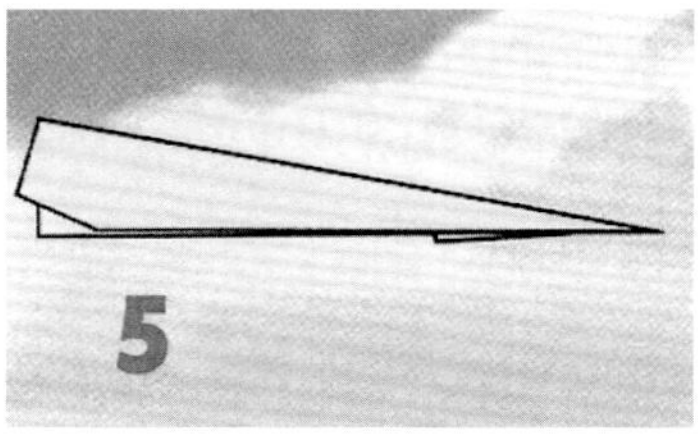

Die Flügel sind in einem Winkel von 90° zu öffnen.

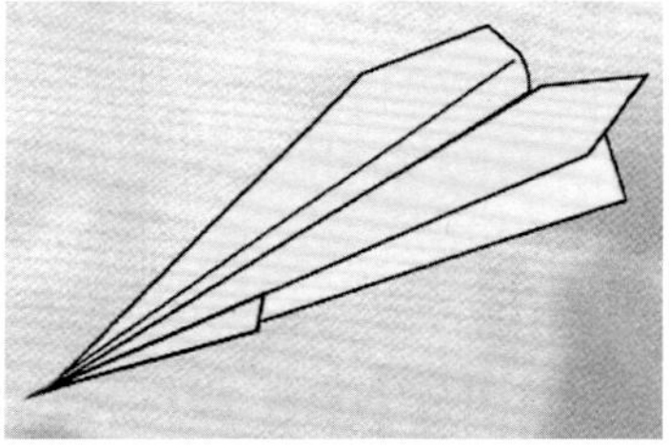

U

E

S

R

P

M

O

I

T

A

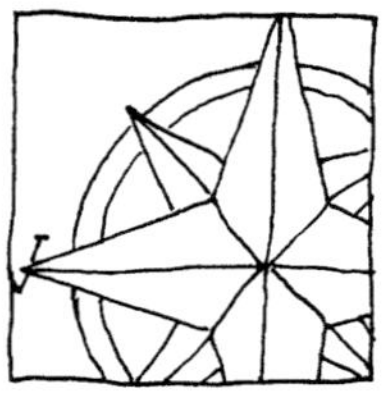

2.2.14 Reise nach Berlin

Soziale Situation
Großgruppe, jeder für sich

Räumliche Situation
Klassenraum

Material
Tische, Stühle, Musik **oder:** große Papierbögen/Papiertischdecken, Klebestreifen, Stifte, Papier

Ziel

- Lokalisation von Orten
- Wahrnehmung der Beziehung von Orten zueinander
- Reaktion
- visuomotorische Zielsteuerung und Kontrolle

Anleitung
Stühle stehen um Tischgruppen herum. Alle Kinder sitzen mit Stuhllehne und Rücken zum Tisch. Ein Kind ist bereit und stellt seinen Stuhl unter den Tisch. Zur Musik gehen die Kinder um die Stuhl-Tischgruppen. Bei Musikstop setzen sie sich schnell auf einen Stuhl. Jedesmal wird ein Stuhl umgedreht und unter den Tisch gestellt. Kein Kind scheidet während des Spiels aus. Bei weniger werdenden Stühlen haben die Kinder die Möglichkeit, sich auf den Schoß bereits Sitzender zu setzen. Die Richtung „rechts herum“, „links herum“ kann nach Ansage gewechselt werden.

Varianten

✎ Nur die Tische stehen im Raum. Ein großes Papier (Papiertischdecke) ist auf der Tischfläche befestigt. Jedes Kind markiert einen Punkt (Blume) an seinem Platz am Papierrand. Die Kinder gehen zur Musik um die Tischgruppe herum, führen dabei ihren Stift auf dem Papier mit. Bei Musikstop steuern sie schnell einen Punkt an. Einzelne Punkte werden nach und nach abgeklebt, so dass mehrere Kinder an den übrigbleibenden Punkten stoppen müssen.

✎ Die Kinder stehen um die Tischfläche (mit Papiertischdecke bedeckt) herum und markieren am Papierrand mit einem Punkt ihren Standort. Zur Musik tanzen sie mit ihrem Stift auf dem Papier und nutzen die große freie Fläche. Stoppt die Musik, steuern sie schnell irgendeinen Punkt an. Dies kann der eigene oder der eines anderen Kindes sein.

✎ Zur Musik fahren die Kinder auf dem Arbeitsblatt (S. 97) mit ihrem Stift als Bus um die Häuser herum. Bei Musikstopp halten sie an einem Haus. Die Fahrt geht so lange, bis der Bus an allen Stationen einmal gehalten hat. Die Häuser dürfen nicht umgefahren werden. Natürlich können statt der Häuser auch Buchstaben oder Zahlen verwendet werden.

Pädagogische Hinweise
Die freien Schwünge und gezielten Bewegungen, die die Kinder ausführen, sollten besonders bekräftigt werden. Die Kinder den Stift mit der bevorzugten und mit der nicht bevorzugten Hand führen lassen.

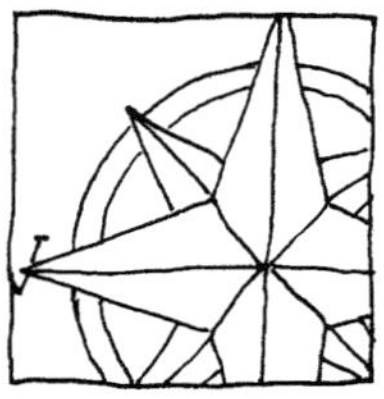

2.2.15 Stadtteil-/Straßenbau

Soziale Situation
Großgruppe, Rollenspiel

Räumliche Situation
Klassenraum, Sporthalle

Material
Tafel, Kreide, Tische, Stühle, Garn, Klebeband **oder:** Kästen, Matten, Papier, Stifte

Ziel
Gefördert werden die Wahrnehmung von räumlichen Beziehungen und Orientierung im Raum. Kleinräumige, zweidimensionale Planung wird umgesetzt in großräumige, dreidimensionale Ausführungen.

Anleitung
An die Tafel werden Gebäude wie z.B. Wohnhäuser, Schule, Post und Krankenhaus gemalt. Straßen werden geplant, die zu den einzelnen Gebäuden führen und Verbindungen von Haus zu Haus darstellen. Einzelne Kinder skizzieren den Straßenverlauf. Dicke Linien stellen Straßenbegrenzungen und Bürgersteige dar. Die Kinder fahren mit ihrem Zeigefinger mehrfach die Straßen an der Tafel ab.
Anschließend wird der Plan realisiert. Tische, Stühle werden als Häuser benutzt. Straßen entstehen, indem das Garn ausgelegt und mit Klebestreifen befestigt wird. Alles Gebaute wird anhand des Planes an der Tafel überprüft. Die Kinder wählen sich Rollen als Postbote, Arzt, Lehrer, Vater, Mutter, Kind usw. aus. Sie spielen nach ihren Vorstellungen.

Varianten
- ✎ Straßenverläufe und Haltestellen für Buslinien werden an der Tafel skizziert. Nach dem Bau der Straßen und Haltestellen (Begrenzungen können z.B. Tische und Stühle sein) können die Kinder Busfahrten spielen.
- ✎ Auf geplanten und konstruierten Straßen können z.B. Verkehrsspiele, Autorennen stattfinden.
- ✎ Die Kinder bauen jetzt zuerst Straßen und Häuser, um sie später an der Tafel oder auf Papier zu zeichnen. So kann für die nächste Stunde nach der Skizze wiederholt gebaut werden.
- ✎ Jedes Kind entwirft auf Papier einen Stadtteil oder einen Straßenplan und fährt anschließend mit einem Stift z.B. als Bus auf den Straßen entlang. Es erfindet dazu eine Geschichte.
- ✎ Auf dem Arbeitsblatt (S. 99) lassen die Kinder den Bus (Stift) auf der Straße von Haltestelle zu Haltestelle fahren oder benutzen die Skizze, um danach einen Stadtteil zu bauen.

Pädagogische Hinweise
Zum Planen und Bauen benötigen die Kinder unter Umständen gezielte orientierungsgebende Hilfestellungen.

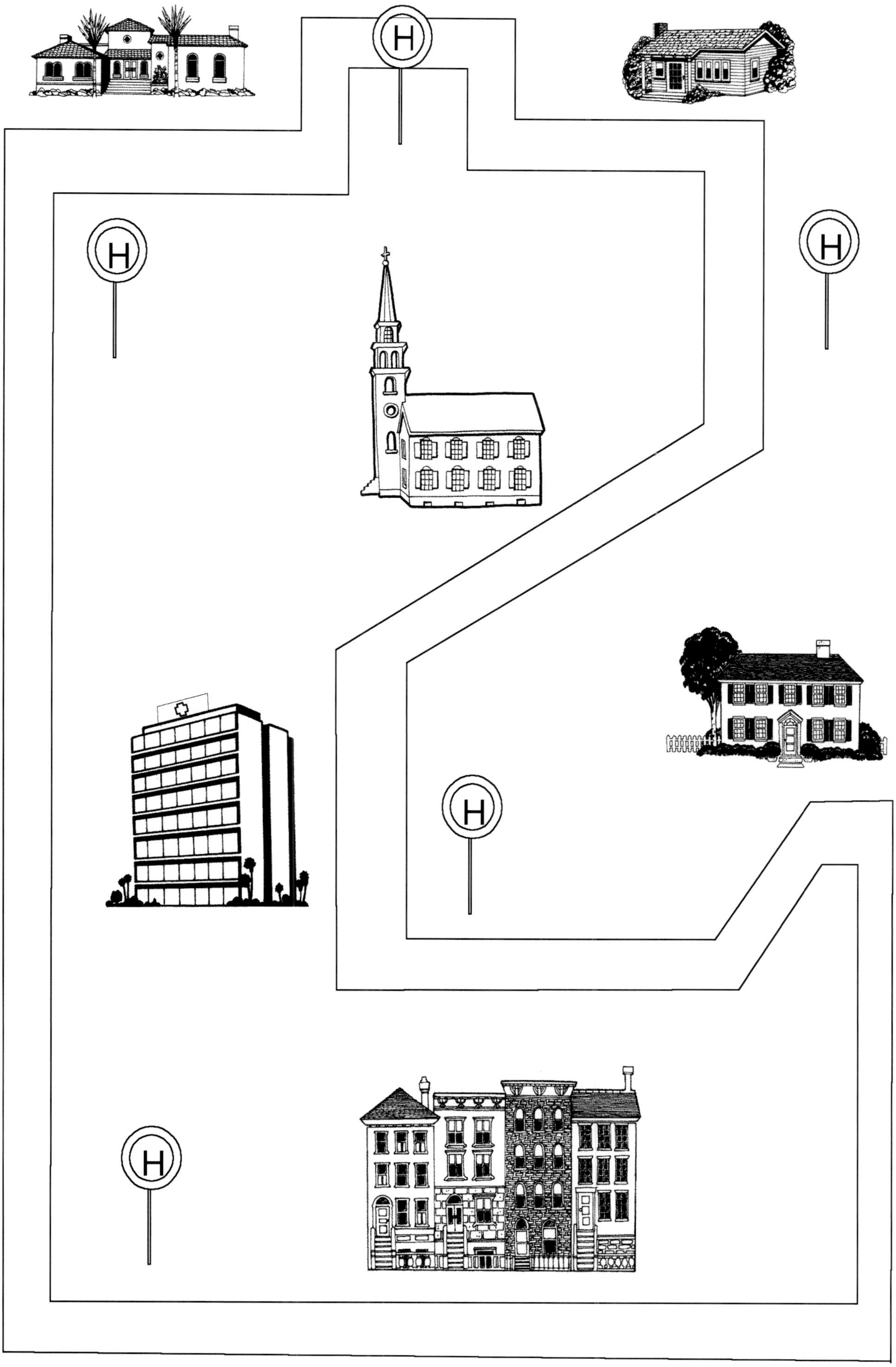
H
H
H
H
H

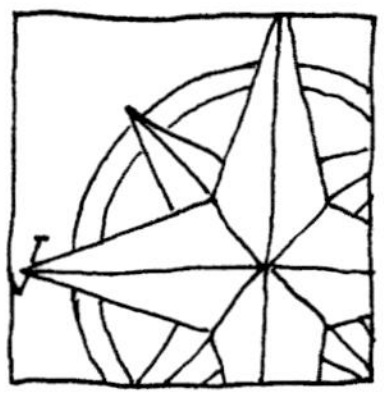

2.2.16 Flizzi-Führerschein

Soziale Situation
Großgruppe

Räumliche Situation
Klassenraum, Sporthalle

Material
Flizzi-Rollbretter, Tische, Garn, Seilchen, Klebeband, Tücher (rot, grün, gelb), Tafel, Kreide, Papier, Stifte **oder:** kleine Spielautos, Holzlegeteile

Ziel
Gefördert werden die Übertragung von dreidimensionalen, großräumigen Konstruktionen auf zweidimensionale, kleinräumige Zeichungen und umgekehrt. Richtungen, Kreuzungen werden wahrgenommen.

Anleitung
Die Kinder bauen aus Tischen Tunnel und Brücken. Sie legen mit dem Garn Strassenbegrenzungen so breit, dass ein oder zwei Flizzis durchpassen und befestigen das Garn mit Klebestreifen.
Parkplätze werden eingerichtet. Bei allen Bauarbeiten helfen sich die Kinder gegenseitig.
Nach dem Erproben der Straßen setzen sich die Kinder zusammen und erfinden Aufgaben für die Flizzi-Fahrschule zum Üben und zur Erlangung des Flitzi-Führerscheins. Zum Beispiel: Nachtfahrt (fahren mit geschlossenen Augen auf der Straße), rückwärts einparken, eine Person oder ein Flizzi abschleppen, Ampelverkehr und Verkehrszeichen beachten, auf Zeit fahren, nach Beschreibung eine Fahrstrecke zurücklegen, die kürzeste Strecke von A nach B fahren oder etwas von A nach B transportieren.
Die geplanten Aufgaben können mit einem Fahrlehrer geübt werden. Für das wiederholte Üben ist es erforderlich, das Gebaute auf Papier oder Tafel festzuhalten.
Eines Tages ist es dann so weit, die Kinder können die Flizzi-Führerschein-Prüfung ablegen und bekommen den Schein ausgehändigt.

Varianten
- ✎ Die Kinder bauen auf dem Tisch (oder am Boden) aus Papier Brücken, Tunnel und legen mit Garn Straßen aus. Mit Spielautos flitzen sie dann auf den Straßen entlang. Das Gebaute skizzieren sie auf einem Blatt Papier.
- ✎ Die Straßen werden mit Holzlegeteilen gebaut.
- ✎ Anhand eines vorgegebenen oder selbst erstellten Planes konstruieren die Kinder den Flizzi-Parcours.
- ✎ Auf dem Arbeitsblatt (S. 101) (oder selbst erstellten Plan) üben die Kinder mit dem Stift als Flizzi für die Führerschein-Prüfung.

Pädagogische Hinweise
Es sollte schon so sein, dass die Kinder über mehrere Stunden üben, bis sie den Führerschein ausgehändigt bekommen. Der Führerschein sollte eine attraktive Urkunde mit Stempel und Unterschrift sein. (Beispiel S. 233/234)

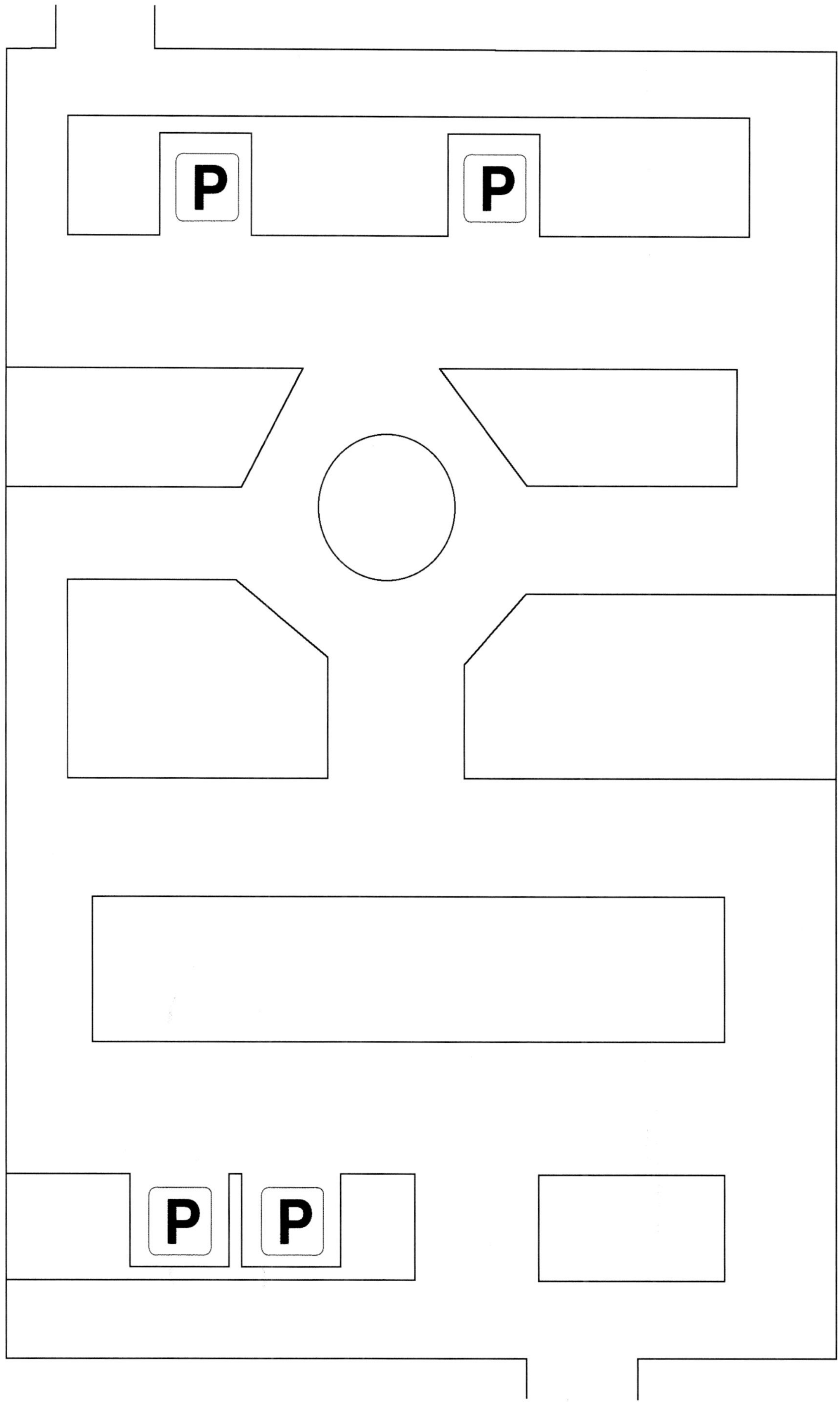
P
P
P
P

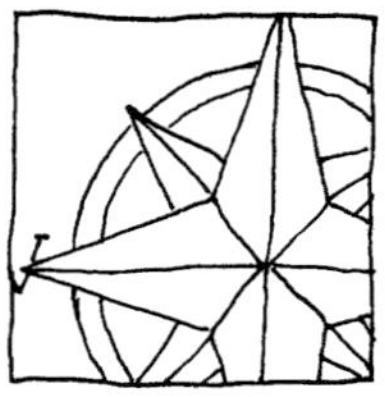

2.2.17 Reitparcours

Soziale Situation
Großgruppe

Räumliche Situation
Sporthalle, draußen, Klassenraum

Material
Schaumstoff-Bausteine, Verkehrshüte, Gymnastikstäbe in Verbindung mit Ständern und Klammern, Tafel oder Papier u. Stifte **oder:** evtl. Pezzibälle, kleine Holzklötze, Rechenstäbchen oder Holzlegeteile

Ziel
In der Übung wird dreidimensional Gestaltetes auf den zweidimensionalen Raum übertragen und umgekehrt. Räumliche Beziehungen werden wahrgenommen und mit der Orientierung im Raum verbunden.

Anleitung
Die Kinder planen einen Reitparcours für ein Reit-Turnier. Hindernisse (z.B. Wassergräben, Ochser, Doppelochser, Mauern, Slalom-Pfosten) werden gebaut. Die einzelnen Hindernisse erhalten beliebig verteilt Zahlen oder Buchstaben. Danach gilt es, den Parcours in einer bestimmten Zahlen- oder Buchstabenreihenfolge abzureiten.
Es wird zunächst erprobt, ob die Hindernisse zu leicht oder zu schwer sind. Anschließend werden sie entsprechend erschwert oder vereinfacht.
Nach dem Umbau erfolgt der nächste Proberitt. Der Parcours wird auf dem Papier für die nächste Stunde skizziert.

Varianten
- ✎ Ein bestimmter Reitparcours wird festgelegt und ein Springen nach Zeit findet statt. Wer kann seine eigene Zeit verbessern?
- ✎ Die Kinder bauen einen Reitparcours und springen auf den Pezzibällen als Pferde durch den Parcours.
- ✎ Das Springen auf dem Reitparcours findet paarweise (nebeneinander) statt.
- ✎ Auf dem Tisch werden Hindernisse aus Holzklötzen und Holzlegeteilen gebaut, der Parcours ist mit Zahlen bzw. Buchstaben gekennzeichnet und Finger oder ein Stift reiten als Pferde den Parcours ab.
- ✎ Der gebaute Parcours wird auf Papier übertragen bzw. anhand des Parcours-Plans (siehe Arbeitsblatt S. 103) gebaut.
- ✎ Auf dem Arbeitsblatt verfolgt der Stift die Reitspur des Pferdes auf dem Parcours.

Pädagogische Hinweise
Die Übung stellt hohe Anforderungen. Man sollte den Schwierigkeitsgrad des Reitparcours' im Hinblick auf die gerade agierenden Kinder im Auge haben, z.B. Höhen der Hindernisse entsprechend anzupassen. Auch hier kann nach einem Reit-Turnier eine Urkunde oder ein Reit-Pass anerkennend ausgegeben werden (siehe S. 233/234).

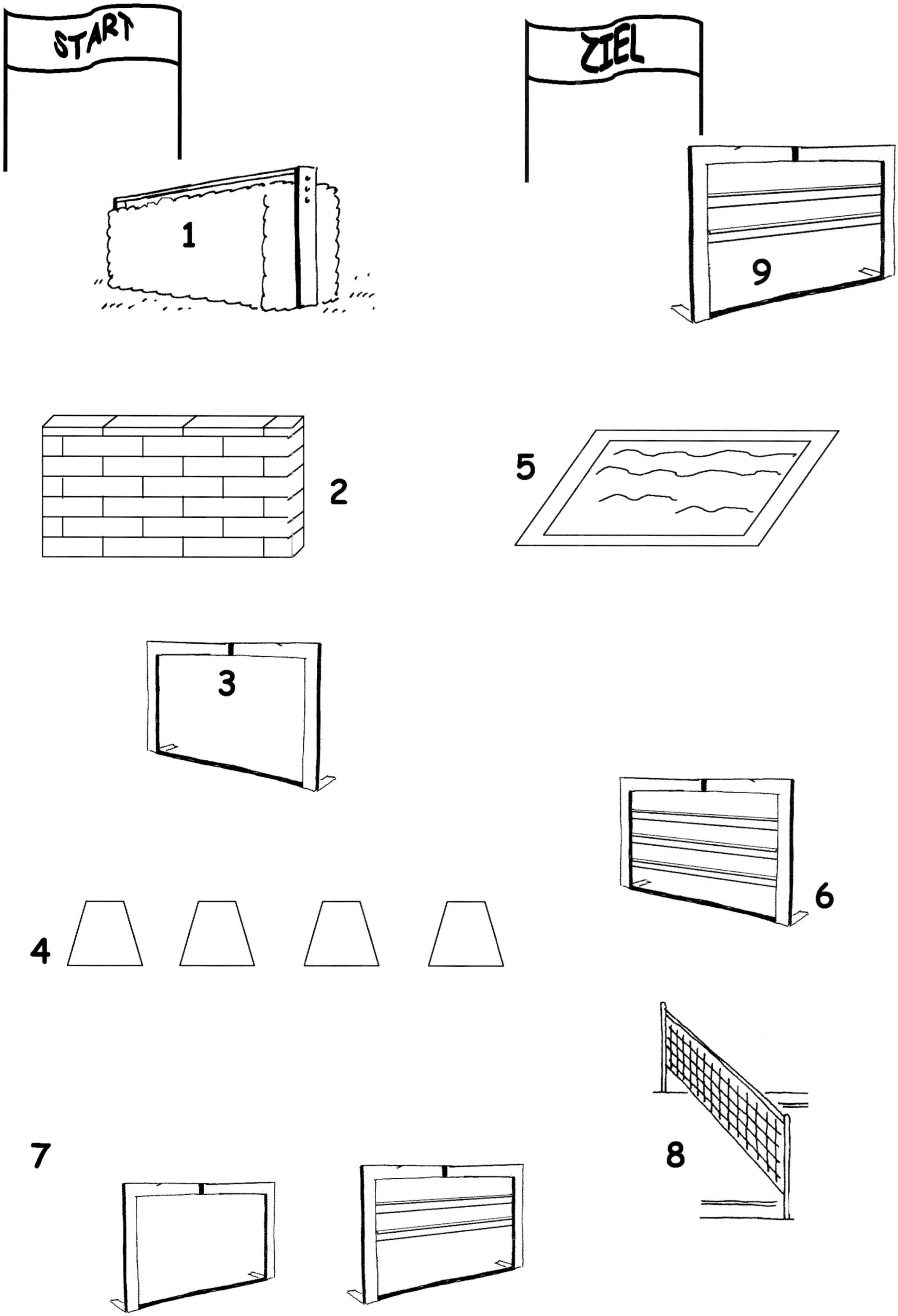
START
ZIEL
1
9
2
5
3
6
4
7
8

2.3 Objektwahrnehmung und Orientierung an Objekten

Objekte faszinieren durch ihre Form, Farbe, Größe und Gestalt. Sie stellen sich als Hindernisse im Raum in den Weg und regen uns so an, sich mit ihnen auseinanderzusetzen.
Wir nehmen Beziehungen zu einem oder mehreren Gegenständen auf und nehmen sie über unsere Sinne wahr. Mit unserem Körper versetzen wir uns in die Objekte, bestimmen so die Lage und Richtungen (z.B. beim Stuhl), oder orientieren uns an ihrem Gebrauch (z.B. Löffel).
Als Betrachter von Objekten wird von uns eine gute räumliche Orientierungs- und Merkfähigkeit verlangt. Wir stellen Bezugspunkte in unserer Vorstellung her, die eine unverwechselbare Reihenfolge bedingt. Die Lokalisation, Bestimmung und Erkennung von Objekten in ihrer Lage, sowie die Verbindung bzw. Beziehung der Objekte in ihrer Lage zueinander, entwickelt sich durch erfahrungsbezogenes Handeln.
Die Wahrnehmung und die Handhabung von dreidimensionalen Objekten in Verbindung mit der Erkennung auf Abbildungen, führt schließlich zur Wiedergabe und Darstellung im Zweidimensionalen. Diese Erfahrungen können als Grundlagen für die Wahrnehmung, Produktion und Reproduktion von Graphemen bezeichnet werden. All dies kann dazu beitragen, z.B. Vorstellungshilfen zu entwickeln oder „Eselsbrücken" zu bauen, so dass Buchstabenverdreher, seltener auftreten.

Folgende Bereiche werden für die Situationsangebote untergliedert:

1. Rechts-links-Wahrnehmung und -orientierung an Objekten
✎ Viele Gegenstände können vom üblichen Gebrauch her mit ihren Seiten erfahren und bestimmt werden. Die Seiten z.B. beim Stuhl oder Auto sind nicht umkehrbar. Ebenso ist es bei Buchstaben z.B. beim d oder b, beim q oder p. Eine Veränderung der Striche rechts bzw. links würde auch die Bedeutung, bei Objekten auch deren Benutzung verändern.

2. Oben-unten-Wahrnehmung und -orientierung an Objekten
✎ Was haben ein Löffel und ein P oder ein Tisch und ein T gemeinsam? An den Gegenständen lässt sich ein Oben und Unten definieren. Diese Vorstellung kann für den Bogen oder Strich an einem Buchstaben hilfreich und bedeutsam sein.

3. Lage-Wahrnehmung von Objekten mit ihren Formen, Größen und Gestalten
✎ Dies steht im Zusammenhang mit Oben-unten- und Rechts-links-Wahrnehmungen. Die Wahrnehmungskonstanz vermittelt uns, dass wie auch immer ein Gegenstand liegt oder steht, es bleibt z.B. immer der Stuhl ein Stuhl, auch wenn es ein größerer oder kleinerer ist , oder die Formen der Stühle sich unterscheiden. Es gilt zu erkennen, durch welche Merkmale sich ein Buchstabe von anderen abgrenzt, egal welche Lage oder Größe er gerade einnimmt. Entscheidend ist dabei die Beziehung des Betrachters zu einem Objekt bzw. Buchstaben.

4. Wahrnehmung der räumlichen Anordnung, der Abstände und Beziehungen der Objekte zueinander

✎ Unter Einbeziehung aller zuvor aufgeführten Fähigkeiten geht es hier darum, zwei oder mehrere Gegenstände miteinander in Verbindung zu setzen. Dies erfordert vom Betrachter, sich jeweils in ein Objekt hineinzuversetzen und Bezüge zum vorausgehenden und folgenden Objekt herzustellen. Dabei müssen z.B. bestimmte Reihenfolgen beachtet werden.

5. Wahrnehmung von Objekten, ihrer Lagen, Formen, Größen, ihren Beziehungen zueinander im Dreidimensionalen und die Übertragung ins Zweidimensionale bzw. umgekehrt.

✎ Die Betrachtung von Objekten, die Erkennung von Objekten auf Abbildungen ist von Bedeutung. Des Weiteren gilt es, erlebte handelnde Auseinandersetzung mit Gegenständen situativ in Skizzen festzuhalten bzw. anhand dieser Skizzen die Handlungen mit Objekten umzusetzen.

Da wir uns über die Sinne erste Eindrücke und Informationen von Objekten verschaffen, sie in ihren Besonderheiten erkunden, mit Objekten experimentierend konstruktiv und gestaltend umgehen, schaffen wir uns Grundlagen für Wahrnehmungsleistungen auf höheren Schwierigkeitsstufen. Ist es nicht erstaunlich, wie Kinder anhand von zunehmend anspruchsvolleren Plänen Bauten erstellen oder Puzzles aus mehr und mehr Teilen zusammensetzen können? Mit Tabelle IV zur Objektwahrnehmung und Orientierung an Objekten sollen Beobachtungshinweise aufgezeigt werden, die grob das individuelle Fähigkeitsniveau in diesem Bereich andeuten.

Für die Beobachtungssituationen eignen sich z.B. Gegenstände wie kleine Spielautos, kleine Holz- oder Plastiktiere, Holzlegeteile, Murmeln, kleine Klötze, die sich in einem Tastsäckchen befinden. Es können genauso gut Objekte aus dem Klassenraum benutzt werden. Die Aufgaben sind im Klassenverband in Kleingruppen oder paarweise durchführbar. Entscheidend ist, wie spannend, variationsreich und unterschiedlich anspruchsvoll die Aufgaben gestellt werden.

Anforderungen an objektbezogene Wahrnehmungsfähigkeiten	Beobachtungssituation/ Aufgabenbeispiel	Reaktionen/ Beobachtungen z.B.:	Beurteilung	
			Ja	Nein
- emotionale Einstellung zu Objekten - Erfahrungen mit Objekten	- „Zeig/sag mir/hol dir einen Gegenstand, den du gern hast.“ - „Was kann man mit z.B. Holzklötzen tun?“	zeigt Interesse an		
		benennt bevorzugte Gegenstände		
		faßt bestimmte Gegenstände an		
		Qualität des Greifens		
		experimentiert		
		baut		
		gestaltet		
- Figur-Grund-Wahrnehmung	- „Such/fühl/hör den Gegenstand heraus, den ich dir zeige/versteckt habe/klingen lasse.“	sucht aufmerksam		
		tastet behutsam		
		findet/hört heraus		
		benennt versteht Aufgabe		
- Identifikation und Differenzierung von Formen, Größen, Anzahl von Objekten visuell, taktil-kinästhetisch, auditiv Wahrnehmungskonstanz	- „Zeig/gib mir den kleinsten Klotz../dasDreieck..../fünf Teile.“ „Sag mir den Unterschied von den zwei Teilen, die du tastest.“ „Welche/Wieviele Teile hast du herunterfallen gehört?“	erkennt		
		ertastet		
		unterscheidet groß-klein,		
		unterscheidet rund-eckig,		
		unterscheidet viel-wenig		
		unterscheidet gleich-ungleich		
		benennt		
		ordnet zu		
- Rechts-links- und Oben-Unten-Wahrnehmung am Objekt	- „Zeig/sag mir, wo an der Uhr/am aufgeklappten Buch rechts, links, oben, unten ist.“	reagiert entsprechend		
		benennt Seiten		
		benennt Richtungen		
- Lage-Wahrnehmung eines Objektes visuell, taktil-kinästhetisch	- „Leg deinen Stift so, wie ich meinen gelegt habe.“ - „Taste ab, wie mein Stift liegt, leg deinen ebenso hin.“	erfaßt die Stiftlage		
		legt die Lage nachertastet		
		benennt, beschreibt die Lage		
- Wahrnehmung räumlicher Beziehungen von Objekten zueinander, visuell, taktil-kinästhetisch	- „Bau aus den Klötzen den Turm genau so, wie ich ihn gebaut habe.“ - „Leg das gleiche Muster nach/nachdem Du es abgetastet hast.“	baut die Teile in Lage und Reihenfolge entsprechend nach (senkrecht, waagerecht)		
		ertastet entsprechend		
		reproduziert entsprechend		
- Merkfähigkeit Umsetzung vom Drei- zum Zweidimensionalen oder umgekehrt	- „Sieh Dir die Lage/die Anordnung der Klötze genau an, merk es Dir, jetzt decke ich es zu.“ - „Leg es nach. “ - „Zeichne das Muster auf. Leg die Klötze so, wie auf der Zeichnung“	gibt das Muster entsprechend wieder		
		zeichnet		
		legt		

Tab. IV: Objektwahrnehmung und Orientierung an Objekten

2.3.1 Stühle haben Seiten

Soziale Situation
Großgruppe, paarweise

Räumliche Situation
Klassenraum

Material
Stühle, Musik **oder:** aus Zeitungen ausgeschnittene Stühle, Papier, Stifte

Ziel
Einübung der Orientierung im Raum, Wahrnehmung der rechten und linken Objektseite, Orientierung und Reaktion auf Benennung von Seiten sowie Wahrnehmung der Oben-Unten-Richtung am Objekt

Anleitung
Miteinander wird geklärt, wo die rechte bzw. linke Stuhlseite ist. Erste Reaktionen werden am eigenen Stuhl erprobt. Dann laufen die Kinder zur Musik im Raum herum und auf Zuruf, z.B. „rechte Stuhlseite", stellen sie sich entsprechend neben irgendeinen Stuhl.
Die Stühle können jedesmal zur Neuorientierung anders gedreht werden.
Frage an die Kinder: „Woher wisst ihr, wo der Stuhl seine rechte bzw. linke Seite hat?"

Varianten
- ✎ Nur wenige Stühle sind im Einsatz, die Kinder legen jeweils ihre Hände an die richtige Stuhlseite.
- ✎ Die Kinder legen auf ein Papier ausgeschnittene Stühle und markieren die Seiten.
- ✎ Auf dem Arbeitsblatt (S. 108) lassen die Kinder ihren Stift zu Musik tanzen. Auf Zuruf einer Stuhlseite stoppen sie dort.
- ✎ Zwei Kinder arbeiten zusammen. Das eine Kind spielt mit dem Stift „Fußboden wischen" auf dem Papier, das andere ruft z.B. „links an den Stühlen vorbei" usw. Danach wechseln sie die Rollen.

Pädagogische Hinweise
Statt des Einsatzes von Musik kann auch eine Geschichte erzählt werden, in der rechts und links vermehrt vorkommen.
Um die Reaktion, entsprechend rechts oder links zu reagieren, einzuüben, können auch Kombinationen von Körper- und Objektseiten wie rechte Hand an rechte Stuhlseite, linke Hand an linke Stuhlseite etc. durchgeführt werden.

2.3.2 Schuhklau

Soziale Situation
Großgruppe, Kleingruppen

Räumliche Situation
Klassenraum (auf dem Fußboden oder auf Tischen), Umkleideraum

Material
Schuhpaare der Kinder, Decke (oder Schwungtuch) **oder:** Schuhsohlenpaare, Fußabdrücke auf Papier, Stifte

Ziel
- Rechts-links-Wahrnehmung am Objekt und Orientierung am Objektgebrauch,
- visuelle bzw. taktil-kinästhetische Figur-Grund-Unterscheidung.

Anleitung
Die Schuhe der Kinder werden gesammelt und unter einem Tuch versteckt. Die Kinder hocken um den Schuhberg herum. Sie erhalten die Aufgabe, mit den Händen unter dem Tuch alle linken Schuhe heraus zu tasten. Anschließend ertastet jeder seinen rechten Schuh.

Varianten
- ✎ Jedes Kind findet unter dem Tuch sein eigenes Schuhpaar heraus und benennt, welchen Schuh es als erstes getastet hat.
- ✎ Die Kinder ertasten den linken Schuh des einen Partners und den rechten Schuh eines anderen Partners.
- ✎ Die Schuhe werden im Raum versteckt. Jedes Kind sucht zuerst seinen rechten Schuh, zieht ihn an und hüpft so gut es geht auf dem rechten Bein, bis es seinen linken Schuh gefunden hat.
- ✎ Die Kinder fertigen rechte und linke Schuhsohlen an, indem sie ihre Füße auf jeweils einem Blatt Papier ummalen. Dann werden die Blätter eingesammelt, um sie anschließend zu sortieren und Paare zusammenzustellen usw.
- ✎ Die Fußabdrücke auf Papier werden ausgemalt (evtl. deutlich rechts und links markiert), eingesammelt, gemischt, umgedreht und ausgebreitet. Ein Schuhsohlen-Memori kann beginnen.
- ✎ Auf dem Arbeitsblatt (S. 110) markieren die Kinder die rechten oder linken Fußabdrücke.

Pädagogische Hinweise
Auf die Rechts-/Linksorientierung am eigenen Körper der Kinder sichernd zurückgreifen.

2.3.3 Taxi-Fahrten

Soziale Situation
Jeder für sich, paarweise

Räumliche Situation
Klassenraum (auf Tisch oder Fußboden)

Material
Kleine Spielautos, möglichst mit Türen rechts und links (von Kindern mitgebracht) **oder:** Garn und Klebeband, Autos aus Zeitungen ausgeschnitten, Klebestift, Papier, Stifte, Scheren

Ziel
- Rechts-links-Wahrnehmung und -Orientierung am Objekt;
- Bewegungssteuerung in verschiedene Richtungen

Anleitung
Die Kinder fahren als Taxifahrer mit ihren Autos. Sie steigen auf der Fahrerseite (links) aus, öffnen ihren Fahrgästen die Autotür (rechts), steigen selbst wieder ein und bringen den Fahrgast zum gewünschten Ziel. Ereignisse, die während der Fahrt passieren, z.B. ein Autoreifen ist platt, der Scheibenwischer geht nicht richtig, eine Person steht am Straßenrand, möchte dringend mitfahren usw. können das Spiel bereichern und interessanter machen. Entscheidend ist, dass ein häufiges Ein- oder Aussteigen auf der rechten bzw. linken Autoseite in dem Spiel (der Geschichte) vorkommen.

Varianten
- Die Kinder spannen auf ihren Tischen Strassen mit Fäden. An den Strassenecken/Abbiegungen werden die Fäden mit kleinen Klebestreifen befestigt. Dann kann das Spiel, wie in der Anleitung beschrieben, stattfinden.
- Die Taxifahrer wollen sich neue Autos in einer Ausstellung anschauen, weil neue Taxis benötigt werden. Die Kinder schneiden aus Illustrierten/Zeitungen/Katalogen Autos aus. Die Autos werden betrachtet, ausgiebig diskutiert, Fahrer- und Beifahrerseiten abgeklärt.
- Ausgeschnittene Autos werden auf Papier aufgeklebt. Auf diese Weise entstehen Auto-Katalog-Seiten. Autoverkäufer preisen den Taxifahrern Autos an, heben dabei die linken Fahrerseiten und ihre Bequemlichkeit hervor und markieren sie.
- Die Kinder malen Linien auf Papier. Mit ihrem Taxi fahren sie darauf entlang, lassen Fahrgäste auf den rechten Autoseiten ein bzw. aussteigen.
- Auf dem Arbeitsblatt (S. 112) fahren die Kinder auf der rechten Straßenseite mit ihrem Stift die Kurvenstrecke. Sie überholen dabei evtl. andere Autos.

Pädagogische Hinweise
Die Kinder anregen Taxi-Fahr-Geschichten zu erfinden und zu erzählen.
Die jeweiligen Autoseiten am Spielauto sowie auf Abbildungen sind vor dem Spiel genau abzuklären.

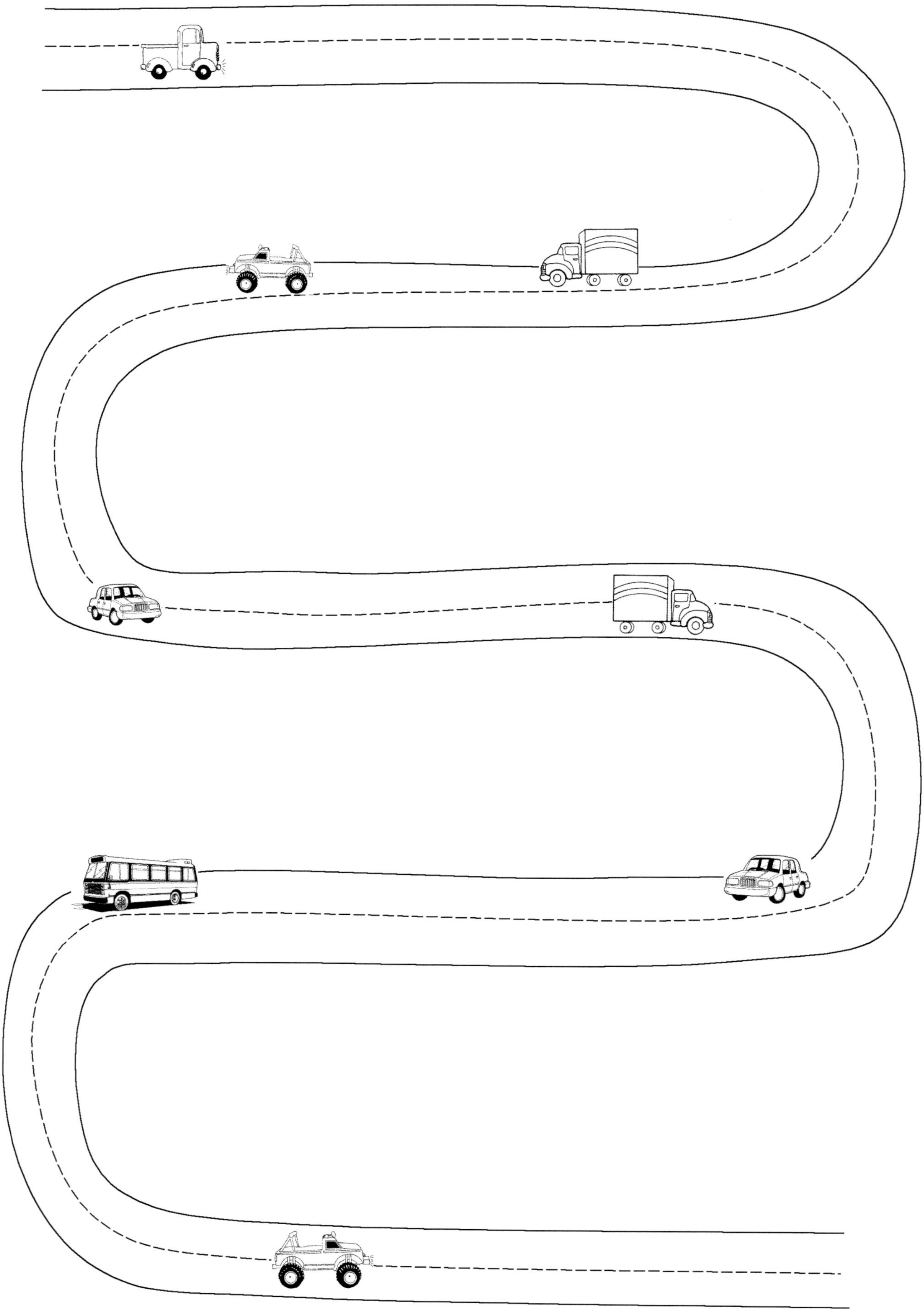

2.3.4 Stift-Ballett

Ziel
- Oben-Unten-Wahrnehmung und -Orientierung am Objekt, visuell und taktil-kinästhetisch,
- Unterscheidung von Figur und Grund,
- Hand-Finger-Beweglichkeit, koordinationsbezogene Genauigkeit und Behutsamkeit

Soziale Situation
Jeder für sich, Großraum

Räumliche Situation
Klassenraum, am Tisch

Material
Stifte, Buntstifte, Papier, Musik **oder:** Papierkugeln, Klebeband, evtl. Seidenpapier

Anleitung
An den Stiften wird Oben und Unten geklärt. Die Stifte sind Balletttänzer und ziehen sich Spitzenschuhe an (evtl. müssen die Stifte noch angespitzt werden). Die Kinder tanzen so mit ihren Stiften (Spitze unten) zur Musik auf dem Papier. Die Balletttänzer drehen sich auf ihren Spitzen, machen Kopfstände, sie rollen sich und ruhen sich einen Moment aus, um danach wieder neu ihre Ballettkünste zu zeigen.

Varianten
- ✎ Es tanzen immer zwei Balletttänzer einen Paartanz. Jedes Kind hält dazu in der rechten und linken Hand einen Stift.
- ✎ Mehrere Kinder lassen ihren Stift auf einem Papier tanzen. Dabei ist ein Kind mit seinem Stift der Vortänzer.
- ✎ Die Balletttänzer (Stifte) schlafen noch (in den Stiftmappen der Kinder). Die Kinder ertasten sie mit geschlossenen Augen in ihren Mappen, ordnen sie und legen sie mit der Spitze nach unten nebeneinander. Noch schlaftrunken beginnen die Balletttänzer (Stifte) mit einer Aufwärmgymnastik. Sie hüpfen, springen, huschen über das Papier usw.
- ✎ Die Balletttänzer (Stifte) werden geschmückt. Die Kinder fertigen für sie einen Kopf, indem sie auf eine Papierkugel ein Gesicht und Haare malen und diese oben auf dem Stift befestigen. Aus Papier stellen die Kinder ein Balletträckchen her und kleben dieses um den Stift. So gekleidet beginnen die Spitzentänze erneut.
- ✎ Stift-Mikado: Mehrere Kinder sitzen um einen Tisch herum und haben ihre Stifte kreuz und quer aufeinander gelegt. Das Spiel wird wie Mikado gespielt.
- ✎ Auf dem Arbeitsblatt (S. 114) sind Stifte aufgezeichnet. Die Spitzen unten an den Stiften sollen farbig angemalt werden.

Pädagogische Hinweise
Wird auf Papier gemalt, empfiehlt es sich, dieses an der Tischplatte festzukleben, damit es nicht verrutscht.
Bei dieser Übungen malen die Kinder mal mit der rechten, linken oder mit beiden Händen. Sie sollen herausfinden, mit welcher Hand der Tänzer (Stift) am geschicktesten ist.

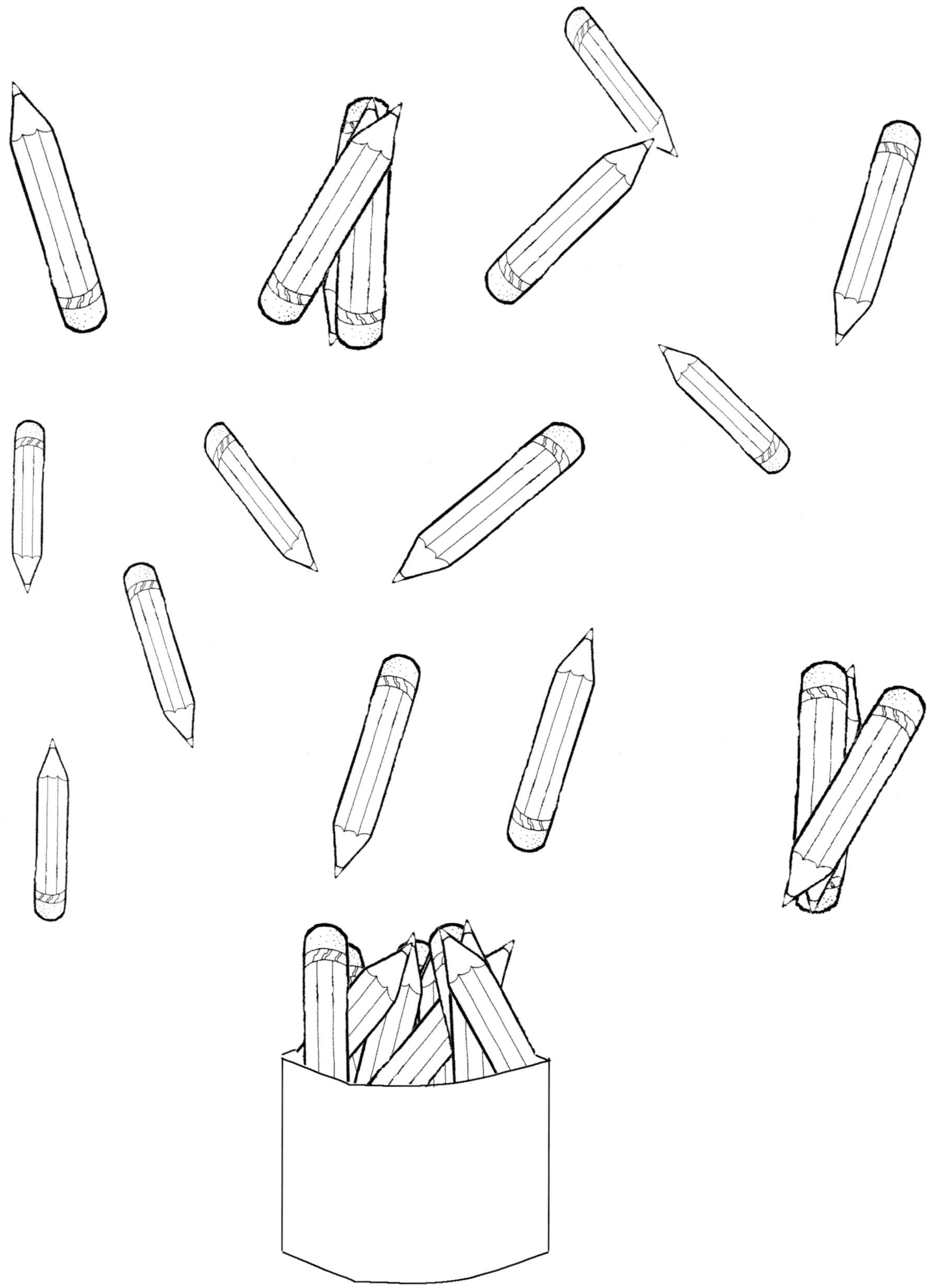

2.3.5 Becherschnappen

Soziale Situation
Kleingruppen, jeder für sich, paarweise

Räumliche Situation
Klassenraum

Material
Pappbecher **oder:** Zahnputz- oder Trinkbecher (von Kindern mitgebracht), Papier, Stifte

Ziel

- Oben-Unten-Wahrnehmung und Orientierung am Objekt,
- Wahrnehmung der Lage und der räumlichen Beziehung von Objekten zueinander,
- koordinative Anforderungen: Greifreaktion, Genauigkeit, Behutsamkeit

Anleitung
Jedes Kind zeigt an seinem Becher oben und unten. Miteinander werden Beispiele gesammelt, in welchen Situationen die untere Becherseite z.B. nach oben gedreht wird (die obere Becherseite nach oben zeigt). Dann werden viele Becher mit der oberen Seite nach oben zeigend und einige umgedreht auf den Tisch gestellt. Auf Zuruf „obere Seite“ oder „untere Seite“ haben die Kinder die Aufgabe, reaktionsschnell einen entsprechenden Becher zu fassen. Es wird immer ein Becher aus dem Spiel genommen, bevor es weitergeht.

Varianten

✎ Das Spiel wird mit geschlossenen Augen durchgeführt. Die Kinder ertasten behutsam die jeweils angesagten Becher, ohne dass sie umkippen dürfen.

✎ Dieses Mal stapeln die Kinder, die jeweils zuerst einen Becher geschnappt haben, die Becher zu einer Pyramide oder zu einem Turm.

✎ Jeweils zwei Kinder spielen zusammen. Zwei Becherpyramiden werden gebaut. Bei der einen stehen die Becher mit der Oberseite nach oben, bei der anderen die Unterseiten nach oben. Auf Zuruf baut das eine Kind von der entsprechenden Pyramide jeweils einen Becher ab, das andere Kind baut sie an einer anderen Stelle wieder auf.

✎ Auf einem Blatt Papier malen die Kinder Bechertürme oder Becherpyramiden auf, bauen sie nach oder benutzen das Arbeitsblatt zum Nachbauen.

✎ Auf dem Arbeitsblatt (S. 117) fahren die Kinder mit ihrem Stift die Becher (Buchstabe U) nach, die mit ihrer Unterseite nach unten stehen.

Eine Becherpyramide entsteht.

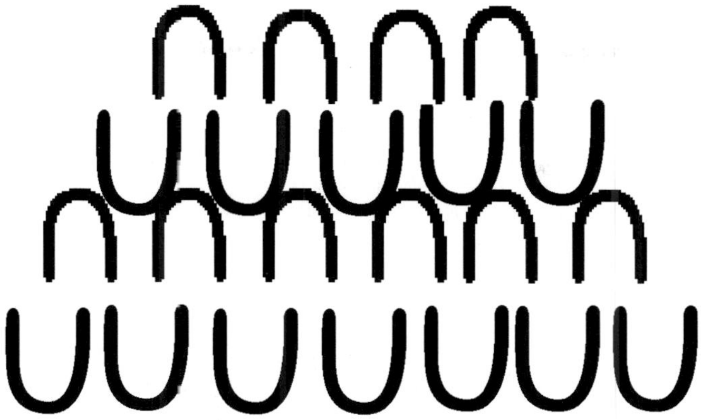

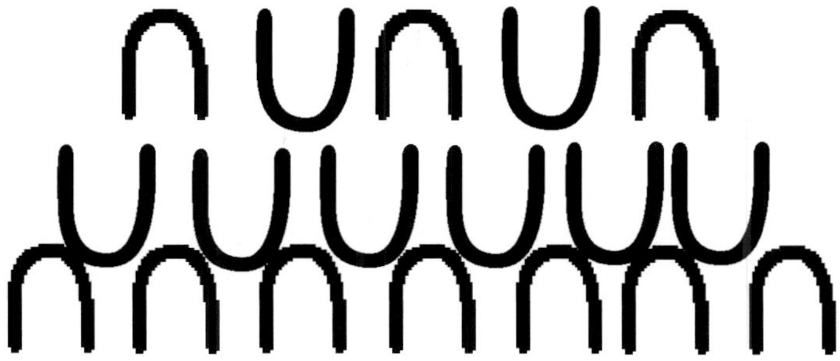

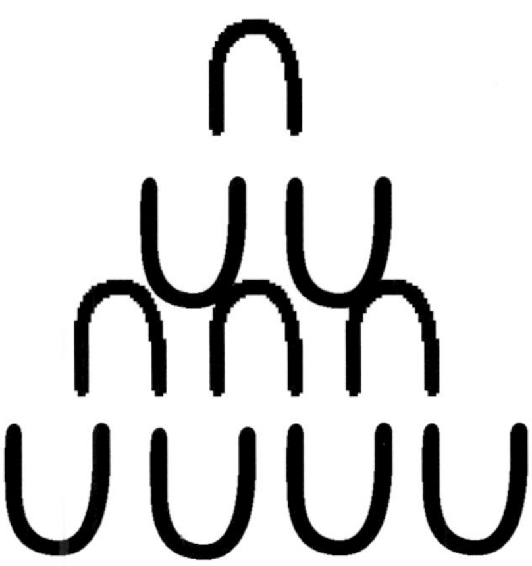

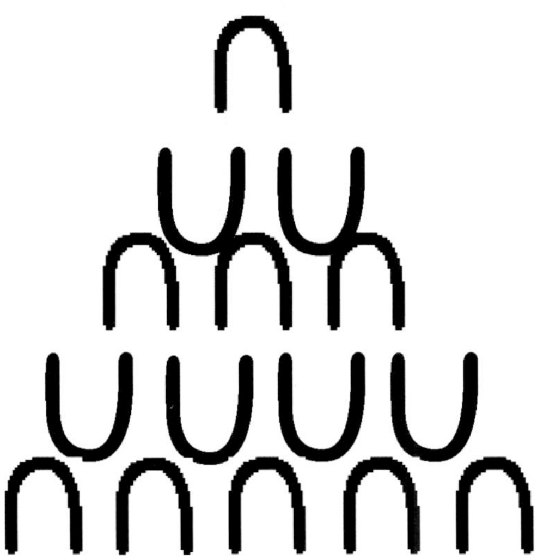

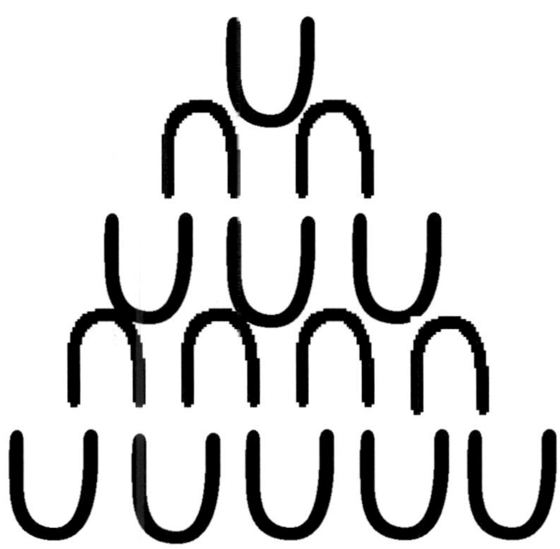

2.3.6 Bürsten- und Besen-Handel

Soziale Situation
Großgruppe, paarweise

Räumliche Situation
Klassenraum (an Tischen oder auf dem Fußboden)

Material
Bürsten (Kleider-, Massage-Bürsten u.a., von den Kindern mitgebracht)
oder: eine Decke (Schwungtuch), Papier, Stifte, Scheren

Ziel

- Oben-Unten-Wahrnehmung und -Orientierung am Objekt – visuell und taktil-kinästhetisch,
- Strichführung in verschiedene Richtungen

Anleitung

Die Begriffe Oben und Unten werden an den Bürsten geklärt. Die Kinder zeigen sich untereinander ihre Bürsten, beschreiben die Unterschiede der verschiedenen Borsten und lassen sie fühlen. Wer mag lieber die härteren oder die weicheren Borsten?
Sie preisen ihre Bürsten mit ihren Besonderheiten und Vorzügen an.
Sie gehen paarweise zusammen. Das eine Kind setzt sich bequem auf den Stuhl oder legt sich auf den Fussboden, das andere verwöhnt es mit einer Bürstenmassage z.B. an den Beinen oder auf dem Rücken. Es können unterschiedliche Bürsten verwendet werden. Der Massierte sagt, welche Bürste er lieber hat, und wo er am liebsten weiter massiert werden möchte.

Varianten

✎ Nachdem die Kinder ihre Bürsten betrachtet haben, werden sie alle unter eine Decke gelegt. Wer findet seine Bürste tastend unter der Decke wieder?

✎ Die Bürsten liegen unter der Decke. Jeweils ein Kind ertastet eine Bürste, beschreibt sie, so dass der Besitzer sie wiedererkennt.

✎ Im Spiel werden die Bürsten zum Verkauf angeboten. Sie werden beschrieben und mit Preisen versehen.

✎ Auf dem Arbeitsblatt (S. 119) vervollständigen die Kinder die Borsten an den Bürsten und Besen und stellen so eine Katalogseite her. Anschließend preisen sie die Bürsten und Besen an. Die aufgemalten Bürsten und Besen können ausgeschnitten und in einem Warenlager geordnet und gestapelt werden.

Pädagogische Hinweise

Oben und Unten an den Bürsten wird den Kindern vom Gebrauch her erklärt. Die Kinder werden ermuntert, beim Anpreisen eigene Ideen sprachlich zu entwickeln.

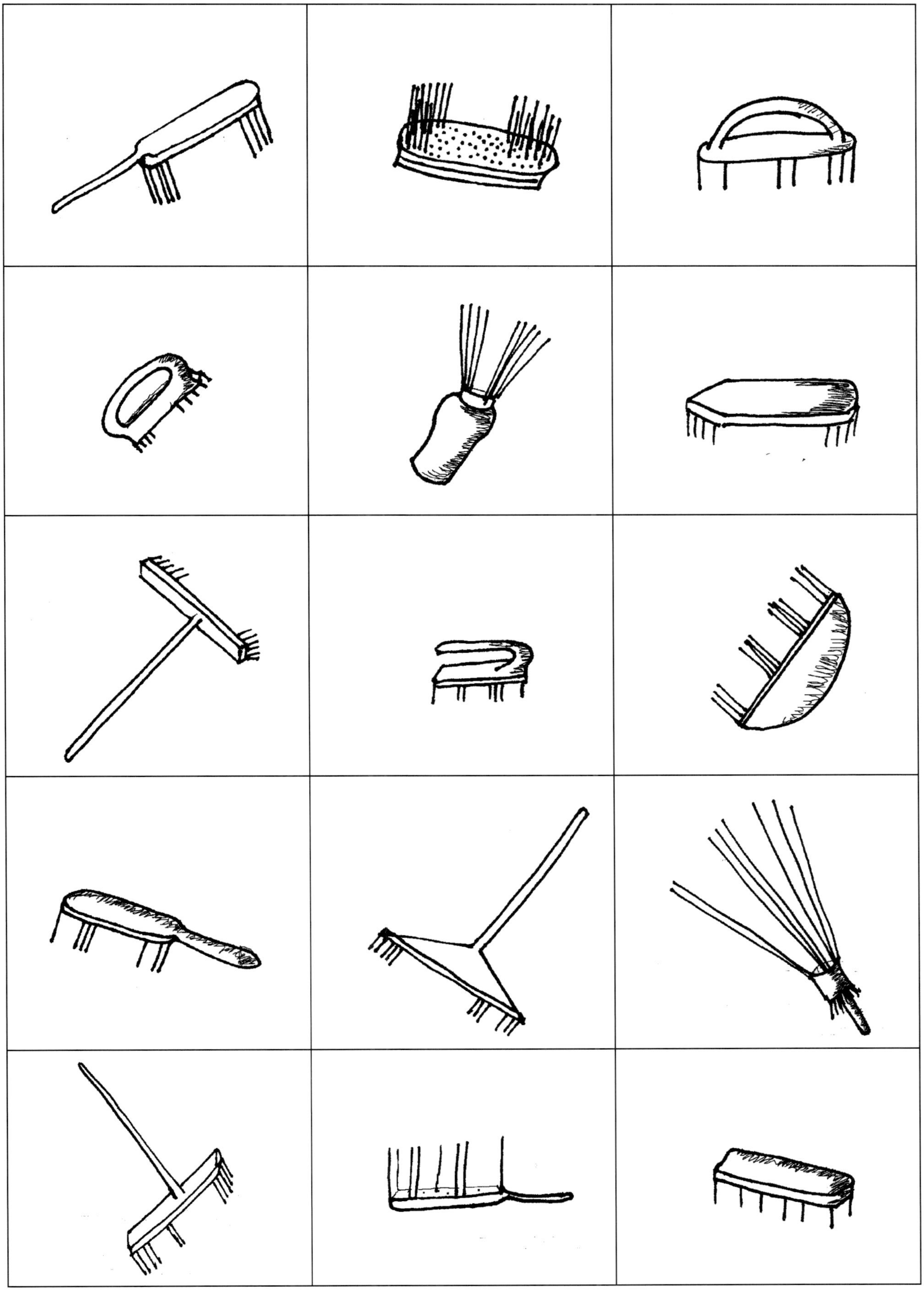

2.3.7 Hütchen fangen

Soziale Situation
Großgruppe (Fangspiel), Kleingruppen, paarweise

Räumliche Situation
Klassenraum, Sporthalle oder draussen, am Tisch

Material
Hüte, Mützen oder Papierhelme **oder:** Papier, Schere, Klebestift zur Herstellung von Fingerhütchen, Würfel und Stifte

Ziel
- Oben-Unten-Wahrnehmung und Orientierung am Objekt,
- koordinative Anforderungen an Reaktionsvermögen, Zielgenauigkeit, Handgeschicklichkeit

Anleitung
An Hüten oder Helmen wird Oben und Unten geklärt. Bis auf ein Kind setzen sich alle anderen ihren Hut auf den Kopf. Das ohne Hut möchte jedoch auch einen Hut tragen. Es läuft hinter den anderen her, um sich einen zu schnappen, während die Kinder dies versuchen zu verhindern. Als Regel kann gelten: Kein Hut darf auf dem Kopf festgehalten werden. Wer keinen Hut hat, probiert also, von jemand anderen einen zu erwischen.

Variante
- ✎ Nur ein Kind aus der Gruppe hat einen Hut, will ihn loswerden und versucht, einem anderen Kind den Hut aufzusetzen.
- ✎ Die Kinder basteln sich ein Fingerhütchen: Aus einem kleinen Papierquadrat eine spitze Tüte drehen, zusammenkleben und unten gerade schneiden. Passt sie auf jeden Finger.
- ✎ Die Kinder sitzen in Kleingruppen am Tisch. Bis auf ein Kind setzen die anderen sich ihr Hütchen auf den Daumen (ein anderes Mal auf den Zeigefinger). Die Fingerhütchen (evtl. als Zwerge mit Zipfelmützen) huschen so auf dem Tisch hin und her, indem die Kinder ihre Faust (Hand) und Unterarm auf der Tischfläche schiebend bewegen. Jeweils das Kind ohne Hütchen fängt sich eins von einem anderen Kind.
- ✎ Jedes Kind hat zwei Hütchen gebastelt, z.B. für jeden Daumen eines.
- ✎ Die Kinder stellen ihre Hütchen auf den Tisch. Ein Kind hat einen Würfel. Würfelt es eine Eins oder eine Sechs, versucht es ein Hütchen zu schnappen, während die anderen Kinder ihre Hütchen außer Gefahr bringen.
- ✎ Die Kinder entdecken, wie aus einem Hütchen der Buchstabe A entstehen kann. (Hütchen platt drücken und mit einem Strich versehen.) Jetzt geht ein A-chen auf Reisen. Die anderen Kinder gehen mit ihren Hütchen auf dem Tisch auch spazieren. Vom A-chen wird währenddessen eine spannende Geschichte erzählt. Kommt das Wort Oben darin vor, fängt das A-chen sich ein Hütchen.
- ✎ Die Kinder können sich ein Spielfeld auf Papier aufzeichnen (siehe Anregung auf dem Arbeitsblatt S. 121), Spielregeln zusammenstellen und ähnlich wie Hüpf mein Hütchen oder Fang den Hut ihr Spiel durchführen.

Pädagogische Hinweise
Wichtig ist es, vermehrt auf die Begriffe Oben und Unten am Hütchen hinzuweisen und diese zu erfragen.

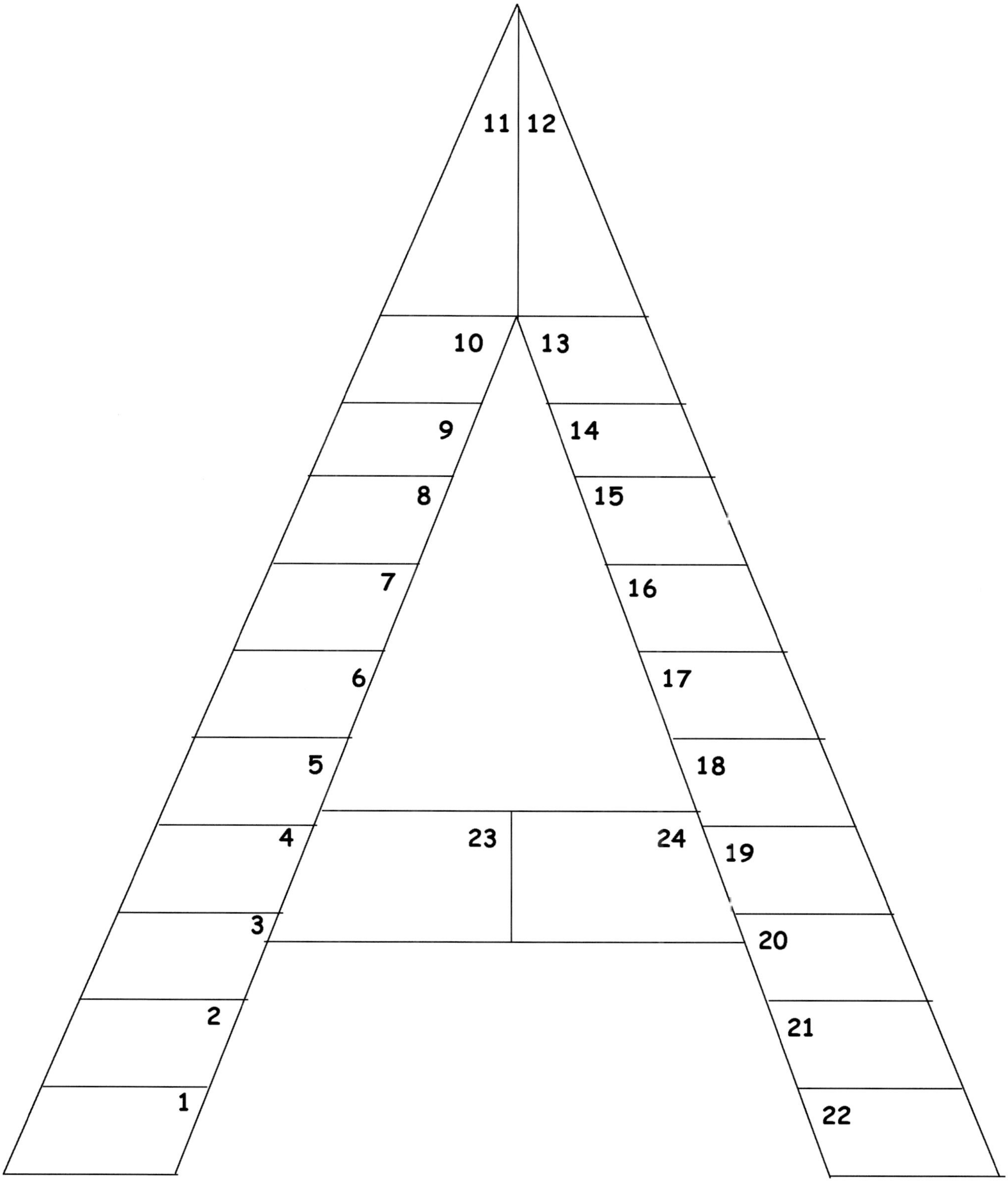
11
12
10
13
9
14
8
15
7
16
6
17
5
18
4
23
24
19
3
20
2
21
1
22

2.3.8 Stühle-Chaos

Soziale Situation
Großgruppe, paarweise

Räumliche Situation
Klassenraum

Material
Stühle **oder:** Papier, Stifte

Ziel

- Wahrnehmung der Lage eines Objektes in Bezug zum Betrachter, visuell und taktil-kinästhetisch,
- Gegenstände in bestimmte Positionen bringen,
- Rechts-Links-/Oben-Unten-Wahrnehmung.

Anleitung

Alle Kinder sitzen auf ihren Stühlen und werden gefragt, wie unterschiedlich man seinen Stuhl hinstellen bzw. legen kann. Jeder probiert dies mit seinem Stuhl aus. Ein Kind zeigt mit seinem Stuhl eine Möglichkeit, die anderen bringen jeweils ihren Stuhl in die gleiche Position.

Varianten

- ✎ Alle Stühle sind von den Kindern in die gleiche Lage gebracht. Die Kinder werden aufgefordert, die Augen zu schließen. In dieser Zeit werden an einzelnen Stühlen heimlich Lageveränderungen vorgenommen. Die Frage lautet anschließend, welche Stühle stehen bzw. liegen anders als vorher?
- ✎ Zwei Kinder arbeiten jeweils zusammen. Das Eine legt seinen Stuhl in eine bestimmte Position, das Andere ertastet die Lage und legt/stellt seinen Stuhl danach entsprechend hin.
- ✎ Zwei Kinder arbeiten zusammen. Ein Kind beschreibt die besondere Lage des Stuhls, das andere bringt seinen Stuhl in die beschriebene Stellung.
- ✎ „Ich sehe was, was Du nicht siehst, und das ist ... ein Stuhl, der auf der rechten Seite liegt.“ Wer findet den entsprechenden Stuhl im Raum?
- ✎ Ein Kind bringt seinen Stuhl in eine bestimmte Position. Die anderen Kinder suchen auf dem Arbeitsblatt (S. 124) die entsprechend abgebildete Stuhllage.
- ✎ Ein Kind zeigt auf dem Arbeitsblatt einen aufgezeichneten Stuhl. Ein Anderes findet Stühle in gleicher Lage und kreuzt sie an.
- ✎ Wer findet den Stuhl, der mit seiner Rückseite auf dem Boden liegt, auf dem Arbeitsblatt (S. 124) wieder?

Pädagogische Hinweise

Bei der Einführung der Übung ist es besonders wichtig, dass alle Kinder in gleicher Blickrichtung zum Stuhl stehen.

„Welche Stühle stehen anders?“, das finde ich gleich heraus.

2.3.9 Streichelzoo

Soziale Situation
Großgruppe, in Kleingruppen oder paarweise

Räumliche Situation
Klassenraum (an Tischen oder auf dem Boden)

Material
kleine Holz- oder Plastik-Tiere (möglichst paarweise), Tastsäckchen oder Tüten **oder**: geschlossene Schuhkartons mit Grifflöchern, Spiel „Blinde Kuh"

Ziel
- Wahrnehmung der Lage von Objekten, einschließlich der Orientierung von Oben-Unten/Rechts-Links am Objekt,
- Wahrnehmung der Form, Größe, Gestalt von Objekten,
- Unterscheidung von Figur und Grund, visuell und taktil-kinästhetisch,
- Fingergeschicklichkeit.

Anleitung
Die Kinder betrachten die auf dem Tisch ausgebreitet liegenden Tiere, dann werden sie eingesammelt und in ein Säckchen (Stall) gesteckt. Einzelne Tiere werden nicht sichtbar herausgeholt und hinter vorgehaltener Hand nach und nach gezeigt. Wer erkennt so früh wie möglich, um welches Tier es sich handelt?
Die Tiere werden in unterschiedlicher Lage dargeboten (z.B. einmal mit den Füßen zuerst, einmal mit dem Schwanz zuerst).

Varianten
✎ Die Tiere sind auf Folie gezeichnet und erscheinen nach und nach als Bild mit Hilfe des Tageslichtprojektors.
✎ Bestimmte Tiere sind aus dem Streichelzoo entlaufen. Sie wurden vorher im Raum versteckt. Jetzt müssen sie wieder eingefangen werden.
✎ Aus der Vielzahl der Tiere ertasten die Kinder Tierpaare.
✎ Gezeigte oder benannte Tiere dürfen ertastet werden.
✎ Der Zoowärter ruft seine Tiere zusammen.
✎ Ein Kind hält dem anderen ein Tier in einer bestimmten Lage hin. Das andere Kind ertastet, identifiziert das Tier und beschreibt die Lage.
✎ Im Streichelzoo streicheln die Kinder alle auf der rechten Seite liegenden Tiere.

Pädagogische Hinweise
Die Kinder erfinden oft auch eigene Spielideen mit Tieren, z.B.: beim Tierarzt. Sie vergleichen die Lage der Tiere, beschreiben die Verletzungen.

2.3.10 Lirum-Larum-Löffelstiel

Soziale Situation
Kleingruppen, paarweise

Räumliche Situation
Klassenraum (am Tisch oder auf dem Fußboden)

Material
Große und kleine Löffel **oder:** Lineale, Kämme, Stifte, Buchstabenkarten, Papier

Ziel

- Wahrnehmung der Lage und Größe von Objekten,
- Orientierung am Objekt und dem Gebrauch, visuell und taktil-kinästhetisch,
- Wahrnehmung von Oben-Unten/ Rechts-Links am Objekt
- Bewegungsbeobachtung

Anleitung
Die Kinder sitzen im Kreis zusammen. Jedes Kind nimmt einen kleinen Löffel in die rechte Hand und einen großen Löffel in die linke Hand. Ein Kind beginnt mit „Lirum-Larum-Löffelstiel, wer dies nicht kann, der kann nicht viel“ und rührt dabei z.B. mit dem kleinen Löffel und legt ihn in eine bestimmte Lage auf den Tisch.
Die anderen Kinder beobachten dies, sprechen und ahmen die Lage des Löffels nach. Als Regel kann gelten: Es wird so lange wiederholt, bis alle den entsprechenden Löffel gleich liegen haben. Erst dann kommt das nächste Kind dran.

Varianten

- ✎ Die Kinder setzen sich zu zweit zusammen. Ein Kind hält unter dem Tisch den großen oder kleinen Löffel in einer bestimmten Position. Der Partner tastet Größe und Lage des Löffels ab und stellt das Gleiche mit seinem Löffel sichtbar dar. Dann wird verglichen.
- ✎ Ein Kind legt einen Kamm oder ein Lineal in einer bestimmten Lage auf den Tisch. Das andere Kind macht dies nach.
- ✎ In Kleingruppen probieren die Kinder aus, welche Buchstaben sie mit Linealen, Kämmen oder Stiften legen können. Auf diese Weise stellen sich die Gruppen untereinander Aufgaben und kontrollieren gegenseitig, ob Buchstaben und Lage der Gegenstände stimmen.
- ✎ Buchstabenkarten werden hochgezeigt und die Kinder legen die entsprechenden Buchstaben mit den Gegenständen nach.
- ✎ Die auf dem Arbeitsblatt (S. 127) aufgezeichneten Lineale werden von den Kindern in ihrer Lage wahrgenommen und die eigenen Lineale genauso hingelegt.

Pädagogische Hinweise
Anfangs ist es günstiger, wenn die Kinder nebeneinander sitzen. Das Umdenken, Hineinversetzen in den anderen und dessen Betrachtung zur Lage des Objektes erschwert die Nachahmung, wenn Kinder sich gegenübersitzen oder im Kreis arbeiten.

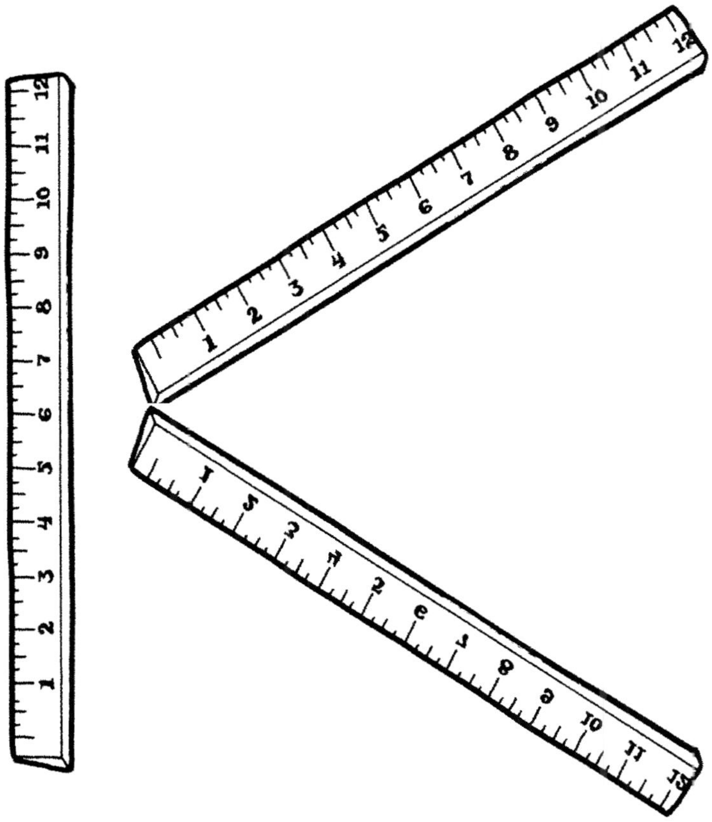

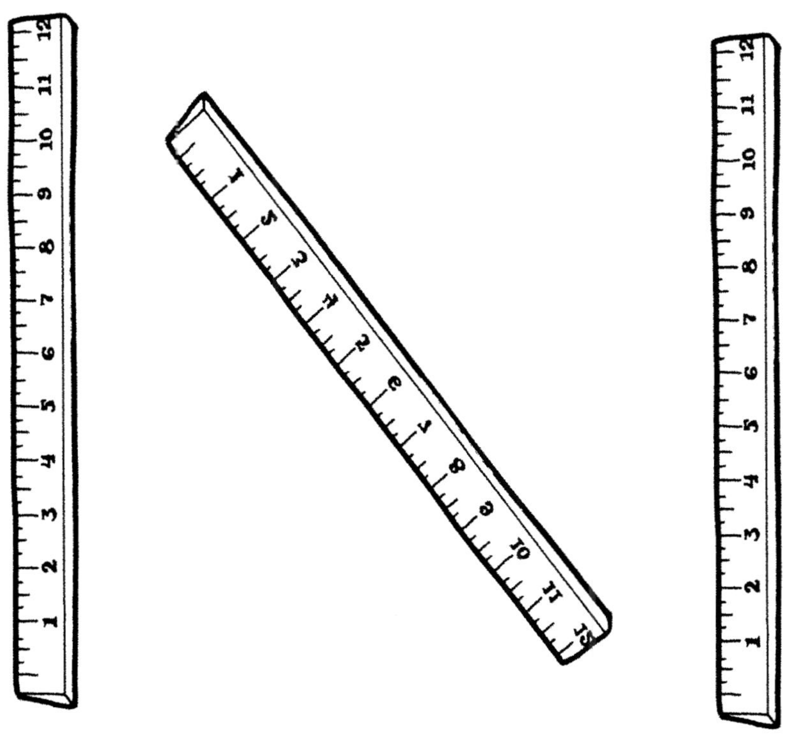

2.3.11 Bücherwurm

Soziale Situation
Großgruppe, paarweise

Räumliche Situation
Klassenraum

Material
Bücher oder Hefte **oder:** Bücherabbildungen, Papier, Stifte

Ziel
- Wahrnehmung der Lage eines Objektes,
- Rechts-Links-, Oben-Unten-Orientierung am Objekt,
- Vergleich von Körper- und Objektlage

Anleitung
Jedes Kind hat ein Buch (Heft) vor sich liegen. Ein Finger ist der Wurm.
Folgende Geschichte kann erzählt und weiter ausgeschmückt werden: Der Wurm kriecht den Buchrücken entlang, mal nach oben (kopfwärts am Buch), mal nach unten (fußwärts am Buch). Da schlägt jemand das Buch auf. Der Wurm schlängelt sich herum und ruht sich auf dem Buchbauch aus. Der Hunger treibt ihn zur linken Buchseite, zur rechten Buchseite, wieder zur linken Buchseite nach unten. Gibt es nicht vielleicht ein Eselsohr, wo etwas zum Essen ist? Vergeblich! Erschöpft kriecht er wieder zum Buchbauch. Oh, etwas liegt da in der Ritze, er probiert – es schmeckt. Vor Freude bewegt er sich zur rechten Buchseite herunter. Er sucht Fußnoten. Möchte er denn singen? Da schlägt plötzlich jemand das Buch zu – Klapp! Wo ist der Wurm?

Varianten
- ✎ Die Kinder versuchen die Lage des Buches mit ihrem Körper nachzuahmen – wie z.B. Rücken-, Bauchlage, Stand oder Seitenlage rechts/links.
- ✎ Ein Kind bringt sich in eine zuvor erfahrene Körperposition, die anderen legen ihr Buch entsprechend hin.
- ✎ Ein Kind legt das Buch in eine bestimmte Lage, ein anderes macht dies nach.
- ✎ Ein Kind ertastet als Wurm die Lage des Buches und bringt sein eigenes in die gleiche Stellung. Welche Fehler können sich hier einschleichen, die der Wurm tastend nicht bemerkt?
- ✎ Es wird auf ein Buch des Arbeitsblattes (S. 129) gezeigt. Die Kinder bringen ihr Buch in die gleiche Lage.
- ✎ Auf Benennung hin z.B. Buchrücken, obere/untere Buchkante etc., zeigen die Kinder auf dem Arbeitsblatt das entsprechende Buchteil. Sie können es jetzt anmalen.

ABC

2.3.12 Servietten falten/Zaubertüte

Soziale Situation
Jeder für sich, Großgruppe, Kleingruppen, paarweise

Räumliche Situation
Klassenraum (an Tischen oder auf dem Fußboden)

Material
Baumwolltücher (quadratisch) **oder:** Papierservietten, Tonpapier (DIN A 4), Papier, Stifte

Ziel
- Wahrnehmung der Lage, Form und Größe von Objekten,
- Wahrnehmung räumlicher Beziehungen,
- Figur-Grund-Wahrnehmung, visuell und taktil-kinästhetisch

Anleitung
Jedes Kind bekommt ein Baumwolltuch. Welche Formen kann man aus diesem Tuch bilden?
Die Kinder probieren und stellen mögliche Formen dar. Wie kann das kleinste Dreieck gefaltet werden, wie das größte?
Alle Kinder haben aus dem Tuch ein großes Dreieck gefaltet und vor sich liegen. Ein Kind legt es vor sich in eine bestimmte Lage, die anderen vollziehen es nach. Dann richtet das nächste Kind sein Dreieck neu aus. Wieviel verschiedene Lagen eines Dreiecks gibt es wohl?
Abschließend werden alle Dreieckstücher in der gleichen Lage aufeinandergelegt.

Varianten
- ✎ Die Kinder versuchen mit verschieden groß gefalteten Tuchquadraten ein Riesenquadrat zu legen (ebenso aus rechteckig oder dreieckig gefalteten Tüchern).
- ✎ Durch Aneinanderlegen von kleinen oder großen Tücherformen gestalten die Kinder Muster bzw. stellen etwas dar (z.B. eine menschliche Gestalt, ein Haus).
- ✎ Die Kinder arbeiten zu zweit miteinander. Ein Kind faltet eine Form, das andere vollzieht es nach.
- ✎ Ein Kind legt eine Form, das andere ertastet Form und Lage des Tuches und bildet mit dem eigenen Tuch das Ertastete nach.
- ✎ Ein Kind beginnt, seine Papierserviette mit einem Faltvorgang zu verändern, ein anderes macht dies mit. Dann ist das andere mit einem neuen Faltvorgang dran.
- ✎ Die Kinder falten nach Arbeitsblatt (S. 131) aus einem rechteckigen Tonpapier (evtl. auch aus einer Zeitungsseite) eine Zaubertüte. Heimlich geübt, kann dann ein kleiner Gegenstand (z.B. Papierschnipsel) in die eine Tütenöffnung fallen gelassen werden, durch Drehen der Tüte, die andere Tütenöffnung zeigend, verschwinden und zurück gedreht wieder erscheinen.

Pädagogische Hinweise
Die Faltvorgänge müssen selbstverständlich demonstriert werden. Die Zaubertüte kann oft nur mit Hilfestellung beim Ineinanderstecken (4) angefertigt werden.

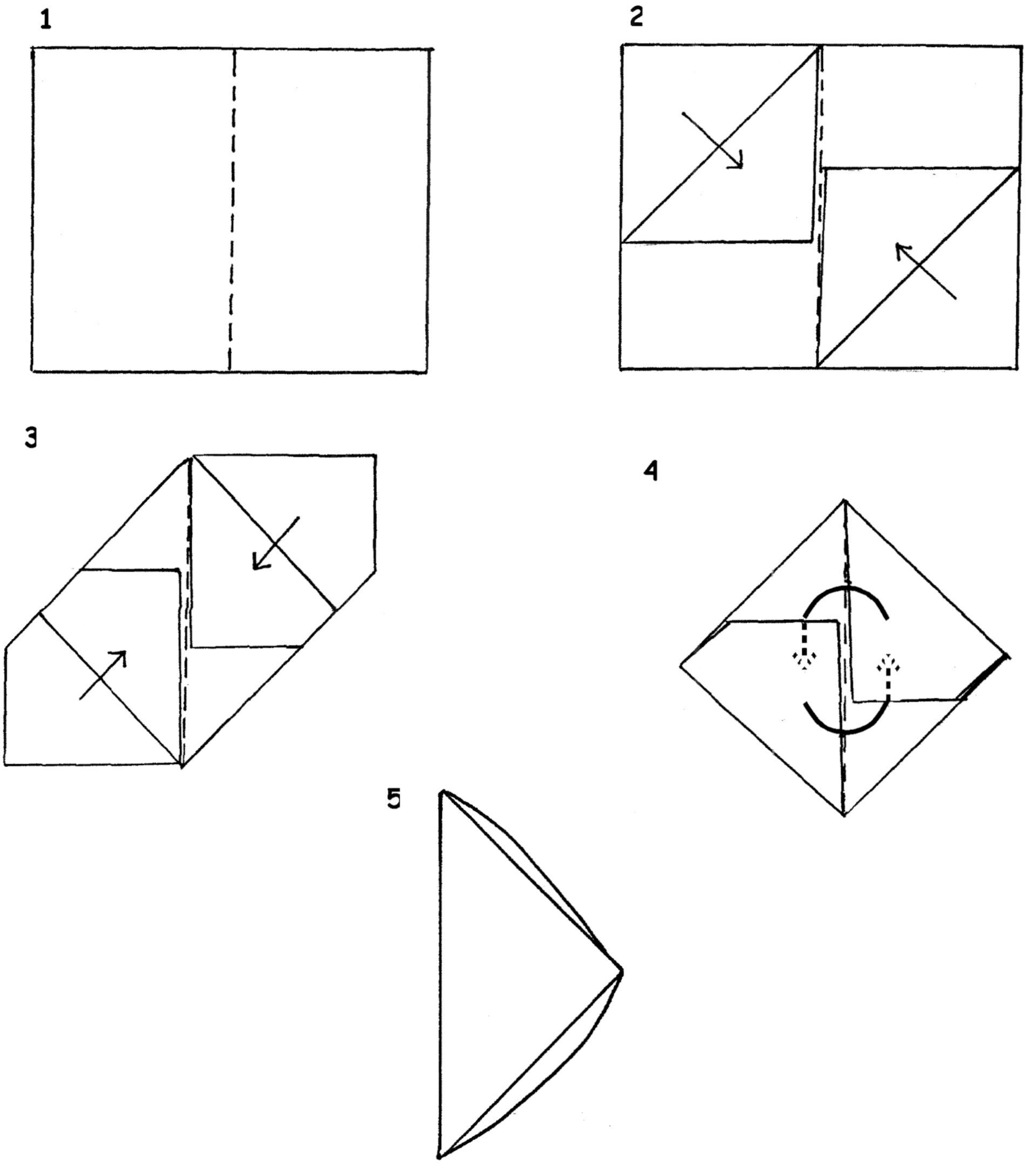

Ergebnis:

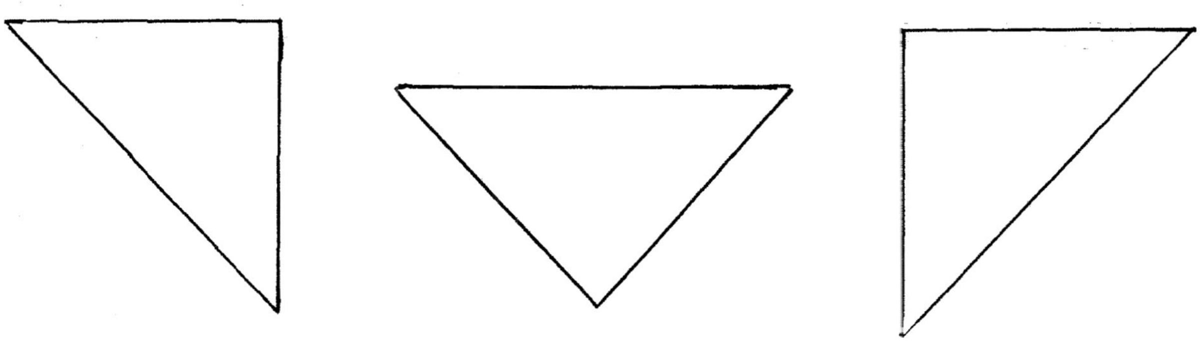

2.3.13 Zollstock-Muster

Soziale Situation
Jeder für sich, Großgruppe, Kleingruppen, paarweise

Räumliche Situation
Klassenraum

Material
Zollstöcke (von Kindern mitgebracht), große Papierbögen oder Tapetenreste **oder:** Pfeifenputzer oder Blumen-Biegedraht, Papier, Stifte

Ziel

- Wahrnehmung räumlicher Beziehungen, Richtungen, Abstände, Längen,
- kreative Gestaltung

Anleitung

Die Kinder experimentieren mit ihrem Zollstock, falten ihn in verschiedene Richtungen, lassen Muster und Formen entstehen.
Dann entfalten sie jeweils ihren Zollstock in seiner ganzen Länge. Ein Kind beginnt, an einer bestimmten Stelle den Zollstock zu knicken, die anderen tun dies ebenso. Das nächste Kind verändert den Zollstock an einer anderen Stelle, dies wird nachgeahmt bis jeder Zollstock an den Verbindungen geknickt ein Muster aufweist, das bei allen gleich aussieht.
Das Zollstockmuster kann auf einen großen Papierbogen übertragen werden, indem die Kinder den Zollstock mit seinen Krümmungen auflegen und umranden.
Wer kann den Zollstock wieder in das gleiche Muster formen, nachdem er gerade gestreckt wurde?

Varianten

✎ Ein Kind knickt ein Muster mit dem Zollstock, ein anderes bildet es nach.
✎ Das Muster wird abgetastet, und anschließend reproduziert.
✎ Die Kinder formen Treppen, Häuser, Sterne, Buchstaben, Zahlen usw. aus dem Zollstock. Sie legen diese Formen auf Papier, umranden von beiden Seiten den Zollstock, so dass Wege mit Begrenzungen entstehen, die sie anschließend mit dem Stift entlangfahren.
✎ Die Kinder bilden mit ihrem Zollstock Muster nach einer Vorlage auf dem Arbeitsblatt (S. 134). Sie lassen ihren Partner dann das entstandene Zollstockmuster ertasten und auf dem Arbeitspapier wiederfinden.

Pädagogische Hinweise

Der Aufbau der Spielsituation sollte auf jeden Fall erhalten bleiben. Nach dem Spüren und Sehen beim Nachfahren des Musters auf dem Zollstock erfolgt dann die Umsetzung auf Papier. Es sollte immer mit den einfachen Mustern begonnen und mit den komplexeren fortgefahren werden.

Experimente mit dem Zollstock.

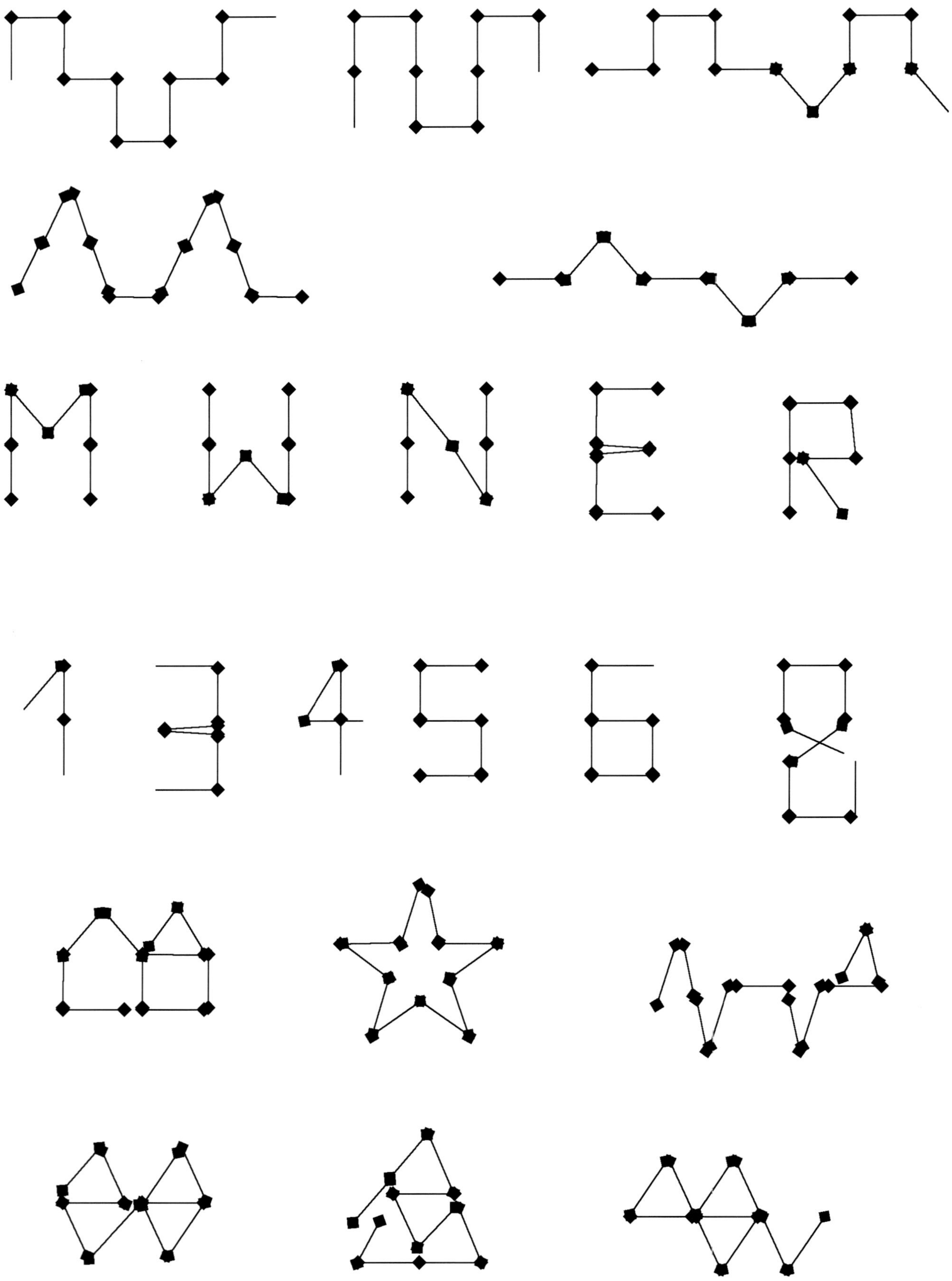

2.3.14 Entwürfe von Bauplänen

Soziale Situation
Kleingruppen, Großgruppe

Räumliche Situation
Klassenraum (an Tischen oder am Fußboden)

Material
Holzlegeteile (kurze, lange Latten, große, kleine Bögen), große Papierbögen/ Tapete, Stifte **oder:** Pappbögen, -streifen, Papier, Stifte

Ziel
- Wahrnehmung räumlicher Beziehungen von Objekten zueinander,
- Unterscheidung von Größen, Längen, Formen,
- kreatives Gestalten

Anleitung
Die Kinder erhalten den Auftrag, Baupläne für Häuser zu entwerfen. Als Baumaterial stehen ihnen Balken und Bögen (Holzlegeteile) zur Verfügung. Die Kinder beginnen Gebäudefassaden mit dem Material zu legen. Die verschiedenen Häuser werden begutachtet, Besonderheiten hervorgehoben. Ein Haus wird ausgewählt und bleibt liegen. Nach diesem Entwurf sollen weitere Häuser gelegt werden.

Varianten
- ✎ Ein Graf beauftragt seine Architekten, ein Schloß zu entwerfen. Dieses Schloß soll drei Stockwerke, Zinnen als Mauerabschluss, zwei spitze Türme und ein großes Bogentor haben. Die weiteren Einzelheiten obliegen den Ideen der Architekten.
- ✎ Eine Autofirma erteilt Aufträge zum Entwerfen von neuen Autos.
- ✎ Die Kinder entwerfen verschiedene Muster, Verzierungen z.B. für Mauerwerke, Anfangsbuchstaben und Hausnummern, die in Mauern eingearbeitet werden sollen.
- ✎ Die Bauentwürfe werden mit dem Material auf große Papierbögen gelegt. Die Latten und Bögen werden mit Stiften auf dem Papier umfahren, so dass die Bauskizzen zum Nachbauen an die Bauarbeiter gegeben werden können. Diese setzen dann den Plan um.
- ✎ Die Kinder entwerfen mit den Legeteilen einen langen Zug mit mehreren Waggons. Anschließend zeichnen sie dies auf Papier.
- ✎ Eine Straße mit Reihenhäusern soll gebaut werden. Wie könnten diese Pläne gelegt und aufgezeichnet aussehen?
- ✎ Auf dem Arbeitsblatt (S. 136) stehen bereits Entwürfe zur Verfügung, die mit den Holzlegeteilen nachgelegt und veranschaulicht werden können.

Pädagogische Hinweise
Die Materialien können beispielsweise per Zeichensprache ausgegeben werden.

Beim Zeichnen von Bauplänen.

2.3.15 Stöckchen-Mikado

Soziale Situation
Kleingruppen, paarweise

Räumliche Situation
Draußen, Klassenraum (auf dem Fußboden)

Material
Gesammelte Stöckchen **oder:** Holzlegeteile, Latten, Lineale, Riesenmikado, Stifte, Steine, Spiel: Mikado

Ziel
- Wahrnehmung räumlicher Beziehungen von Objekten zueinander,
- Längenwahrnehmung,
- Figur-Grund-Wahrnehmung,
- manuelle Geschicklichkeit

Anleitung
Die Kinder sammeln verschieden dicke, möglichst gerade Stöcke z.B. aus Wald, Garten, Baumschule oder Parkanlage. Die Länge kann vorgegeben werden, beispielsweise soll jedes Stöcken eine Armlänge oder eine Elle von Ellenbogen bis Fingerspitze lang sein.

In Kleingruppen legen die Kinder ihre Stöckchen kreuz und quer aufeinander. Wer weiß noch, wo sein Stöckchen liegt?
Anschließend werden die aufgeschichteten Stöckchen wieder nach und nach vom jeweiligen Besitzer weggenommen. Die anderen Kinder beobachten und stellen fest, ob es gewackelt hat oder nicht.

Varianten
- ✎ Verschiedene Steine werden gesammelt, mit denen ein Steine-Mikado gespielt werden kann.
- ✎ Die Stöckchen werden in einer bestimmten Weise aufeinandergeschichtet, z.B. immer zwei mit Abstand nebeneinander, die nächsten zwei versetzt darauf.
- ✎ Die Stöckchen können zu einem Zeltdach zusammengestellt werden.
- ✎ Die Kinder legen fortlaufende Muster, wobei die Stöckchen z.B. wie beim Jägerzaun gekreuzt über- bzw. untereinander liegen.
- ✎ Die Stöckchen liegen verstreut am Boden. Ein Kind nimmt solange einzelne auf, bis die Gruppe bei einem bestimmten Stöckchen, welches vorher heimlich vereinbart wurde, „Stopp" ruft. Wer kann die meisten Stöckchen aufnehmen?
- ✎ Die Kinder legen mit Stäbchen z.B.: ein Haus, eine Blume, einen Stern usw.
- ✎ Ein Kind beginnt mit dem Ratespiel, indem es etwas legt, was die anderen so früh wie möglich erkennen und benennen sollen.
- ✎ Ein Kind hält in jeder Hand ein Stöckchen. Das nächste Kind legt ein Stöckchen darauf und übernimmt von dem Vorherigen die beiden untersten in seine Hände. So entsteht ein immer höher werdender Stöckchenturm, der weitergereicht wird.

Pädagogische Hinweise
Besonders schön ist es, wenn die Kinder selbst Stöckchen-Spiele erfinden.

2.3.16 Gordischer Knoten

Soziale Situation
Paarweise, Großgruppe, Kleingruppen, jeder für sich

Räumliche Situation
Draußen, Sport-/Pausenhalle, Klassenraum

Material
Baumwollseilchen **oder:** Gymnastik-/Sprungseilchen, Gymnastikstäbe, Papier und Stifte

Ziel
- Wahrnehmung räumlicher Beziehungen von Objekten zueinander,
- Oben-Mitte-Unten-Orientierung,
- Figur-Grund-Wahrnehmung,
- allgemeine Bewegungskoordination unter räumlichen Aspekten

Anleitung
Die Kinder finden sich paarweise zusammen. Jedes Paar spannt ein Seil zwischen sich und hält es an den Enden mit einer Hand fest. So bewegen sich die Paare durch den Raum, lassen andere unter ihrem gespannten Seil durch oder darüber steigen. Findet das Spiel im Klassenraum statt, können die Paare ihr Seil über oder unter Tischen hindurchführen.
Nach und nach verhaken sich die Paare mit ihren gespannten Seilen jeweils in der Seilmitte, bis sich durch Drüber- und Druntersteigen ein scheinbar dicker, fester, unlösbarer Knoten bildet. Bedingung ist, dass die Seilenden immer in der gleichen Hand wie zu Beginn gehalten werden.
Mit oder ohne Sprache wird der Knoten wieder aufgelöst. Die Kinder halten in ihrer Hand jeweils ihr Seil am Ende weiter gespannt und beobachten, ob ihr Seil nach oben, unten gehalten, drüber oder drunter geführt werden muss. Löst sich der Knoten so auf?

Varianten
- ✎ Viele Seile liegen über- und untereinander, gekreuzt und dicht verschlungen, so dass es wie ein dicker Knoten aussieht. Die Seilenden ragen lang heraus. Die Kinder erhalten die Aufgabe, diesen scheinbar unlösbaren Knoten wieder aufzulösen. Dabei dürfen nur die Seilenden gefasst und festgehalten werden.
- ✎ Viele Seile, lose zusammengehalten, werden in die Luft geworfen. Jetzt liegen sie als Knäuel am Boden. Wer sieht den Anfang und das Ende von einem Seil?
- ✎ Auf dem Arbeitsblatt (S. 140) sind Seile ineinander verschlungen dargestellt. Die Kinder markieren die zusammengehörigen Seilenden oder fahren Linien eines Seiles ab.
- ✎ Auf einem Papier zeichnen die Kinder selbst in dieser Art verwobene Seile auf, und fahren die Linien anschließend ab oder kennzeichnen die Seile farbig.
- ✎ Jedes Kind erhält einen Stab. Die Gruppe (Kleingruppen) steht im Kreis. Die Kinder reichen ihrem rechten Nachbarn jeweils das Stabende, halten das andere Ende selbst fest. So sind alle mit Stäben verbunden. Sie bewegen sich, ohne die Stabenden loszulassen, verändern den Kreis, steigen über gehaltene Stäbe, bilden Tore zum Durchgehen usw. bis alles recht verknotet aussieht. Dann gilt es wieder zum Ausgangskreis zurückzufinden, den „Knoten“ aufzulösen. Die Stabenden werden dabei weiter festgehalten.

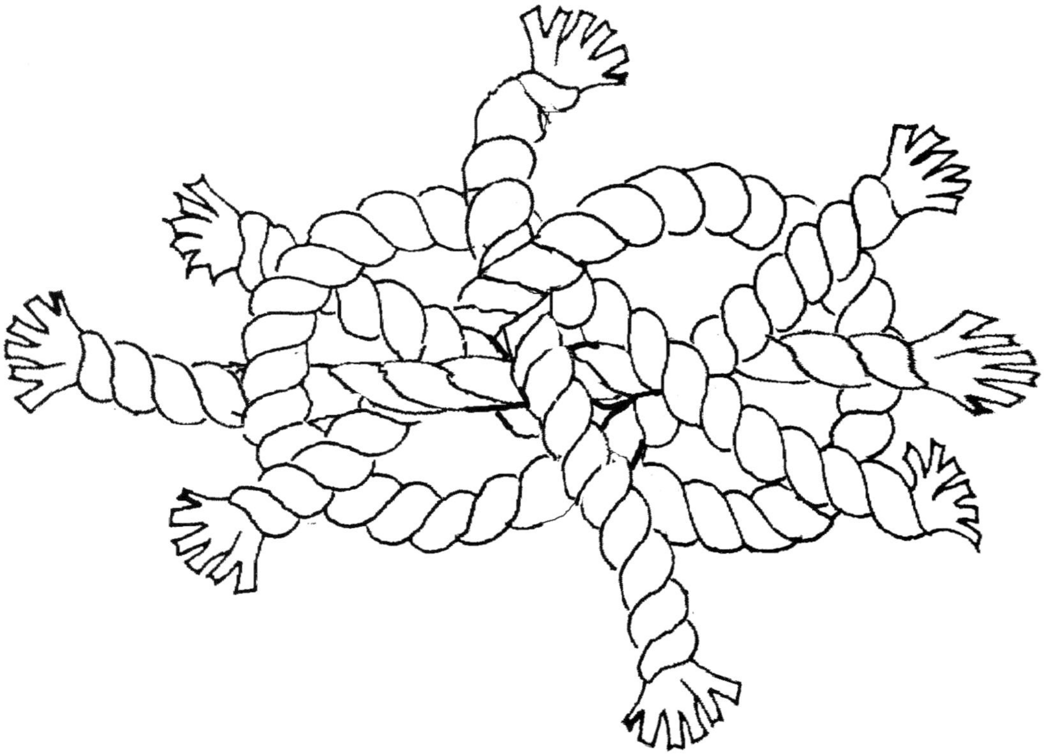

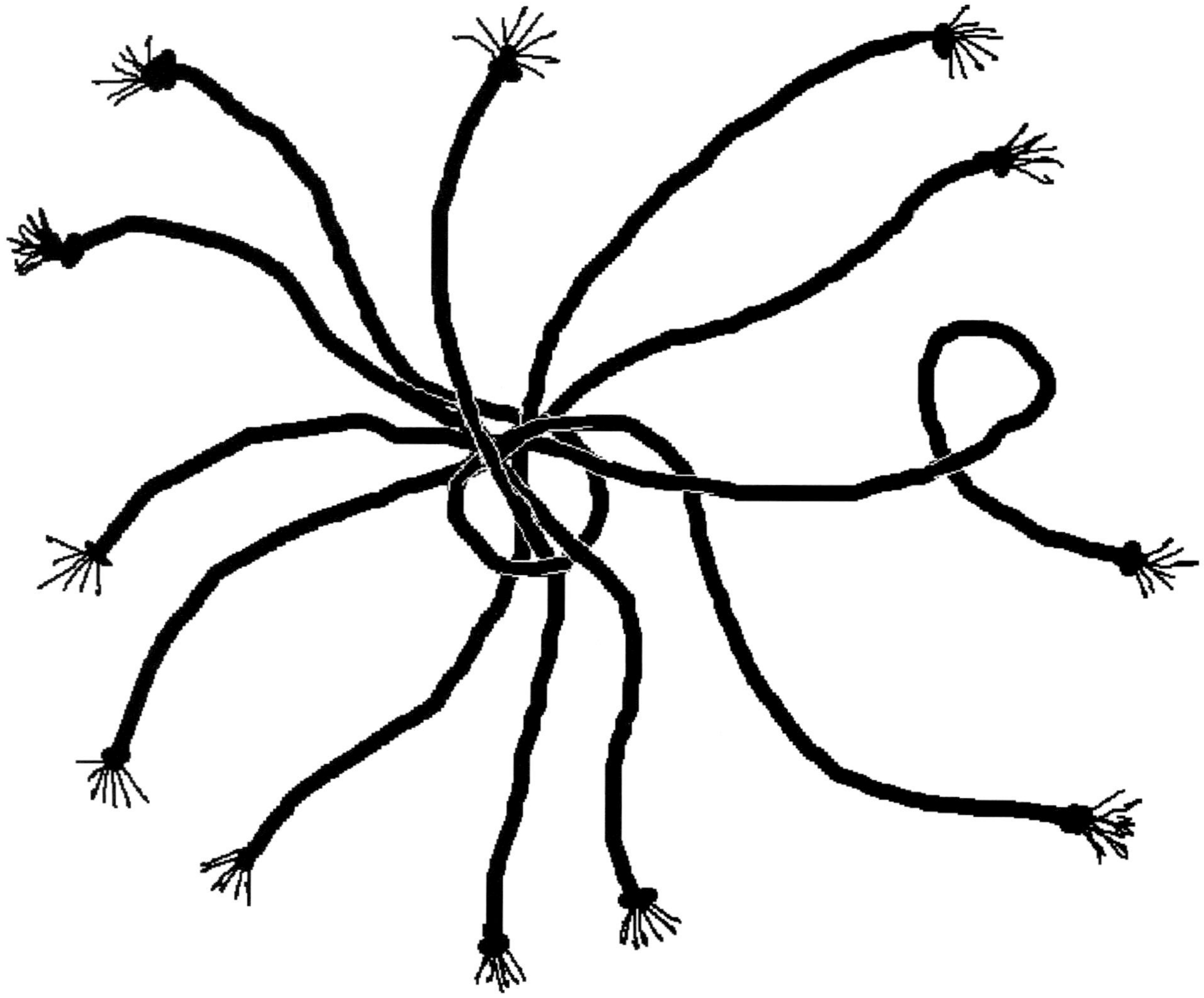

2.3.17 Drei gewinnt

Soziale Situation
Kleingruppen á 6 und 1 Teilnehmer, paarweise

Räumliche Situation
Klassenraum

Material
9 Stühle je Gruppe, 3 Dreieck-, 3 Viereckklötzchen **oder:** 9 Teppichfliesen, Papier, Stifte, 3 kleine Steine oder 3 Korken

Ziel
- Wahrnehmung der Lage und der räumlichen Beziehungen von Objekten, zueinander, dargestellt vom Drei- zum Zweidimensionalen und umgekehrt

Anleitung
Drei Stuhlreihen mit jeweils drei nebeneinander stehenden Stühlen werden hintereinander gestellt, so dass ein Stühlequadrat entsteht. Zwei Mannschaften aus je drei Mitspielern bilden sich. Sie stehen sich am Rand gegenüber, vor ihnen befindet sich jeweils eine Stuhlreihe. Von der einen Mannschaft erhält jeder ein Dreieck als Zusammengehörigkeitssymbol und jedes Mitglied bekommt eine Zahl von eins bis drei, die nicht im Spiel vertauscht werden dürfen. Die andere Mannschaft hat Vierecke und ebenfalls jeder eine Zahl von eins bis drei. Ein Kind ist Spielleiter und bekommt die Aufgabe eine festgelegte Reihenfolge im Spiel anzusagen.
Um zu gewinnen, muss jede Mannschaft drei Stuhlplätze neben – oder hintereinander (später auch diagonal) besetzen.
Die Spielregeln lauten:
Der Spielleiter benennt Mannschaft und Zahl z.B. Dreieck 1. Dieser Mitspieler setzt sich auf einen von den neun Stühlen. Danach wird Viereck 1 aufgerufen und setzt sich auf einen freien Stuhl, es folgt Dreieck 2, Viereck 2, Dreieck 3, Viereck 3. Hat noch keine Mannschaft gewonnen, wird das Spiel fortgesetzt. Der Spielleiter ruft wieder Dreieck 1 auf und fährt in der festgelegten Reihenfolge wie zuvor fort. Wer aufgerufen ist, muss aufstehen und sich einen neuen Platz suchen. Welche Drei gewinnen?

Varianten
- ✎ Wie zuvor, jedoch auf neun Teppichfliesen. Jedes Mannschaftsmitglied achtet auf die Ansage seiner Form und Zahl. Die Spielsteinchen (Dreiecke oder Vierecke) werden nach Aufruf des Spielleiters auf eine Fliese gelegt oder versetzt.
- ✎ Die Kinder zeichnen paarweise ein Quadrat mit neun Feldern auf. Ein Mitspieler setzt Steinchen 1-2-3, der andere Korken 1-2-3 nach den oben angegebenen Spielregeln. Als Spielfeld kann das Arbeitsblatt (S. 142) benutzt werden.

Pädagogische Hinweise
Die Spielleiterrolle sollte anfangs vom Lehrer übernommen werden.
Die Mitspieler jeder Mannschaft können aufgefordert werden, sich gegenseitig zu beraten.
Es ist empfehlenswert, am Anfang zu demonstrieren, welche Möglichkeiten es gibt, dass Drei gewinnt.

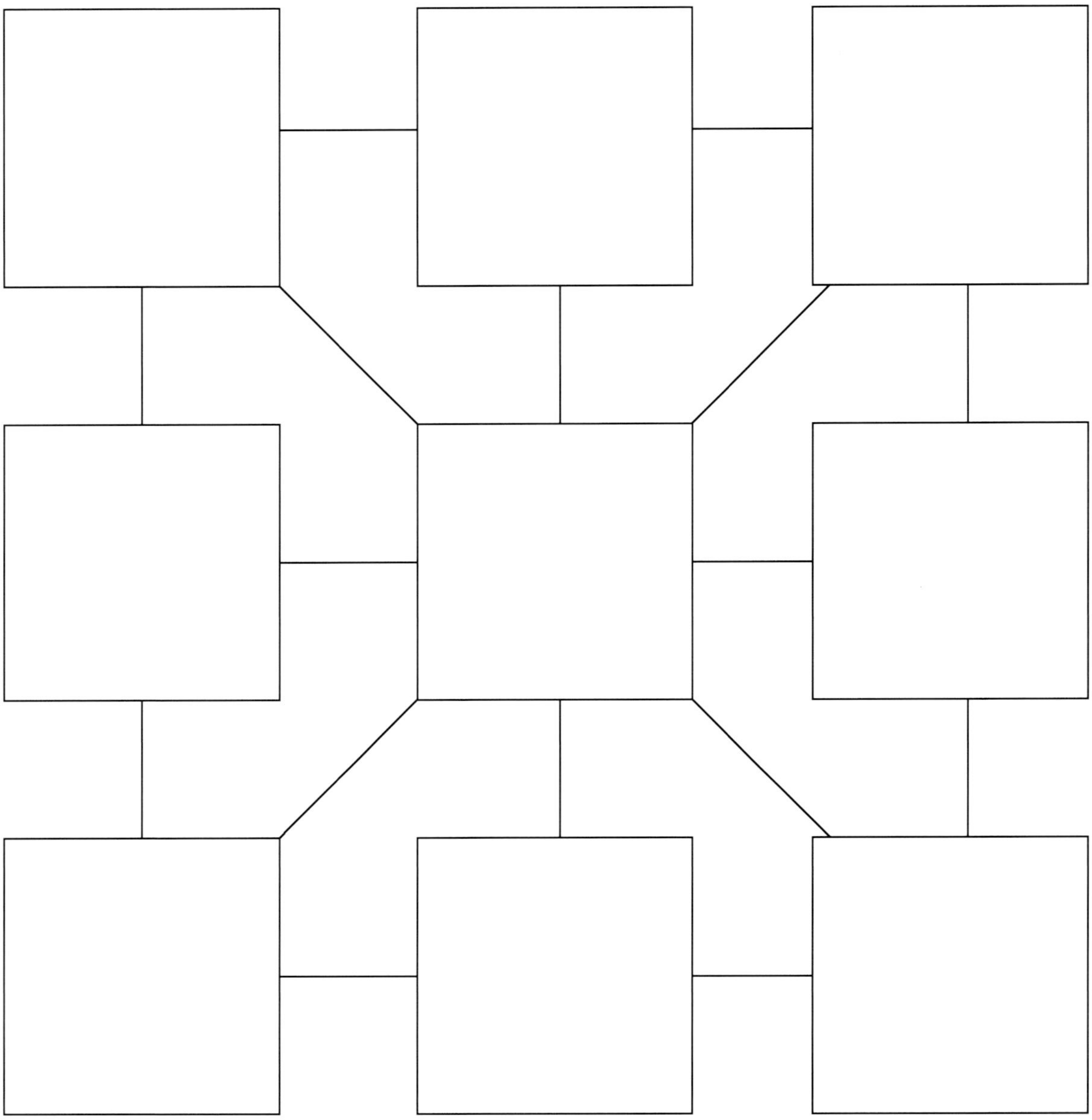

2.3.18 Turmbau

Ziel
- Wahrnehmung der Lage, der Formen und Größen, der räumlichen Beziehungen im Zweidimensionalen und Übertragung ins Dreidimensionale bzw. umgekehrt
- auf verschiedenen Ebenen,
- visuell und taktil-kinästhetisch,
- Hand-Hand-, Finger-Finger-Kooperation

Soziale Situation
Kleingruppen, paarweise, jeder für sich

Räumliche Situation
Klassenraum (auf dem Tisch oder auf dem Fußboden)

Material
Papier mit Bauvorlagen, Holzklötze in verschiedenen Größen und Formen (Holzklotzsatz) **oder:** Rechenstäbchen, Papier, Stifte

Anleitung
Die Kleingruppen erhalten ein Blatt (bzw. Skizze an der Tafel), auf dem ein Turm mit mehreren Bausteinen in verschiedenen Lagen zueinander abgebildet ist.
Anhand der Vorlage versuchen die Kinder den Turm aus Holzklötzen nachzubauen. Weitere aufgezeichnete Türme, die sich in zunehmend schwierigeren Konstruktionen darstellen, können folgen.

Varianten
✎ Die Türme werden nicht nach den Vorlagen in die Höhe (senkrecht) gebaut – sondern flach auf dem Tisch (waagerecht).

✎ Die Kinder breiten ein Papier auf dem Tisch aus. Sie konstruieren aus den Holzklötzen einen Turm, den sie auf das Papier legen. Anschließend umfahren sie mit dem Stift die Klötze, so dass eine neue Bauvorlage entsteht.

✎ Nur die äußeren Umrisse des Turms werden umrandet.

✎ Jedes Kind hat einen Klotz zur Verfügung. Ein Bauplatz wird mit einem großen Klotz markiert. Der Reihe nach stellt jedes Kind seinen Klotz auf oder neben einen anderen, so dass ein Turm entsteht. Der eigene Klotz wird in seiner Lage und Beziehung zu den anderen darunter, darüber und daneben aufmerksam beobachtet, beschrieben und eingeprägt. Aufeinmal zerstört ein Unwetter den Turm. Danach soll er genau so wie vorher aufgebaut werden.

✎ Auf dem Bauplatz wird in der Nacht (mit geschlossenen Augen) gebaut.

✎ Wer kann aus dem Gedächtnis einen vorher betrachteten Turm nachbauen oder aufzeichnen?

Pädagogische Hinweise
Man beginnt zunächst nur mit zwei oder drei Teilen bzw. Klötzen, um sich später zu steigern. Die von den Kindern aufgemalten Vorlagen können mehrfach benutzt werden bzw. untereinander ausgetauscht werden. Das Arbeitsblatt (S. 144) kann hier eine Hilfestellung sein.

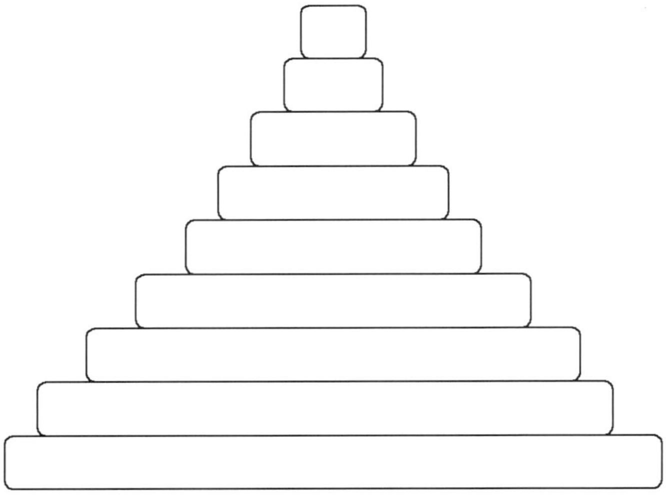

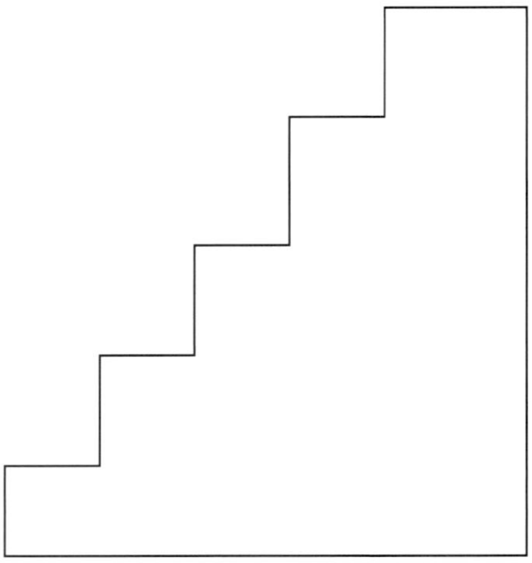

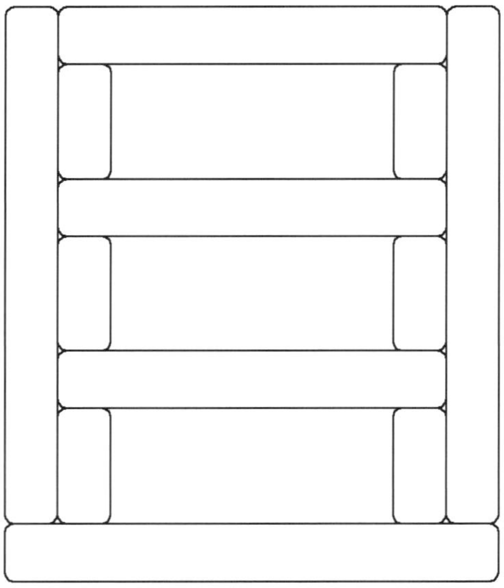

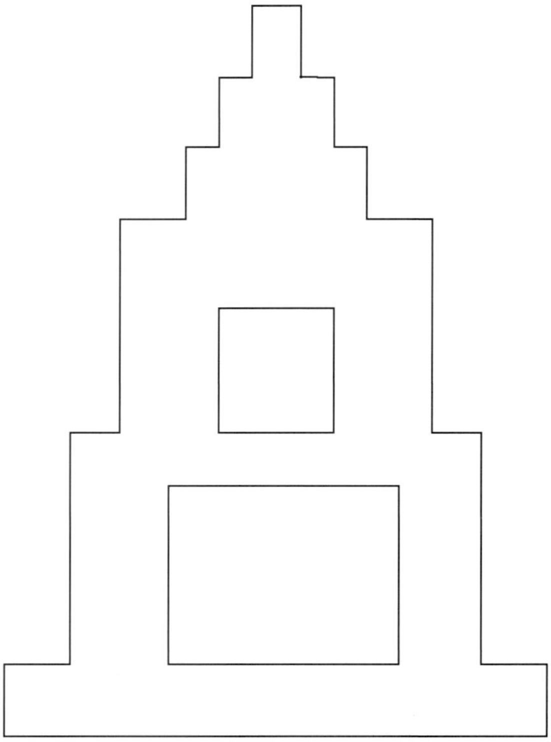

2.3.19 Finger-Gummi-Twist

Soziale Situation
Paarweise, jeder für sich

Räumliche Situation
Klassenraum (auf dem Tisch oder auf dem Fußboden)

Material
Holz- oder Korkbrettchen mit 9 Nägeln, Gummiringe, Mustervorlagen auf Papier **oder:** Papier, Stifte

Ziel

- Wahrnehmung von Formen, Größen, Mustern, ihrer Lage und Beziehungen zueinander,
- Vom visuell und taktil-kinästhetischen Wahrnehmen und Handeln zum visuellen Wahrnehmen im Zweidimensionalen und umgekehrt,
- Fingergeschicklichkeit

Anleitung
Die Kinder benötigen ein quadratisches Brettchen. Neun Nägel werden nach Vorgabe (siehe Arbeitsblatt S. 146) so fest eingeschlagen, dass sie nur noch ca. 1 cm aus dem Holz herausragen.
Mit einem Gummi werden Formen über die Nägel gespannt. Immer neue Muster entstehen beim Experimentieren.
Ein Kind spannt auf seinem Brettchen z.B. ein großes Dreieck. Sein Partner ahmt dies auf seinem Brettchen nach, um anschließend ein kleines Dreieck oder ein Dreieck in einer anderen Lage mit dem Gummi auf dem Brettchen zu spannen und dem anderen als Muster vorzugeben. So wird sich immer wieder abgewechselt.

Varianten

✎ Ein Kind bildet mit dem Gummi eine Form, das andere tastet das gespannte Gummi ab und bildet die Form nach.

✎ Die gespannten, mit der Hand nachgefahrenen Formen und Muster werden auf ein Punktequadrat auf Papier übertragen.

✎ Nach aufgezeichneten Vorlagen (siehe Arbeitsblatt S. 144) spannen die Kinder das Gummi auf ihrem Brettchen. Sie kontrollieren sich gegenseitig.

✎ Die Kinder entwerfen auf dem Punktequadrat mit dem Stift Formen und Muster welche sie versuchen mit dem Gummi nachzubilden.

✎ Einzelne Kinder können auch mit zwei Gummis auf einem Brettchen arbeiten und das entstandene Muster auf Papier übertragen bzw. umgekehrt.

Pädagogische Hinweise
Zu Beginn arbeitet man mit einfachen Formen z.B. großes, kleines Dreieck, Quadrat oder Rechteck in verschiedenen Lagen. Später mit Mustern, Buchstaben und Zahlen. Unter Umständen können unterschiedlich schwierige Muster zusätzlich an der Tafel angeboten werden.

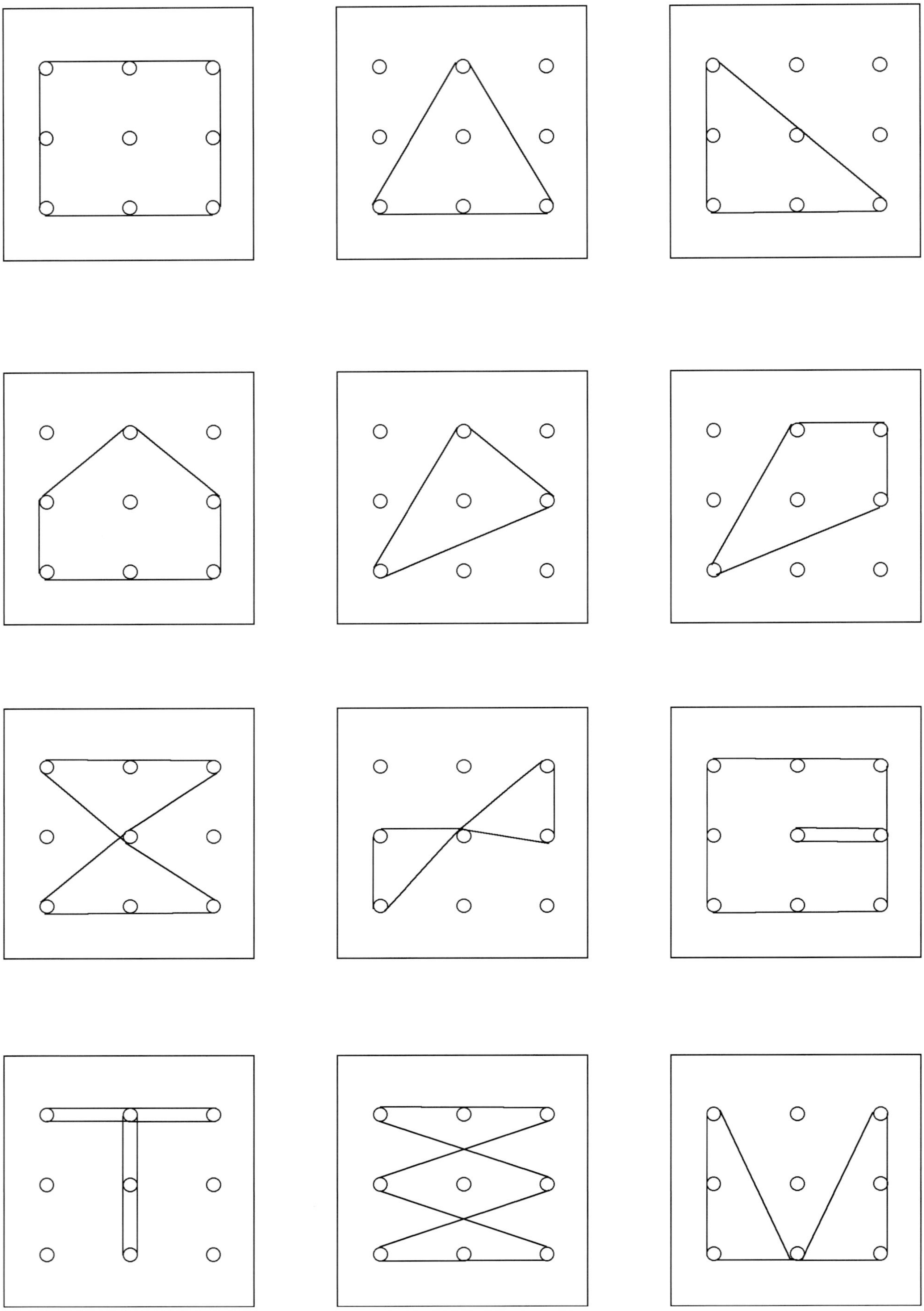

Die Finger-Gummi-Twist-Muster werden aufgezeichnet.

3. Basis für Schreibhaltungen und -bewegungen

Beim Schreiben ist der gesamte Körper mit all seinen psycho-physischen, neuronalen Vernetzungen gefordert. Die Bereitstellung von z.B. konditionellen, koordinativen, beweglichkeitsbezogenen Fähigkeiten und zwar von Kopf bis zu den Füßen sowie von Schultern bis zu den Fingerspitzen wird benötigt. Die ganzkörperliche tonus- und gleichgewichtsregulierte Haltung kann als Voraussetzung für ein störungsfreies Arbeiten mit den oberen Extremitäten bezeichnet werden.

Die konditionellen motorischen Fähigkeiten (allgemeine Kraft , Ausdauer und Schnelligkeit betreffend) sind primär durch energetische Prozesse determiniert. Sie stehen im Zusammenhang mit koordinativen motorischen Fähigkeiten, die durch Prozesse der Bewegungssteuerung und -regulierung bestimmt sind. Hierbei handelt es sich allgemein um Anpassungs-, Umstellungs-, Steuerungs- und Lernfähigkeiten.
Diese motorischen Anforderungen kennzeichnen groß- wie kleinräumiges Schreibbewegungsverhalten. Nähere Ausführungen erfolgen hierzu in den beiden folgenden Kapiteln.
Mit Rückgriff auf körperschema-, raumschema- und objektbezogene Fähigkeiten, wie bereits vorher dargestellt, sollen weitere Grundlagen geschaffen werden, die das Schreiben bzw. Schreiben lernen erleichtern. Auf diesen Grundstock aufbauend, kann sich der Erfahrungsschatz anhand durchgeführter Praxissituationen erweitern.

Motorischer Grundstock für Schreibhaltungen und -bewegungen

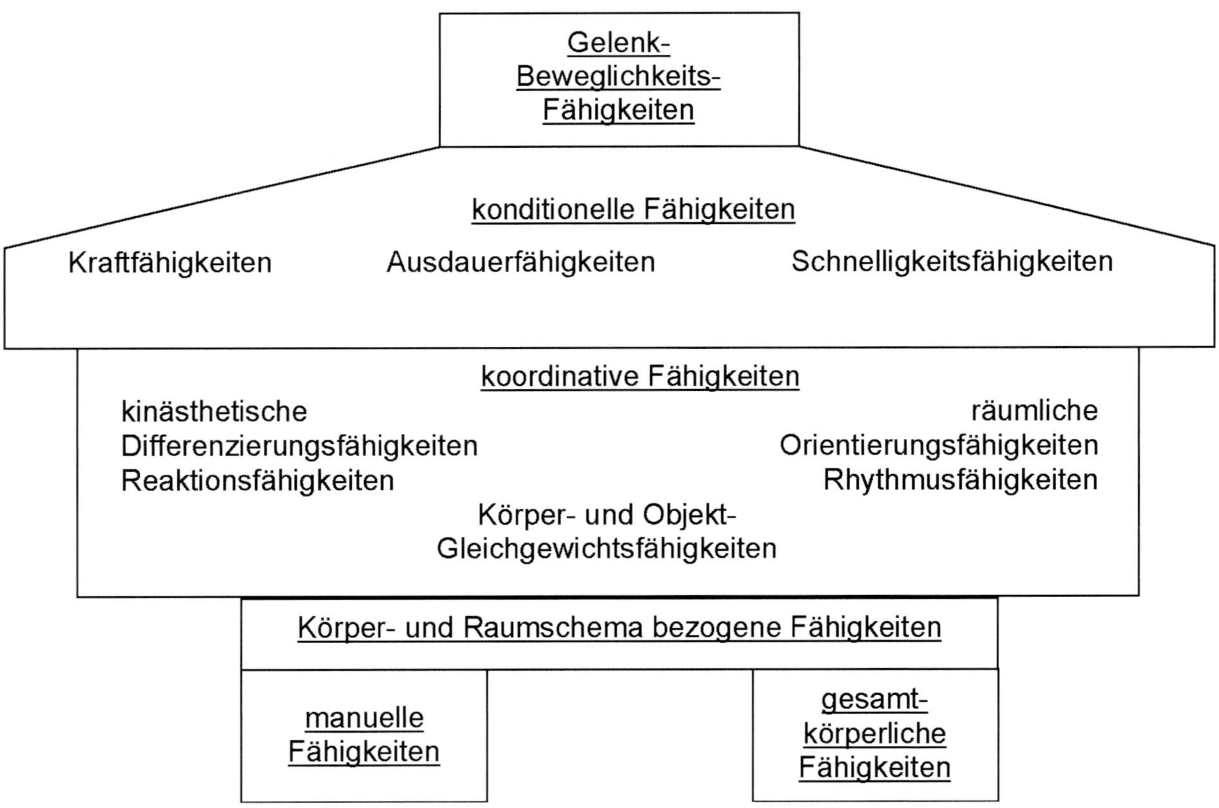

3.1 Körperhaltung und -bewegung

Sei es im Sitzen, Liegen oder Stehen, immer wird in der jeweiligen Haltung ein ausgewogenes Spannungsverhältnis der Muskulatur nötig sein, um kraftsparend und ökonomisch arbeiten zu können. Die Körperhaltung wird sich an die Untergrundbedingung z.B. Stuhl, Sitzball, Liegekeil anpassen oder es gilt, sich eine geeignete Voraussetzung zum Sitzen usw. zu schaffen. Günstige Ausgangssituationen betreffen somit einerseits die Körperhaltung selbst und anderseits die gegenständlichen Untergründe sowie ihre Beziehungen zueinander.
Zur Einnahme, Beibehaltung oder Veränderung von Körperpositionen gilt es also, sich tonusreguliert aber auch psycho-physisch im Gleichgewicht zu verhalten. Der Körper wird sich selbst in seiner Haltung entsprechend Halt geben, statt sich stützen oder fixieren zu müssen. Er richtet sich auf, lotet sich aus, ohne gedrückt, gebeugt oder schlaff hängend zu sitzen. Das rechte Maß in der Spannungs-Balance bildet den notwendigen Haltungshintergrund in verschiedenen Körperstellungen.
Diese konditionellen Eigenschaften, mit ausreichender Spannkraft und Ausdauer über einen längeren Zeitraum z.B. sich im Sitzen ohne zu ermüden zu halten, bilden zusammen mit den koordinativen Eigenschaften wie gleichgewichtssichere, flexibles, situationsangepasstes und gesteuertes Sitzen, die Basis.
Stuhl-, Tischhöhen sind möglichst individuell auf körperbezogene Sitzhaltungen abzustimmen. Von der Körperhaltung des Einzelnen ist abzulesen, ob und welche Sitz-, Steh- und Liegegelegenheit geeignet ist. Zur Orientierung sollte z.B. die Sitzfläche so hoch sein, dass die Oberschenkel leicht schräg nach unten zeigen und beide Füße (Unterschenkel senkrecht) breiten, festen Bodenkontakt haben. Im Liegen ist es wichtig, dass der Rumpf schräg mit einen Keil (großes Keil-Kissen, aufgerollte Decke) stabilisierend unterlagert ist, so dass der Rücken nicht viel Haltearbeit leisten muss. Ob im Liegen oder Sitzen sollte darauf geachtet werden, dass die Unterarme frei beweglich auf dem Boden bzw. Tisch liegen können und nicht zum Stützen gezwungen werden.
In jedem Fall ist es wichtig, zu erproben, auszuwählen, aber auch sich situativ entscheiden zu können, wie und worauf man z.B. sitzen möchte. Im Angebot von Möglichkeiten, im variablen Gebrauch von gegenstandsbezogenen Untergründen liegt die Kunst, zu geeigneten vielfältigen Haltungen beim Schreiben zu finden.

Mit der Tabelle V sollen Möglichkeiten zur Beobachtung aufgezeigt werden, die Körperhaltungsqualitäten verdeutlichen, die sich auch als Hinweis zur Auswahl für Situationsangebote eignen.

Anforderungen an Körperhaltungen beim Schreiben	Beobachtungssituation/Aufgabenbeispiel	Reaktionen/ Beobachtungen z.B.	Beurteilung	
			Ja	Nein
emotionale Einstellung; Bevorzugung einer Körperhaltung	Zeig mir, wie du am liebsten arbeiten möchtest (liegend, sitzend...), worauf...	demonstriert bevorzugte Sitz- bzw. Liegeposition auf dem Stuhl, Sitzball u.a.		
- Spannungs-Balance, - Tonusregulation, - Gleichgewichtsregulation, - Kopf-Körper-Aufrichtung	Kind sitzt auf dem Stuhl: - „Ich stoße dich an, ziehe dich an den Armen, bewege deinen Kopf! - „Bleib aufgerichtet sitzen" - „Lass keine Bewegungen zu!" - „Setzt dich mit nur einer Gesäßhälfte auf den Stuhlrand und heb ein Bein." (Ebenso mit der anderen Seite) - „Streck dich zu einem Sitzriesen."	stabilisiert sich		
		hält dagegen		
		läßt keine Bewegung zu		
		stützt sich mit beiden Füßen auf		
		verlagert das Körpergewicht		
		stützt sich mit einem Fuß (rechts wie links)		
		Kopf in Verlängerung der Wirbelsäule, Schultern ruhen auf aufgerichtetem Rumpf		
Beweglichkeit	- „Setz dich, steh wieder auf - bitte noch einmal." - „Wie kannst du dich noch anders hinsetzen?"	- steht auf, ohne Schwung zu holen - setzt sich, ohne sich fallen zu lassen		
		zeigt verschiedene Sitzvariationen		
		dabei beweglich in den Gelenken		

Tab. V: Körperhaltung und -bewegung

3.1.1 Rückenmassage

Soziale Situation
Paarweise, Kleingruppen

Räumliche Situation
Klassenraum

Material
Stühle, Tische **oder:** Igelball, Tennis- oder andere Bälle, Steine, evtl. Matten oder Decken

Ziel
- Entlastung und Entspannung der Wirbelsäule,
- Körperwahrnehmung

Anleitung
Jedes Kind sucht sich einen Partner. Ein Kind sitzt am Tisch. Es legt seinen Kopf auf die verschränkten Arme auf die Tischplatte. Sein Partner legt seine Hände auf den Rücken des sitzenden Kindes. Hier kann eine Geschichte beginnen, die von einer Wanderung der Hände auf dem Rücken erzählt.

Varianten
- ✎ Die erzählte Geschichte hat das Wetter zum Thema.
„Die Sonne scheint, spürt ihr, wie warm sie ist. Sie breitet sich auf dem ganzen Rücken aus. Die Sonne wird von Wolken weggeschoben. Es beginnt zuerst leicht zu tröpfeln, der Regen fängt an zu trommeln, er platscht nieder. Ein Wind tut sich auf, wischt, huscht, pustet hin und her... Die Sonne tritt wieder hervor, wärmend ist sie zu spüren.“ Die Partnerhände spielen die Sonne, Wolken, Regen, Wind usw.
- ✎ Die Kinder rollen Igelbälle zur Massage auf den Rücken ihrer Partner. Sie erfragen dabei, wie der Partner es gern hat, z.B. mit mehr Druck auf Ball und Rücken oder an bestimmten Stellen des Rückens etc.
- ✎ Auf den Rücken werden Symbole, Buchstaben usw. gemalt, die der Partner erraten soll.
- ✎ Ein paar Kinder stehen hinter einem sitzenden Kind. Sie legen nach und nach ihre Hände, für das sitzende Kind spürbar, auf den Rücken, bis es mit Händen bedeckt ist. Die Hände ruhen auf dem Rücken. Wieviele Hände sind zu spüren?

Pädagogische Hinweise
Zur Unterstützung der Übung kann Entspannungsmusik eingesetzt werden. Sprachlich können Flüstergeschichten erfunden, erzählt und gespielt werden.

Entspannen und genießen.

3.1.2 Tollpatsch

Soziale Situation
Jeder für sich, Großgruppe

Räumliche Situation
Klassenraum

Material
Stühle, Tische **oder:** Baumwollseile

Ziel
- Körperbeweglichkeit,
- Orientierung am Körper und im Raum,
- Körperausdruck und Bewegungsdarstellungen

Anleitung
Die Kinder spielen jeweils einen Tollpatsch.
Die Geschichte erzählt von einem ungeschickten Jungen, dem Tollpatsch, der beispielsweise Folgendes erlebt:
Krumm, laut stampfend bewegt er sich durch den Raum mit Blick auf den Boden. Er stößt sich an der Tischkante, schimpft fürchterlich, weil ihm etwas im Wege steht. Er kriecht unter den Tisch, fällt hin, stöhnt und fasst sich an ein Knie. Er hat sich dort verletzt, steht auf, hält dabei sein Knie jammernd fest. Er läuft humpelnd zu einem Tisch, will einen Stift greifen, stößt ihn jedoch vom Tisch. Er bückt sich suchend nach ihm, findet ihn aber nicht. Er sucht in seiner Schultasche einen anderen Stift, kramt darin herum, die ganze Tasche kippt um, alles fällt heraus. Er krabbelt herum, um alles wieder einzusammeln und zieht seine Jacke umständlich aus, weil ihm warm geworden ist. Er lässt sie auf den Boden fallen, will zu einem Stuhl gehen, stolpert über seine Jacke, fällt wieder hin, weint und sucht in seiner linken Hosentasche sein Taschentuch. Er steht auf. Da kommt ein anderer Tollpatsch auf ihn zu, tröstet und umarmt ihn.

Varianten
✎ Im Raum liegt für jedes Kind ein Seil am Boden. Der Tollpatsch will Seilspringen üben, verwickelt sich jedoch im Seil und versucht sich daraus zu befreien.
✎ Der Tollpatsch will sich an- bzw. ausziehen, zieht alles verkehrt herum an, vertauscht die Hose mit dem Hemd etc.

Pädagogische Hinweise
Die Kinder dürfen mögliche Erlebnisse eines Tollpatsches erzählen und spielen. Emotionen (Wut, Ärger, Trauer etc.) können dabei in besonderer Weise ausgelebt werden.

3.1.3 Waage

Soziale Situation
Kleingruppen

Räumliche Situation
Klassenraum

Material
Sandsäckchen **oder:** Bücher, Schultaschen (Ranzen)

Ziel

- Aufrichtung gegen die Schwerkraft,
- Gewichte im Seitenvergleich kinästhetisch differenzierend wahrnehmen,
- Kräftigung im Schulter-Arm-Bereich,
- entspannende Wirkung im Schulterbereich

Anleitung
Jede Kleingruppe erhält mehrere Sandsäckchen. Ein Kind aus jeder Gruppe spielt die Waage. Nach und nach werden die Sandsäckchen zum Abwiegen auf die Schalen der Waage (Schultern) rechts und links gepackt. Die Waage soll ermitteln, wann auf jeder Seite gleich viele Sandsäckchen liegen bzw. beide Schultern gleich schwer bepackt sind. Zum Vergleich übernimmt ein anderes Kind der Gruppe die Rolle der Waage und überprüft, ob es zum gleichen Ergebnis kommt.

Varianten

✎ Schultaschen werden unterschiedlich schwer mit Büchern gefüllt. Jeweils eine Tasche rechts und eine links werden über die Schulter der Waage gehängt. Welche Tasche ist schwerer, welche leichter?

✎ Die Schultaschen werden rechts und links in die Hand der Waage gehängt. Das Kind hält die Taschen mit den Händen fest und lässt dabei seine Arme lang herunter hängen.

✎ Die Waagschalen sind die Hände. Die Unterarme ruhen auf dem Tisch, entweder sind die ausgestreckten Hände mit dem Handrücken nach oben zeigend oder die Handinnenflächen die Waagschalen. Sie werden mit Sandsäckchen oder Büchern belastet. Ohne hinzuschauen versucht die Waage herauszufinden, welche Seite das schwerere Gewicht trägt, bzw. wann beide Seiten gleich belastet sind.

Pädagogische Hinweise
Es ist bei der Übung darauf zu achten, dass die Schultern nicht hochgezogen werden. Das Material für die Schultern muss unter Umständen etwas festgehalten werden, damit es nicht herunterrutscht. Die gewählten Gewichte sollten keinesfalls zu leicht sein, da sie von jedem Kind gespürt werden sollen. Von daher lässt man die Gewichte ruhig eine längere Zeit spüren, bevor das nächste Kind die Waage ist.

3.1.4 Aufstehen

Soziale Situation
Paarweise

Räumliche Situation
Klassenraum

Material
Stühle **oder:** evtl. Matten oder Decken

Ziel

- Aufrichtung gegen die Schwerkraft,
- Stützkraft gegen Widerstand,
- Anspannung und Entspannung wahrnehmen

Anleitung
Jeweils ein Kind steht hinter seinem sitzenden Partner, stützt sich kräftig auf die Schultern des Sitzenden. Dieser versucht sich aufgerichtet hochzudrücken und aufzustehen. Mehrmals wechseln.

Varianten

✎ Paarweise: Ein Kind steht vor dem sitzenden Partner und drückt kräftig auf die Oberschenkel des Sitzenden. Dieser versucht aufzustehen.

✎ Ein Kind begibt sich in den Vierfüßlerstand, das andere drückt es mit einer Hand am Becken mit der anderen im Schulterbereich herunter. Das Kind versucht aus dem Vierfüßlerstand aufzustehen.

✎ Das Kind versucht gegen Widerstand aus der Bauchlage aufzustehen.

✎ Ein Kind sitzt im Fersensitz, wird an den Oberschenkeln herunter gedrückt und am Aufstehen gehindert.

Pädagogische Hinweise
Die Kinder können sich selbst auch noch weitere Positionen ausdenken, die ihnen die Möglichkeit geben, sich gegen Widerstand zu bewegen.
Diese kurzen Aktivitäten bieten sich an, immer mal wieder zwischendurch eingeschoben zu werden.

3.1.5 Spieglein in der Hand

Soziale Situation
Jeder für sich

Räumliche Situation
Klassenraum

Material
Stühle

Ziel
- Drehbeweglichkeit im Rumpf (Schulter gegen Becken),
- Erleichterung der Kopfdrehbewegungen,
- Erweiterung des Blickfeldes

Anleitung
Die Kinder sitzen auf ihren Stühlen und werden dazu angeregt, ihren Kopf einmal zur linken Seite zu drehen. Sie sollen feststellen, bis wohin sie sehen, und was sie dort fixieren können.
Dann drehen sie den Kopf wieder zur Mitte.
Sie nehmen ihre rechte Handfläche als Spiegel in Augenhöhe (individueller Abstand), schauen in den Spiegel, während sie die Hand langsam zur linken Seite führen. Wie weit kann der Spiegel (die Hand) geführt werden, ohne dass der Blickkontakt zu ihm verloren geht? Die Bewegung wird mehrmals ausgeführt. Dabei bleibt man aufgerichtet sitzen.
Anschließend wird probiert, den Kopf ohne Handspiegel nochmals zu drehen. Hat sich etwas verändert? Reicht der Blick weiter nach hinten als vorher? Danach kann die Seite gewechselt werden.

Varianten
- ✎ Beide Hände werden in Augenhöhe nebeneinander als Spiegel gehalten. Was kann das Drehen und das seitliche Führen des Händespiegels mit Hineinschauen erleichtern? Wie verhält sich das Becken, wie die Schultern?
- ✎ Zu Beginn wird der linke Handspiegel in Augenhöhe gehalten. Der Abstand zwischen Hand und Augen bleibt gleich. Die Augen sehen in den Spiegel, während der Handspiegel zur linken Seite schräg nach unten hinten geführt wird. Es werden nun die erste Drehbewegung ohne Spiegel mit der Drehbewegung mit Spiegel und dann nochmals ohne Spiegel miteinander verglichen. Worin unterscheiden sich die Bewegungen?
- ✎ Der Handspiegel wird zur Seite schräg nach oben hinten geführt.
- ✎ Der rechte Handspiegel bewegt sich zur linken Seite, auf Augenhöhe bleibend, nach schräg unten hinten oder nach schräg hinten oben.
- ✎ Zuerst Blick nach oben hinten erproben, dann den Handspiegel/Händespiegel (ein-/beidhändig) hinzunehmen. Was verändert sich bei der Bewegung?

Pädagogische Hinweise
Zu der Übung kann evtl. langsam der Text: „Spieglein, Spieglein in der Hand, wohin lässt du mich gucken ins weite Land?“ gesprochen werden. Es könnte auch eine Geschichte erzählt werden, was in dem Spiegel zu sehen ist: Beispielsweise ein fremdes Land mit verzauberten Bergen und Flüssen.
Alle Bewegungsrichtungen und -ausführung demonstrieren und selbst mitmachen.

3.1.6 Kraftprotz

Soziale Situation
Paarweise, gegeneinander, Kleingruppen

Räumliche Situation
Klassenraum, Sporthalle, draußen

Material
Stühle **oder:** Matten

Ziel
- Kräftigung (Stütz- und Haltekraft),
- Spannungsaufbau gegen Widerstand,
- Gleichgewichtsreaktionen,
- Orientierung am Körper

Anleitung
Ein Kind sitzt auf seinem Stuhl. Sein Spielpartner versucht ihn herunter zu drängeln. Als Regeln gelten: Der Stuhl darf nicht gekippt oder weggezogen werden und beide Partner dürfen Arme und Hände sowie Füße und Knie zum Treten oder Stoßen nicht benutzen.
Wie kann es geschafft werden, den Sitzenden vom Stuhl zu bekommen, der sich verteidigt und nicht freiwillig seinen Platz räumt?

Varianten
✎ Zwei Gegner sitzen auf ihren Stühlen dicht nebeneinander. Sie erhalten die Aufgabe, sich nur mit den sich gegenseitig berührenden Oberschenkeln wegzudrücken (oder nur mit den Oberarmen/Schultern). Wer ist an welcher Seite stärker, nachdem beide die Plätze einmal getauscht haben?
✎ In verschiedenen Ausgangsstellungen versuchen sich die Partner vom Platz zu drängeln, z.B. im Stehen, Vierfüßlerstand, Bärenstand. Dazu kann angesagt werden, mit welchen Körperstellen/-seiten sie sich gegenseitig wegdrücken, beispielsweise mit dem Rücken oder den Schultern.
✎ In Kleingruppen helfen sich die Kinder gegenseitig. Die eine Gruppe drückt die andere aus bestimmten Positionen.

Pädagogische Hinweise
Es ist bei dem Rangeln darauf zu achten, dass möglichst annähernd gleichstarke Kinder zusammenarbeiten. Die Kinder selbst sollten ebenfalls die Möglichkeit erhalten, verschiedene Positionen des Sich-Wegdrückens zu erfinden.

3.1.7 Kleine Schiebe- und Ziehspiele

Soziale Situation
Paarweise, gegeneinander, Kleingruppen

Räumliche Situation
Sporthalle, draußen

Material
Matten **oder:** Baumwollseilchen

Ziel
- Allgemeine Kräftigung,
- Spannungsaufbau gegen Widerstände,
- Körpergleichgewichtssicherung

Anleitung
Zwei Kinder stehen auf der Matte. Das eine versucht das andere von der Matte zu schieben.
Beide vereinbaren, in welche Position sie sich dabei begeben (im Stehen, im Sitzen etc.).
Als Regel gilt: Kein Treten oder Verletzen.

Varianten
- ✎ Mehrere Kinder befinden sich auf einer Matte. Sie versuchen sich krabbelnd von der Matte zu schieben. Hände und Knie werden nur zur Fortbewegung benutzt.
- ✎ Die Kinder vereinbaren, in welcher Position, auf welche Weise geschoben werden soll (z.B. alle liegen und benutzen die Hände zum Wegschieben).
- ✎ Die Kinder stehen um die Matte herum und versuchen sich gegenseitig auf die Matte zu schieben.
- ✎ Zwei Kinder stehen sich gegenüber (in Schlussstellung, Füße parallel nebeneinander). Sie reichen sich eine Hand und probieren so, den anderen von seinem Standplatz wegzuziehen.
- ✎ Die Kinder halten ein Seil und versuchen, sich vom Platz zu ziehen. Wer muss den ersten Ausfallschritt machen?
- ✎ Mehrere Kinder stehen um die Matte herum. Sie strecken jeweils eine Hand in Richtung Matte. Ein Kind steht auf der Matte und versucht, einzelne zu sich zu ziehen. Diese leisten jedoch Widerstand. Wer einen Schritt auf die Matte machen musste, hilft mit, bis alle auf die Matte gezogen sind.
- ✎ Die Kinder stehen an den Händen gefasst um die Matte herum. Sie ziehen sich gegenseitig so, dass Einzelne auf die Matte treten oder sie berühren müssen. Wer die Matte berührt hat, scheidet aus dem Kreis aus. Die Ausgeschiedenen bilden einen neuen Kreis, um eine andere Matte.

Pädagogische Hinweise
Bei diesen Aktivitäten werden die Regeln mit den Kindern genau abgesprochen. Es sollten immer wieder Partnerwechsel stattfinden. Die Spiele sind so zu organisieren, dass die Schwächeren nicht nur verlieren. Sie sollen mit den Stärkeren gemeinsam erstarken.

3.1.8 Magnetkraft

Soziale Situation
Paarweise, Kleingruppen

Räumliche Situation
Klassenraum (an Tischen oder auf dem Fußboden)

Material
Stühle, Tische **oder:** Sandsäckchen, Papier

Ziel

- Allgemeine Kräftigung,
- Spannungsaufbau gegen Widerstand,
- Hand-Finger-Kräftigung,
- Orientierung am Körper

Anleitung
Zwei Kinder arbeiten zusammen. Ein Kind drückt beide Hände kräftig auf den Tisch. Das andere versucht diese magnetisch haftenden Hände nacheinander vom Tisch zu lösen oder hochzuheben (Achtung: keine einzelnen Finger!). Das eine Kind beweist seine Magnetkraft auch mit anderen Körperteilen z.B. mit den Unterarmen auf dem Tisch, und das andere Kind untersucht dies durch Abhebeproben. Beide Partner können dabei sitzen oder stehen.

Varianten

- ✎ Es wird versucht, die Magnetkraft aufzuheben, indem die Hand unter die haftende Hand oder den Oberarm geschoben wird.
- ✎ Die Magnetkraft wirkt auch, wenn Sandsäckchen benutzt werden. Ein Kind drückt mit seiner Hand kräftig das Sandsäckchen auf den Tisch. Das andere probiert, das Säckchen mit einer Hand wegzuziehen.
- ✎ Es wird jetzt ein Blatt Papier mit der Magnetkraft einer oder beider Hände auf den Tisch gedrückt (im Sitzen oder Stehen). Das andere Kind reißt so lange Schnipselchen vom Papier ab, bis kein Stückchen mehr neben der Hand übersteht.
- ✎ Papierschnipsel können auch so verwendet werden, dass einzelne Finger sie auf den Tisch pressen und versucht wird, die Papierstückchen wegzuziehen.
- ✎ Ein Kind sitzt auf dem Stuhl und drückt mit den Füßen Sandsäckchen oder Papier auf den Boden. Das andere versucht, mit den Händen ein Säckchen oder Papier wegzuziehen.
- ✎ Ein Kind spielt einen starken Bären, der Magnetkräfte besitzt. Es stützt Hände und Knie (oder Füße) auf den Boden, darunter sind evtl. Sandsäckchen (als Futter). Hungrige junge Bären versuchen nacheinander sich die „Fleischbrocken“ unter den Tatzen wegzuziehen.
- ✎ Der starke Bär nimmt verschiedene Lagen ein (z.B. Bauchlage, Seitenlage) und verbirgt unter sich die Sandsäckchen (Futter oder Fleischbrocken).

Pädagogische Hinweise
Es ist darauf zu achten, dass beide Körperseiten benutzt werden und die Kinder herausfinden, welches die kräftigere Körperseite ist.

3.1.9 Zusammenhalt

Soziale Situation
Paarweise, Dreiergruppen, Kleingruppen

Räumliche Situation
Klassenraum

Material
evtl. Stühle **oder:** Sandsäckchen, Papier

Ziel
- allgemeine Kräftigung,
- Spannungsaufbau gegen Widerstand,
- Orientierung am Körper, den Körperseiten,
- Kreuzung der Körpermitte

Anleitung
Die Kinder probieren bei sich aus, welche zwei Körperteile sie zusammenhalten können (z.B. Hände, Ellenbogen, Knie, aber auch rechte Hand auf linkem Knie, linke Hand auf rechter Schulter). Danach arbeiten sie paarweise miteinander. Ein Kind führt zwei Körperteile zusammen, und presst sie gegeneinander. Das andere versucht, sie auseinander zu bringen.

Varianten
✎ Zwei Kinder sitzen sich gegenüber. Ein Kind bietet dem anderen zwei bestimmte Körperteile an, die es mit einem Sandsäckchen oder Papierbogen zusammenhält. Gelingt es, diesen Gegenstand langsam wegzuziehen?
✎ Die Kinder arbeiten in Dreiergruppen zusammen. Zwei Kinder verbinden sich mit zwei Körperteilen (z.B. die linke Hand des einen mit dem rechten Knie des anderen Kindes) und drücken diese fest zusammen. Das dritte Kind versucht, diese beiden Körperteile auseinander zu bringen.
✎ Ein Kind geht mit einem verzauberten Säckchen durch den Raum. Wenn es damit ein anderes Kind berührt, so haftet dies mit der berührten Körperstelle an dem vorher berührten Kind („Märchen von der goldenen Gans“). So entsteht eine Personenkette. Irgendwann wird das Säckchen fallen gelassen, der Zauber erlischt und alle sind wieder frei.
✎ Die Kinder bewegen sich mit geschlossenen Augen durch den Raum. Sobald sich einzelne berühren oder aneinander stoßen, halten sie an diesen Körperstellen zusammen. Erst bei Zuruf „Augen auf“ lösen sie sich wieder.
✎ Zwei Kinder halten sich mit mehreren Körperstellen zusammen und bewegen sich so im Raum.

Pädagogische Hinweise
Es ist günstig, „Stopp-Signale“ mit einzuführen, die ein Kind sagen kann, wenn es die starke Spannung beim Zusammenhalten aufgeben möchte.
Es wird abgeklärt, dass beim Auseinanderbringen zusammengepresster Körperteile nicht mit Tricks gearbeitet werden darf.

3.1.10 Eiszapfen

Soziale Situation
Großgruppe, paarweise, Kleingruppen

Räumliche Situation
Klassenraum

Materia
kein Material **oder:** Holzklötze-Satz, Stühle

Ziel

- Spannungsaufbau von bestimmten Körperabschnitten bis zum gesamten Körper,
- Wahrnehmung von Gelenkstellungen,
- Orientierung am Körper,
- Unterscheidung von An- und Entspannung

Anleitung

Die Kinder experimentieren an sich selbst, welche Körperteile sie mit welchen Gelenken strecken bzw. beugen können. Während dieser Veränderungen von Gelenkstellungen ruft ein bestimmtes Kind „eiskalt" und die Kinder verharren in der entsprechenden Beugung bzw. Streckung und werden zu Eiszapfen. Wird angesagt, dass es wieder wärmer wird, schmelzen die Eiszapfen. Die Kinder bewegen sich wieder.

Varianten

✎ Zwei Kinder arbeiten zusammen. Ein Kind beugt z.B. seinen Arm im Ellenbogen und hält diese Stellung. Das andere versucht den Arm in die Streckung zu bringen. Die beiden wechseln sich ab. Sie bieten sich gegenseitig verschiedene „eingefrorene" Beugungen (z.B. im Knie-, Handgelenk) an, um sie dann trotz Widerstand, gestreckt zu bekommen.

✎ Es werden Arme oder Beine gestreckt. Das andere Kind versucht sie zu beugen.

✎ Ein Kind wird im Sitzen in verschiedene Gelenkstellungen mit Armen und Beinen gebracht. Bei Zuruf „eiskalt" hält das Kind die Stellungen.

✎ Ein Kind liegt gestreckt auf dem Rücken und ist zu einem Eiszapfen erstarrt. Andere Kinder versuchen den Eiszapfen an den Füßen etwas hochzuheben.

✎ Mehrere Kinder versuchen, den ganzen Eiszapfen (erstarrte Ganzkörperhaltung) etwas hochzuheben und vorsichtig abzulegen, ohne dass der Eiszapfen zerbricht. (Achtung: Kopf sichern und den Eiszapfen nicht fallen lassen!).

✎ Gleichhohe Holzklötze werden aufgestellt, auf die sich ein Kind mit Rücken, Armen, Beinen, Kopf legen kann, so dass es unter dem Körper nicht unangenehm ist. Das Kind erstarrt zu einem Eiszapfen. Jetzt können nach und nach einzelne Holzklötze unter dem Körper weggenommen werden, bis der Eiszapfen auf möglichst wenigen Klötzen liegt bzw. irgendwann bricht.

✎ Ein Kind kann sich in Rückenlage so steif machen, dass es behutsam mit Füßen auf einen Stuhl, mit dem Gesäß auf einen zweiten und mit den Schultern und Kopf auf einen dritten Stuhl gelegt werden kann. Ist es möglich, den mittleren Stuhl vorsichtig wegzuziehen, ohne dass der Eiszapfen zerbricht?

Pädagogische Hinweise

Auch hier werden „Stopp-Signale" eingeführt, wenn ein Kind die Spannung in einer Gelenkstellung nicht mehr halten mag.
Die Kinder, die sich in Ganzkörperspannung befinden, sind durch den Lehrer abzusichern.

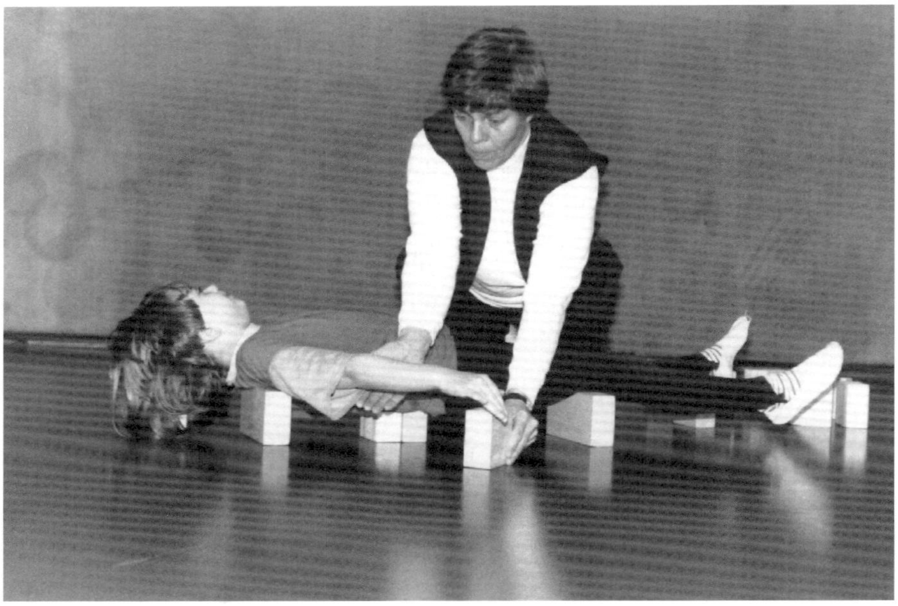

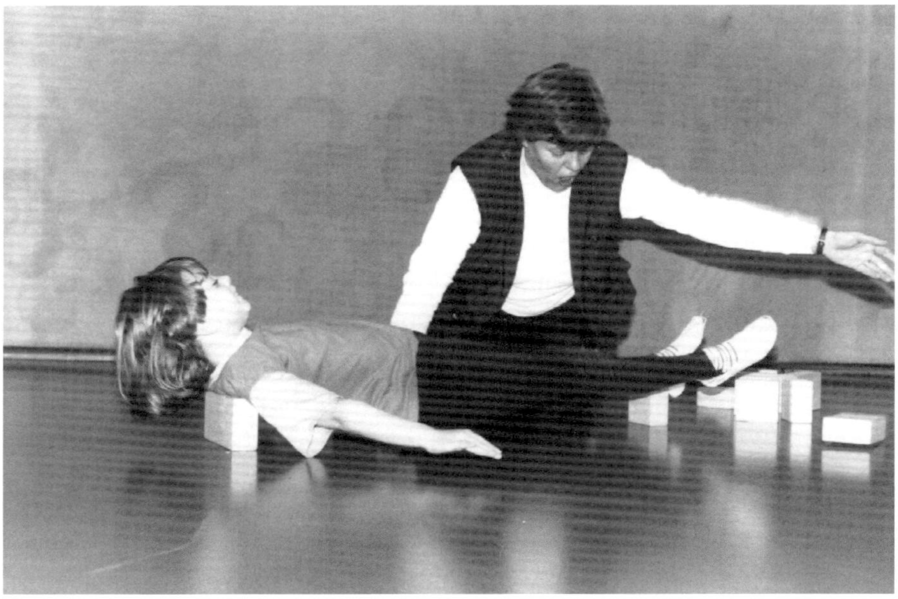

3.2 Hand-Finger-Haltungen und -bewegungen

Manuelle Fähigkeiten beruhen auf Erfahrungen aus der Auseinandersetzung mit dem Körper und seinen Teilen, mit Objekten sowie räumlich-zeitlichen Gegebenheiten. Für den Schreib-Bewegungs-Vorgang wird auf diesen Erfahrungsschatz zurückgegriffen. Zuerst einmal sollen die komplexen motorischen Fähigkeiten aufgeführt werden, die für die Haltung und Bewegung von den Schultern bis zu den Fingerspitzen notwendig sind:

- Beweglichkeit in den Schulter-, Ellenbogen-, Hand- und Fingergelenken
  Diese tonusregulierte Gelenkbeweglichkeit zeichnet sich durch Dehnung, Spannungs-Lösungs-Wechsel und flexibles Reagieren in verschiedene Richtungen mit den entsprechend benötigten Gelenken aus. So kann z.B. der Schreibarm auf der Schreibunterlage leicht hin und her gleiten, der Ellenbogen mal mehr gebeugt bzw. gestreckt werden oder die Finger können beweglich den Stift führen.
- Kraft in Hand und Fingern
  Mit Kraftfähigkeit (konditionell) ist die Muskeltätigkeit gemeint, um Widerstände zu überwinden bzw. ihnen durch ein ausgewogenes Kraftverhältnis entgegen zu wirken. Der Schreibstift muss z.B. so angemessen kraftvoll gehalten werden, dass er beim Schreiben weder aus den Fingern rutscht noch zu sehr gepresst gehalten wird. Der Schreibdruck auf das Papier ist kraftmäßig so zu regulieren, dass Linien deutlich zu erkennen und nicht auf mehrere Seiten gedrückt sind.
- Ausdauer beim Schreiben. Mit angemessenem ausdauerndem Krafteinsatz wird sich weder ein zu schnelles Ermüden noch ein Krampf in den Fingern einschleichen. Ausdauernd kann geschrieben bzw. Schreibbewegungen geübt werden (unter konditionellem Aspekt).
- Schnelligkeit beim Schreiben
  In einem minimalen Zeitabschnitt sollen unter gegebenen Bedingungen Bewegungen vollzogen werden (konditionell). In einer möglichst schnellen, individuellen Geschwindigkeit gilt es Buchstaben, Worte, Texte auf-/abzuschreiben und wiederzugeben.

Unter diesen bisher benannten konditionellen Aspekten können Arm-Hand-Finger-Haltungen und Bewegungen in ausgewogenem Kraftmaß, ausdauernd, in angemessenem Tempo günstig ablaufen.

Für einen koordinierten Schreib-Bewegungsvorgang bedarf es wohlabgestimmter Steuerungen von Erregungs- und Hemmungsprozessen. Anpassungen und Umstellungen werden während der Ausführungen verlangt. Zu diesen koordinativen Fähigkeiten zählen z.B.:

- Räumliche Orientierungsfähigkeit. Hiermit sind Bewegungen gemeint, die räumlich genau und zielgerichtet gesteuert werden. Dabei geht es z.B. um das Einhalten von Begrenzungen, Richtungen, Richtungswechseln, Abständen beim Schreiben usw.
- Kinästhetische Differenzierungsfähigkeit: Fein abgestimmte Bewegungen sind erst auf Grund von Informationen möglich, die vorwiegend aus Gelenken und Muskeln stammen. Diese feindifferenzierten, präzisen Aufnahmen und Verarbeitungen führen zu klaren Bewegungsvorstellungen und -planungen. Sie besitzen besondere Bedeutung für die sogenannte bewegungslenkende Reafferenz. Beim Schreiben zeigt sich dies in konkreten Vorstellungen von z.B. Buchstaben und in deren gesteuerter Umsetzung.

- Reaktionsfähigkeit:
  Diese Fähigkeit betrifft die schnelle, abrupte, plötzliche Einleitung des Bewegungsbeginns bzw. -endes. Das An-, Absetzen, die Start-, Stopp- und Bremsreaktionen sind beim Schreiben wie z.B. bei Punkten und Strichen wesentlich.
- Rhythmusfähigkeit:
  Hierbei geht es um die zeitlich-dynamische Gliederung im Bewegungsablauf und die Umsetzung von z.B. Rhythmusmustern. Auf das Schreiben bezogen wird auch von der sogenannten individuellen Schreibmelodie gesprochen. Schwünge, Bögen, Kreisformen, Striche usw. und ihre Verbindungen haben ihren eigenen Rhythmus.
  Erst wohl koordinierte Bewegungsabläufe in gezielten, kontrollierten, ökonomischen, zeitlich-räumlich adäquaten Ausführungen kombiniert mit den konditionellen Aspekten (siehe oben) ergeben eine sichere, gute Schreibqualität.

In diesem Zusammenhang dürfen unter sensorischen Aspekten die taktilen Sensibilitäten besonders der Finger, die kinästhetischen Bewegungswahrnehmungen im gesamten Schulter-Arm-Hand-Finger-Bereich, die visuellen Wahrnehmungen bei der Augen-Hand-Koordination (das Sehen leitet die Bewegungen ein) sowie der Hand-Augen-Koordination (die Hand wird von den Augen kontrolliert) nicht außer Acht gelassen werden. Wird dieses berücksichtigt, ergeben sich folgende auf den Schreib-Bewegungsvorgang bezogene, Gliederungsmöglichkeiten für Situationsangebote:

1. Schulter-Arm-Handgelenk-Beweglichkeiten:

✎ Das freie Bewegungsspiel in diesen Gelenken beeinflusst mit ein flüssiges Schreiben. Die Schultern sind weder ein- bzw. beidseitig hochgezogen oder stehen schief, noch werden die Ellenbogen an den Rumpf gepresst. Die Handgelenke zeigen keine fixierte oder hochgestellte gebeugte Haltung, sondern gleiten auf der Handkante mit dem Unterarm über den Untergrund (dies betrifft vor allem die Schreibhand). Hierzu wird ein klare Vorstellung von Gelenkstellungen und Bewegungsmöglichkeiten abverlangt.

2. Hand-Hand-Kooperation:

✎ Die schreibleistungsdominante Führungshand arbeitet mit der unterstützenden Haltehand zusammen. Die bevorzugte Schreibhand ist in der Lage, die Körpermitte zur anderen Hand zu kreuzen bzw. Richtungen über die Mitte zu wechseln. Jede Hand übernimmt ihre Aufgabe in der Kooperation, ohne sich gegenseitig z.B. durch Mitbewegungen oder überschießende Bewegungen zu stören. Oft gilt es bei Schreibanfängern noch herauszufinden, welches die geeignetere Schreibhand ist.

3. Hand-Finger-Geschicklichkeit:

✎ Für die Stifthaltung wird ein Drei-Finger-Führungs-Griff (oder Pinzettengriff) benötigt. In der Regel ruht der Stift auf dem Endglied des Mittelfingers. Zeigefinger und Daumen umschließen ihn und der Stift ist so lang, dass er oberhalb vom Grundgelenk des Zeigefingers liegt. Jeder findet heraus, welches die günstigste Stifthaltung ist, ohne dass sich z.B. ein zu hoher Krafteinsatz, zuviel Druck, Verkrampfung oder Ermüdung zeigt. Damit der Stift beim Schreiben sicher geführt werden kann, bedarf es zudem eine gute Koordination und Beweglichkeit des einzelnen Fingers. Oft sind Druckstellen am Mittelfinger und ein überstreckter Zeigefinger im Endgelenk als möglicher Hinweis auf mangelnde Impulssteuerung und Kraftdosierung zu beobachten. Wichtig ist außerdem, herauszufinden, welche Hand mit den Fingern geschickter ist.

- Zur Beobachtung handmotorischer Fähigkeiten will Tabelle VI beitragen. Es soll das individuelle Niveau erfahrbar gemacht und auf Ansätze zur Auswahl von Situationsabgeboten hingewiesen werden.

Anforderungen an Hände und Finger für Schreibbewegungen	Beobachtungssituation/ Aufgabenbeispiel	Reaktionen/ Beobachtungen z.B.	Beurteilung	
			Ja	Nein
- emotional-motivationaler Zugang	auf Befragung	bastelt		
		mag gern schneiden		
		sagt „kann ich"		
- Beweglichkeit in Schulter-,	- Schultern heben, senken; Armkreise rechts, links, beidseitig, seitlich/vor dem Körper;	gleichmäßige, fließende Kreisbewegungen in alle Richtungen		
		rechts wie links isoliert,		
- Ellenbogen-	- Windmühlenrad, - Säge-Bewegungen in verschiedene Richtungen, ein-, beidseitig, Unterarm liegt dabei auf dem Tisch;	gleichzeitig		
		Armbeugungen und Streckungen in fortlaufendem Wechsel		
		Dreh- und Winkel-Bewegungen in fortgesetzter Reihenfolge		
- Handgelenken	- Handfläche - Handkante - Faust berühren im Wechsel den Tisch, - einseitig wie ein Wurm mit der Handkante rechts und links über den Tisch schlängeln	rechtsseitig		
		linksseitig		
		beidseitig		
- Hand-Hand-Kooperation, - Präferenz-/Leistungs-Dominanz, - Seitenkreuzungen,	- Blatt Papier mehrfach in Streifen zerreißen; - 10 Wäscheklammern auf Papier stecken; - Wäscheklammern wieder abnehmen und über die Haltehand ablegen.	spontanes Greifen		
		greift mit Pinzetten bzw. Drei-Finger-Griff		
		zieht, hält das Papier – mit rechter Hand		
		mit linker Hand		
		führt rechte bzw. linke Hand deutlich über die Körpermitte		

- Hand-Finger-Beweglichkeit,
- Finger-Finger-Kooperation,
- Fingerkraft
  - -ausdauer,
  - Bewegungstempo,
- kin. Differenzierung, Bewegung,
- Rhythmus,
- räuml. Orientierung,
- Bewegungsreaktion
- Reaktion,
- Seitenunterschiede/Dominanzen
	- aus Papierstückchen kleine Kugeln formen, wegschnipsen, platt drücken;
	- Daumen-Finger-Opposition im schnellen Wechsel;
	- Rhythmus mit Fingern nachklopfen;
	- Papierkugeln auf Linie reihen
	- jeweils alle Aufgaben nur rechts bzw. nur links und beidseitig
		Beuge-, Streck-, kreisende, geschickte Bewegungen		

		günstige Hand- u. Greifhaltung		
		angemessener Krafteinsatz		
		flüssig, impulsdosiert		
		rhythmisch, gesteuert, kontrolliert, gezielt gesetzt usw.		
		rechts geschickter		
		links geschickter		
		beide Hände gleich geschickt		

Tab. VI: Handmotorik

Bei Auffälligkeiten bzw. Unklarheiten sollte eine nähere Untersuchung stattfinden. Eltern können angesprochen und Fachkräfte (z.B. Mediziner, Psychologen, Physio-, Ergotherapeuten) um Rat gefragt werden. Es bestehen Tests zur Überprüfung der Händigkeit, wie z.B. der Hand-Dominanz-Test (H-D-T) von STEINGRÜBER und LIENERT, der Leistungs-Dominanz-Test (L-D-T) von SCHILLING und Fragebögen zur Präferenz-Dominanz.

Neben möglichen motorischen oder Händigkeits-Problemen sind nicht selten funktionelle Sehbeeinträchtigungen anzutreffen, die manuelle feinmotorische Handlungen ungünstig beeinflussen. Die Beobachtung und Beschreibung der Kopfhaltung, der Augenstellungen, des Augenzwinkerns und -reibens, etc. sind für den Augenarzt zur Untersuchung von Bedeutung.

3.2.1 Tücher-Tanz

Soziale Situation
Jeder für sich, Großgruppe, Kleingruppen, paarweise

Räumliche Situation
Klassenraum, Pausen- oder Sporthalle, draußen

Material
Chiffontücher, Musik **oder:** Baumwolltücher, Schwungbänder

Ziel
- Beweglichkeit in Schulter-, Arm-, Handgelenken,
- Bewegungsausdruck,
- großräumige Form-, Buchstabenwahrnehmung,
- kinästhetische Bewegungsvorstellung,
- Eigenrhythmuswahrnehmung und Anpassung an fremdgegebenen Rhythmus

Anleitung
Jedes Kind erhält ein Chiffontuch, das es in der Hand hält und damit schwingend frei durch den Raum tanzt. Dann bilden sich Gruppen, die jeweils von einem Kind angeführt werden. Das führende Kind schwingt sein Tuch auf verschiedene Weise zur Musik z.B. nach oben, unten, vorne, hinten, kreisförmig. Die ihm folgenden Kinder ahmen die Schwünge nach.

Varianten
✎ Ein Kindertanz wird miteinander erarbeitet. Ausgehend von einer Kreisaufstellung gehen die Kinder nach der Musik zur Mitte, schwingen dabei ihr Tuch hoch, gehen, das Tuch nach unten führend rückwärts zurück, drehen sich um sich selbst, laufen auf der Kreisebene eine Runde, um dann wieder von vorn zu beginnen. Dazu nehmen sie ihr Tuch in die andere Hand.
✎ Das Tuch wird an zwei Ecken mit beiden Händen gehalten.
✎ Jedes Kind erhält für jede Hand ein Tuch.
✎ Die Kinder probieren aus, welche Formen, Figuren, Zahlen oder Buchstaben sie so groß wie möglich mit einem Tuch in die Luft malen können. Anschließend beginnt ein Kind z.B. einen Buchstaben mit dem Tuch zu demonstrieren, die anderen versuchen, ihn zu erkennen und zu benennen.
✎ Worte werden in der entsprechenden Buchstabenfolge mit dem Tuch in die Luft gezeichnet.
✎ Zahlen werden dargestellt und Rechenaufgaben auf diese Weise gelöst.

Pädagogische Hinweise
Statt eingespielter Musik können natürlich auch Lieder gesungen werden.

3.2.2 Malermeister Schön

Soziale Situation
Jeder für sich, Großgruppe, paarweise

Räumliche Situation
Klassenraum

Material
Zeitungspapier **oder:** Baumwolltücher, Papier, Stifte

Ziel
- Beweglichkeit in Schulter-, Arm-, Handgelenken,
- räumliche Richtungsorientierung,
- Bremsreaktionen,
- Hand-Hand-Kooperation,
- Fingergeschick,
- Form- und Buchstabenwahrnehmung

Anleitung
Jedes Kind erhält ein Zeitungsdoppelblatt. Das Blatt wird in viele senkrecht gezogene Streifen gerissen, jedoch so, dass der untere Blattrand ca. drei Finger breit vollständig erhalten bleibt.
Anschließend rafft man diesen Rand mit beiden Händen zusammen und lässt so eine Art Pinsel mit langen Borsten entstehen. Jetzt geht der Malermeister Schön mit seinen Gesellen ans Werk. Was muss alles neu gestrichen werden, die Wände, die Tische, der Fußboden? Die Kinder arbeiten mit ihren Pinseln und lassen alles wunderschön werden.

Varianten
- ✎ Jedes Kind fertigt zwei Pinsel an. Nun wird mit beiden Händen gearbeitet.
- ✎ Muster sollen an den Wänden gemalt werden. Auf Wunsch (Ansage) des Malermeisters entstehen Zickzack-, Kreis-Muster, Achterbahnen usw.
- ✎ Die Kinder entwerfen auf einem Blatt Papier Tapetenmuster und übertragen diese mit ihren Zeitungsstreifenpinseln an die Wände; oder sie vervollständigen auf dem Arbeitsblatt (S. 169) die Tapetenmuster und -bordüren, welche anschließend an die Wände gemalt werden.
- ✎ Zwei Kinder arbeiten zusammen. Ein Kind malt mit dem Pinsel großflächig Buchstaben, Zahlen auf den Tisch oder Fußboden. Sein Partner vollzieht dies nach, erkennt und benennt den Buchstaben (evtl. das aufgezeigte Wort).
- ✎ Zahlen und Rechenaufgaben werden gemalt.
- ✎ Der Malermeister Schön führt einen Pinseltanz mit seinen Gesellen auf. Sie schwingen dabei ihre Pinsel in der Luft herum, weil alles so schön neu geworden ist.

Pädagogische Hinweise
Beim Reißen des Papiers auf den Faserverlauf achten. Gegen ihn können keine geraden Streifen entstehen. Die Kinder sollen so vor zu großem Misserfolg geschützt werden.
Die Kinder benutzen erst die eine dann die andere Hand und können so herausfinden, mit welcher Hand Bewegungen leichter für sie möglich sind.

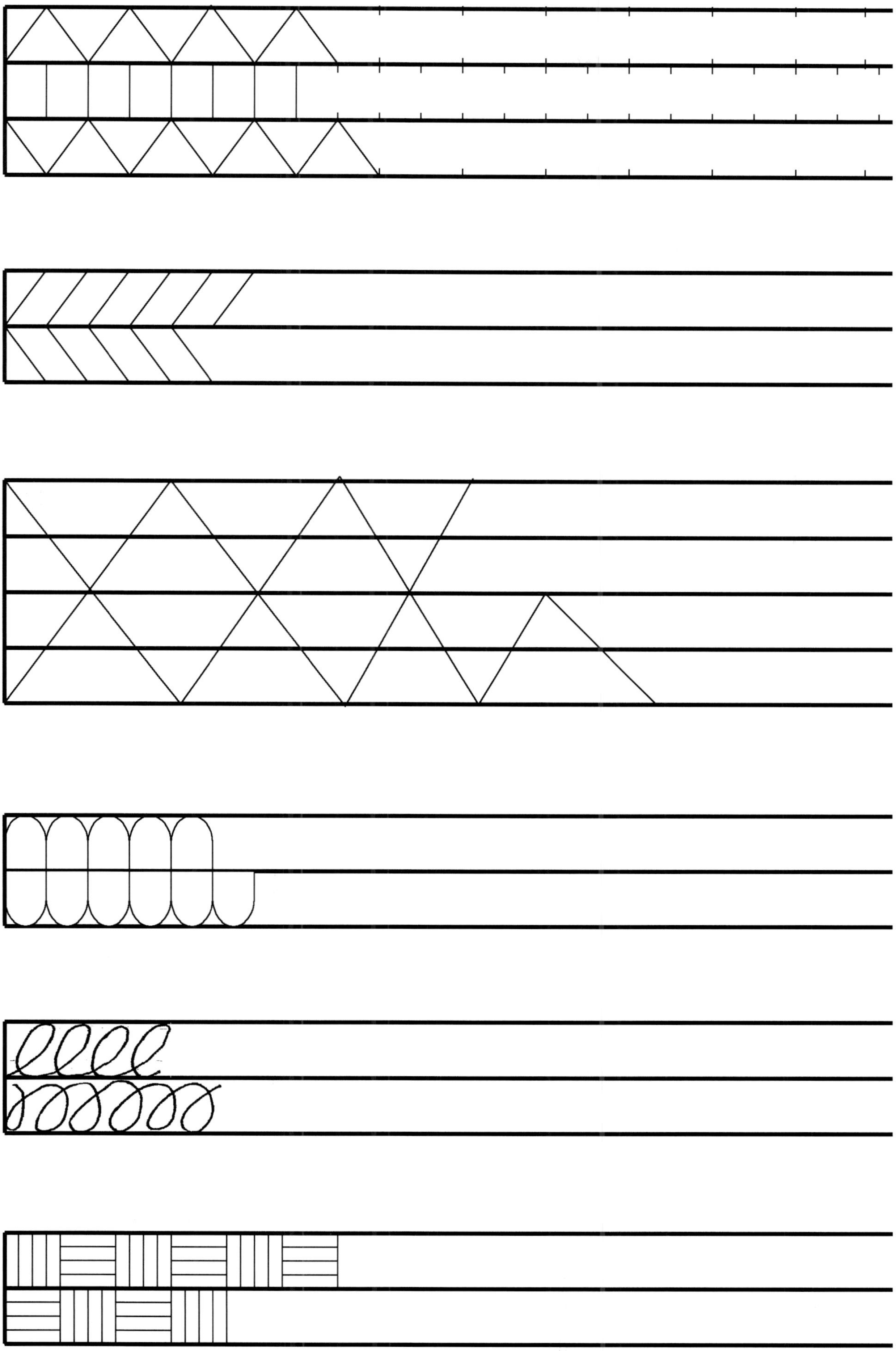

Die Malermeister am Werk.

3.2.3 Verständigung mit Händen, Armen, Schultern

Ziel
- Beweglichkeit in Schulter-, Arm-, Hand- und Fingergelenken,
- Bewegungsausdruck in der nonverbalen Kommunikation

Soziale Situation
Großgruppe, paarweise

Räumliche Situation
Klassenraum

Material
kein Material

Anleitung
Die Kinder tragen zusammen, welche Zeichen sie mit Fingern, Händen, Armen, Schultern zur Verständigung machen können. Sie imitieren das, was sie bei anderen, auch Erwachsenen, schon mal gesehen haben z.B. aufzeigen, hinzeigen, herlocken, drohen, winken zum Abschied, abwehren, mit den Achseln zucken usw.
Ein Kind stellt eine Möglichkeit des Kommunizierens dar, die anderen erraten die Bedeutung des Zeichens. Das nächste Kind setzt entsprechend fort.

Varianten
✎ Zum Stundenbeginn wird sich nur mit Zeichensprache unterhalten. Anschließend berichten die Kinder, was sie verstanden haben.
✎ Paarweise stellen sich die Kinder gegenseitig Aufgaben, indem sie sich Zeichen geben. Beispiel: „Gib du mir bitte einen Bleistift". Die Worte können durch Zeigen, durch Darstellung von Objekten und Anzahl verdeutlicht werden. Das Kind führt die Aufforderung aus und zeigt so, was es verstanden hat.
✎ Ein- oder beidhändig malen die Kinder Gegenstände, Buchstaben und Worte zum Erraten in die Luft.

Pädagogische Hinweise
Günstig ist es, wenn man sich selbst zunächst mit den Kindern in Zeichensprache verständigt. Man kann dies mit gespielter heiserer Stimme ankündigen.
Einzelnen Kindern kann man als Hilfe kleine Aufforderungssätze ins Ohr flüstern.

3.2.4 Schneeball-Schlacht

Soziale Situation
Großgruppe, paarweise

Räumliche Situation
Klassenraum, Pausen- oder Sporthalle, draußen

Material
Zeitungspapier, Papierkorb **oder:** Schwämme/kleine Schaumstoffbausteine, großer Müllbeutel, Papier und Stifte

Ziel
- Beweglichkeit in Hand-, Arm-, Schultergelenken,
- Zielorientierung und -kontrolle,
- Impuls-/Kraftdosierung,
- Hand-Hand-Kooperation,
- rechts/links Seitenvergleich,
- Orientierung am Körper

Anleitung
Jedes Kind stellt sich aus Zeitungspapier zwei oder mehr Schneebälle her, indem es in der Hand das Papier knüllt. Dann werden die Schneebälle auf ihre Flugeigenschaften erprobt z.B. wie hoch sie fliegen, wie man sie auffangen kann und wie weit sie zu werfen sind.
Eine Schneeballschlacht startet anschließend: jeder gegen jeden, ohne Gewinner oder Verlierer. Es darf nur auf bestimmte Körperteile gezielt werden (z.B. Beine).
Zum Spielschluß geht es darum, alle Schneebälle in den hochgehaltenen Papierkorb zu zielen bis alle auf diese Weise eingesammelt sind.

Varianten
✎ Ein Kind geht mit hochgehaltenem Papierkorb (auf dem Kopf) im Raum herum. Die anderen versuchen ihren Schneeball (Zeitungspapierball) in den Korb zu werfen. Sind fast alle Bälle im Korb, wird er ausgeschüttet, und das Spiel kann erneut beginnen.
✎ In der Raummitte wird eine Linie gezogen (evtl. durch Tische). In jeder Raumhälfte steht eine Kindergruppe, die sich gegenseitig die Schneebälle zuwerfen. Analog zum Spiel „Haltet das Feld frei“ probiert jede Gruppe soviel Bälle wie möglich aus ihrer Raumhälfte in das gegnerische Feld zu befördern.
✎ Im Papierkorb befinden sich viele Papierbälle. Zwei Kinder versuchen den Korb durch Herauswerfen einzelner Bälle zu leeren. Die anderen Kinder bemühen sich, dies zu verhindern, indem sie die Bälle schnell fangen oder aufheben und in den Korb zurücklegen. Dabei darf der Korb nicht zugehalten oder das Zurücklegen bzw. Herauswerfen behindert werden.
✎ Ein oder mehrere große Müllsäcke werden mit Zeitungspapierbällen gefüllt und zugebunden. Jetzt fliegen diese Riesen-Schneebälle im Zuspiel hin und her durch den Raum.
✎ Die Kinder erstellen sich ein Arbeitsblatt auf dem die Schneeball-Schlacht illustriert wird.

3.2.5 Ellenbogen-Malereien

Soziale Situation
Kleingruppen, jeder für sich, paarweise

Räumliche Situation
Klassenraum, an Tischgruppen

Material
Feste Malerfolien oder Wachstücher, Creme (z.B. Niveacreme oder Vaseline), Küchen-Papiertücher, Kuchenteigschaber, evtl. Handtücher (zusätzlich), Klebeband

Ziel

- Beweglichkeit im Schultergelenk,
- Bewegungsausdruck,
- Orientierung an den Körperseiten

Anleitung
Tische bzw. zusammengerückte Tische werden mit Folien überzogen, die an den Rändern festgeklebt wird.
Die Kinder stellen oder setzen sich um die Tische herum.
Jedes Kind bekommt an seinem Platz einen Klecks Nivea-Creme auf die Folie. Die Ärmel der Kleidung sind hochgekrempelt. So beginnt jedes Kind für sich, mit den Ellenbogen in die Creme zu tauchen und danach Punkte auf die Folie zu setzen, Striche zu ziehen oder die Creme flächig zu verteilen.
Es entstehen Muster, Formen, Buchstaben usw. Die Kinder malen ein- oder beidseitig mit den Ellenbogen. Welcher Ellenbogen gleitet sicherer, freier beweglich über die Fläche?
Soll die Situation beendet werden, können sich die Kinder an ihren Armen und Händen eincremen oder die Creme mit Küchen-Papiertüchern abwischen. Dann wird die Creme mit Teigschabern von den Folien entfernt. Zuletzt werden die Folien mit Tüchern gesäubert, abgeklebt und zusammengefaltet.

Varianten

✎ Die Kinder malen mit der Creme und ihren Ellenbogen ein gemeinsames Bild auf die Folie.

✎ Ein Kind beginnt etwas aufzuzeichnen, die anderen erraten das Dargestellte, wenn möglich bereits nach den ersten sichtbaren Linien.

✎ Ein Kind führt den Ellenbogen seines Partners, läßt Formen entstehen. Evtl. errät das geführte Kind mit geschlossenen Augen die Form.

✎ Nach einer Melodie (gesungen oder von einer CD) tanzen die Kinder jeweils mit ihren beiden Ellenbogen auf der Folie. Die Ellenbogen können dabei nebeneinander, parallel im gleichen Abstand, im Wechsel rechts und links geführt werden, so dass interessante Muster entstehen.

✎ Die Kinder bringen einen oder beide Unterarme und Handkanten auf die Folie, schieben, ziehen so über die Fläche oder drücken auf die Unterlage, so dass ein Abdruck entsteht. Als Schlangen schlängeln sie sich so auf der Folie.

Pädagogische Hinweise
Die Folien sollten möglichst einfarbig in kräftigen Farben sein, damit sich die Creme deutlich vom Untergrund abhebt und auch die Muster klar erkennbar werden.
Sollte ein Kind sich gegen das Eincremen oder die Untergrundberührungen wehren, wird dies auf jeden Fall akzeptiert.
Die Creme wird nach der Übung aus hygienischen Gründen nicht mehr verwendet.
Evtl. müssen Regeln eingeführt werden z.B.: jeder malt für sich, ohne andere mit Creme zu berühren oder in ihrer Malerei zu behindern.

3.2.6 Ellenbogen-Torball

Soziale Situation
Paarweise, Kleingruppen

Räumliche Situation
Klassenraum, an Tischen bzw. Tischgruppen

Material
Zeitungspapier **oder:** Japan-Papierbälle, Tisch- oder Tennisbälle

Ziel
- Beweglichkeit im Schultergelenk bei aufliegendem Unterarm
- schnelle, geradlinige Bewegungsführung,
- Seitenvergleich

Anleitung
Die Kinder sitzen jeweils zu zweit mit Abstand nebeneinander an einem Tisch. Sie formen sich aus einer Zeitungseite einen Ball. Das Spiel kann beginnen. Ein Kind schießt mit seinem rechten Ellenbogen (Unterarm zieht dabei über den Tisch) den Papierball zum anderen Kind hinüber, das mit seinem linken Ellenbogen (Unterarm ebenfalls auf dem Tisch) versucht, den Ball zu stoppen, um ihn dann wieder zur gegnerischen Seite zu schießen.
Ein Tor zählt, wenn der Ball über den Tischrand der gegenüberliegenden schmalen Seite gefallen ist. Nach der „Halbzeit“ werden die Seiten gewechselt.
Mit welcher Armseite konnte gezielter geschossen oder gestoppt werden?

Varianten
✎ Mehrere Kinder haben sich um einen großen Tisch (z.B. zwei zum Quadrat zusammengestellte Tische) gruppiert. Sie sitzen alle seitlich neben dem Tisch, die rechten Ellenbogen (Unterarme liegen auf dem Tisch) zeigen zur Tischmitte. Ein Papierball wird ins Spiel gebracht. Die Kinder schießen sich mit den Ellenbogen kreuz und quer den Ball zu. Wem gelingt es, ein Tor zu treffen, so dass der Ball vom Tischrand herunterfällt?
✎ Die Kinder sitzen verteilt an mehreren Tischgruppen. Welche Kinder-Tischgruppe hält den Ball durch ein Zuspiel mit den Ellenbogen am längsten auf dem Tisch? Wie oft konnte der Ball hin und her geschossen werden, ohne dass er den Tisch verlassen hat?

Pädagogische Hinweise
Es ist darauf zu achten, dass die Arm- bzw. Ellenbogenseiten gewechselt werden.

3.2.7 Scheibenwischer

Soziale Situation
Paarweise, jeder für sich

Räumliche Situation
Klassenraum, an Tischen

Material
kein Material **oder:** Zeitungspapier, kleine Gegenstände (z.B.Holzstäbchen, Radiergummi), Papier, Stifte

Ziel
- Kräftigung des Schulter-Arm-Bereichs,
- Beweglichkeit im Schulter- und Handgelenk mit und ohne Widerstand,
- rhythmische Bewegungsführung

Anleitung
Die Kinder sitzen paarweise nebeneinander an Tischen. Sie spielen jeweils mit ihren Unterarmen, die sie auf die Tische legen, Scheibenwischer. Es regnet, die Scheibenwischer (Unterarme) werden angestellt. Sie wischen parallel oder aufeinander zu, schnell, langsam oder im Intervall je nach Stärke des Regens. Plötzlich setzen sie aus. Dann geht nur noch ein Scheibenwischer von jedem Kind (und zwar der linke von dem einen und der rechte von dem anderen Kind). Sie behindern sich gegenseitig, schieben und drücken sich (jeweils mit den Unterarmen) weg. Nachdem die Scheibenwischer repariert wurden, wischen sie wieder gleichmäßig.

Varianten
- ✎ Die nebeneinander sitzenden Kinder betätigen einen Doppel-Scheibenwischer. Der rechte Unterarm des einen und der linke Unterarm des anderen Kindes liegen aneinander. So drücken sie sich, Widerstand gebend, von rechts nach links und von links nach rechts hin und her in unterschiedlichem Tempo und Rhythmus.
- ✎ Mini-Scheibenwischer werden angestellt. Dazu benutzen die Kinder nur ihre Hände. Die Unterarme liegen dazu wieder auf dem Tisch. Nur die Handkanten sind die Wischblätter. Diese Scheibenwischer können wie zuvor schnell und langsam wischen oder als Doppel-Scheibenwischer (Hand an Hand) usw. betätigt werden.
- ✎ Papierschnipsel oder andere kleine Gegenstände liegen auf der Windschutzscheibe (auf dem Tisch) und werden mit den kleinen oder großen Scheibenwischern weggewischt.
- ✎ Ein Kind läßt Schnipsel auf den Tisch fallen, das andere wischt sie als Scheibenwischer vom Tisch.
- ✎ Mit dem Stift auf Papier setzen die Kinder die Scheibenwischerspiele fort. Evtl. lassen sie (wie auf dem Arbeitsblatt S. 176 begonnen) lustige Gesichter entstehen, die weiter angemalt werden.

Pädagogische Hinweise
Um das Scheibenwischen besonders attraktiv zu machen, kann auch eine dramatische Geschichte über Autofahren bei Regen erzählt werden.

3.2.8 Kommando-Pimperle

Soziale Situation
Großgruppe, in Kleingruppen

Räumliche Situation
Klassenraum, an Tischen

Material
kein Material

Ziel
- Beweglichkeit im Schulter-Arm-Hand-Bereich,
- rhythmische Bewegungsführung,
- kinästhetische Differenzierung,
- Hand- und Fingerkoordination,
- Reaktion auf akustische Reize und auditive Wahrnehmung mit sofortiger Bewegungsumsetzung

Anleitung
Die Kinder sitzen an den Tischen. Die Gruppenleiterin demonstriert „Kommando Pimperle". Bei „Kommando Pimperle" klopfen im Wechsel der rechte und linke Zeigefinger fortlaufend rhythmisch auf die Tischplatte. Bei Zuruf „Kommando flach" werden beide Hände gleichzeitig nebeneinander auf den Tisch geklatscht und bei „Kommando Faust" werden beide Hände zur Faust geballt und auf den Tisch getrommelt. Die Kinder ahmen zuerst nach und befolgen dann die entsprechenden Kommandos. Fehlt jedoch das Wort „Kommando", wird z.B. nur „Pimperle" oder „flach" oder nur „Faust" gesagt, unterbleibt die Ausführung des Kommandos. Nur wenn vollständig z.B.: „Kommando Pimperle" gerufen wird, muss die Aufforderung nachgemacht werden.
Wer sich bei einem Kommando vertut, setzt erst nach einem folgenden Kommandozuruf wieder ein.

Varianten
✎ Zusätzlich können weitere Kommandos vereinbart werden, wie „Kommando hoch" (bei gestreckten Fingern werden die Handkanten auf den Tisch gebaut) oder „Kommando Rücken" (die Handrücken werden auf den Tisch gebracht). Die Kinder erfinden neue Kombinationen.

Pädagogische Hinweise
Anfangs sollten die Kommandos nicht zu schnell aufeinander folgen und nicht zu viele verschiedene eingesetzt werden.

3.2.9 Münzen-Versteck

Soziale Situation
Großgruppe, Kleingruppen, paarweise

Räumliche Situation
Klassenraum, auf Tischen im Kreis, im Stuhlkreis, auf Stühlen

Material
Geldstücke (Münzen) **oder:** kleine Holz- oder Plastikscheiben

Ziel
- Hand-Hand-Kooperation,
- taktile Objekt-Wahrnehmung und Fingergeschicklichkeit
- Reaktion,
- auditive Richtungswahrnehmung

Anleitung
Die Kinder sitzen im Kreis an Tischen. Ein Geldstück wird unter den Tischen von Hand zu Hand, von einem Kind zum anderen weitergereicht. Ein Kind steht in der Kreismitte. Es weiß nicht, wer zuerst das Geldstück bekommen hat, beobachtet die Kinder bei ihren Armbewegungen und ruft irgendwann plötzlich: „Hände auf den Tisch". Dann öffnen alle gleichzeitig schnell ihre Fäuste, so dass die Handflächen auf dem Tisch liegen. Wo war das Geldstück zu hören? Unter welcher Hand liegt es?

Varianten
- ✎ Um herauszufinden, in welcher Hand eine Münze versteckt ist, können in der Reihenfolge Zurufe erfolgen: „Fäuste" (beide Fäuste werden auf den Tisch gelegt); „Zeigen" (der Zeigefinger wird gestreckt); „Ohren" (von der Faust werden Zeige- und Mittelfinger gestreckt und so an den Kopf gehalten); „rechte Hand" (nur die rechte Handfläche wird auf den Tisch geklappt); „linke Hand" (nur die linke Hand kommt auf den Tisch).
- ✎ Zwei Kinder spielen zusammen und sitzen sich am Tisch gegenüber. Jedes Paar erhält eine Münze. Jeweils ein Kind versteckt die Münze hinter seinem Rücken in einer Hand. Auf Zuruf seines Partners bringt es seine Hände entsprechend auf den Tisch. Unter welcher Hand befindet sich die Münze?

Pädagogische Hinweise
Natürlich können auch die Kinder selbst Zurufe erfinden. Alle Kommandos müssen in einer Proberunde geübt werden. Die Spannung steigt, wenn während des Weiterreichens der Münze gemurmelt/gegrummelt wird.

3.2.10 Klammer-Tiere

Soziale Situation
jeder für sich, Kleingruppen, paarweise

Räumliche Situation
Klassenraum, an Tischen oder auf dem Fußboden

Material
Wäscheklammern **oder:** Büroklammern, schmale Tonpapier- oder Pappstreifen, Scheren

Ziel
- Hand-Hand-Kooperation,
- Finger-Daumen-Opposition,
- Fingergeschicklichkeit
- Kraftdosierung und Behutsamkeit,
- räumliche Orientierung,
- kinästhetische Differenzierung
- Kreativität

Anleitung
Die Kinder stellen mit Wäscheklammern verschiedene Phantasietiere her, oder z.B. riesige Schlangen, dicke Würmer, Rehe, Pferde, Hunde, Vögel, Schmetterlinge etc. Zu bestimmten Themen wie „Tiere auf dem Bauernhof", „Tiere im Zoo", „Tiere im Wald" werden Tiere gefertigt, mit denen die Kinder anschließend spielen.

Varianten
- ✎ Ein Kind beginnt, zwei Klammern aneinander zu stecken, reicht diese weiter zu seinem Nachbarn, der dann eine weitere Klammer daran befestigt. Auch das nächste Kind befestigt eine neue Klammer etc. So entsteht ein Phantasie-Klammer-Tier.
- ✎ Es wird vorgegeben, was für ein Tier entstehen soll: ein Stacheltier, eine Riesenschlange, ein Dinosaurier, ein Drache etc.
- ✎ Durch Aneinanderheften aller Klammern kann nach und nach ein großer Paradiesvogel mit gefächerten langen Flügeln am Boden (flach) gebildet werden. Mit farbigen Wäscheklammern erscheint der Paradiesvogel mit seinem Federkleid noch prächtiger.
- ✎ Die Kinder fertigen aus dünnen Pappstreifen, verbunden mit Büroklammern, Tiere.
- ✎ Was kann noch aus Klammern (Wäsche- oder Büroklammern) mit oder ohne Verbindung von Pappstreifen konstruiert werden?

Pädagogische Hinweise
Die Übung weckt bei vielen Kindern eine Fülle von Phantasievorstellungen. Es ist auch möglich, sich Namen für die Tiere auszudenken.
Wenn man stärker auf die Kreuzung der Körpermitte hinarbeitet, ist darauf zu achten, dass die Klammern auf der anderen Seite der Führungshand liegen und über die Mitte gegriffen wird.

3.2.11 Seilzüge

Soziale Situation
jeder für sich, paarweise, Kleingruppen

Räumliche Situation
Klassenraum, auf dem Fußboden, Pausenhalle, am Tisch

Material
Baumwollseilchen, Holzklötze und Holzlegeteile (oder Lineale) **oder:** Papierkorb (rund) oder Eimer, Garn, kleine Klötzchen, Tafelteile und Kreide, große Papierbögen, Klebestreifen, Stifte

Ziel
- Hand-Hand-Kooperation,
- Kraft-/Impulsdosierung,
- Behutsamkeit,
- taktil-kinästhetische Differenzierung,
- visuelle Wahrnehmung und Kontrolle

Anleitung
Jedes Kind erhält einen Klotz, um den es ein Baumwollseilchen legt. Die Seilenden werden jeweils mit den Händen gefaßt. Durch behutsames Ziehen wird der Klotz von der Stelle bewegt.
Kann sich auf diese Weise der Klotz auch drehen, wenn abwechselnd mit der rechten und mit der linken Hand an den Seilenden gezogen wird?
Was geschieht, wenn Holzlegeteile in Sternform auf dem Klotz liegen?
Ist ein Holzklotzturm so sogar um Hindernisse (z.B. Stühle) herum zu führen?

Varianten
- ✎ Zwei Kinder arbeiten zusammen. Die Partner halten je ein Seilende in ihrer Hand und befördern so den Holzklotz gemeinsam über eine Strecke (selbstgebauter Turm, Stuhl, Eimer oder anderes, was sich zum Ziehen eignet).
- ✎ Gibt es Bodenmarkierungen, Linien (evtl. mit Kreide) auf dem Fußboden? Kann der Klotz darauf gezogen werden.
- ✎ Mehrere Kinder setzen sich im Kreis um einen Papierkorb (oder Eimer), legen ihre Seile darum, fassen die Enden mit ihren Händen und bewegen oder drehen so den Papierkorb behutsam. Kann der Papierkorb mit leichtem Seilzug evtl. etwas hochgehoben werden, ohne dass er angefasst wird?
- ✎ Auf dem Arbeitsblatt (S. 181) kann ebenfalls ein kleines Klötzchen den Weg entlang gezogen werden.

Pädagogische Hinweise
Die Kinder finden heraus, was mit den Seilchen alles gezogen werden kann. Wenn auf Papier gearbeitet wird, sollte es mit Klebestreifen am Tisch oder am Boden befestigt werden, damit es nicht verrutscht.

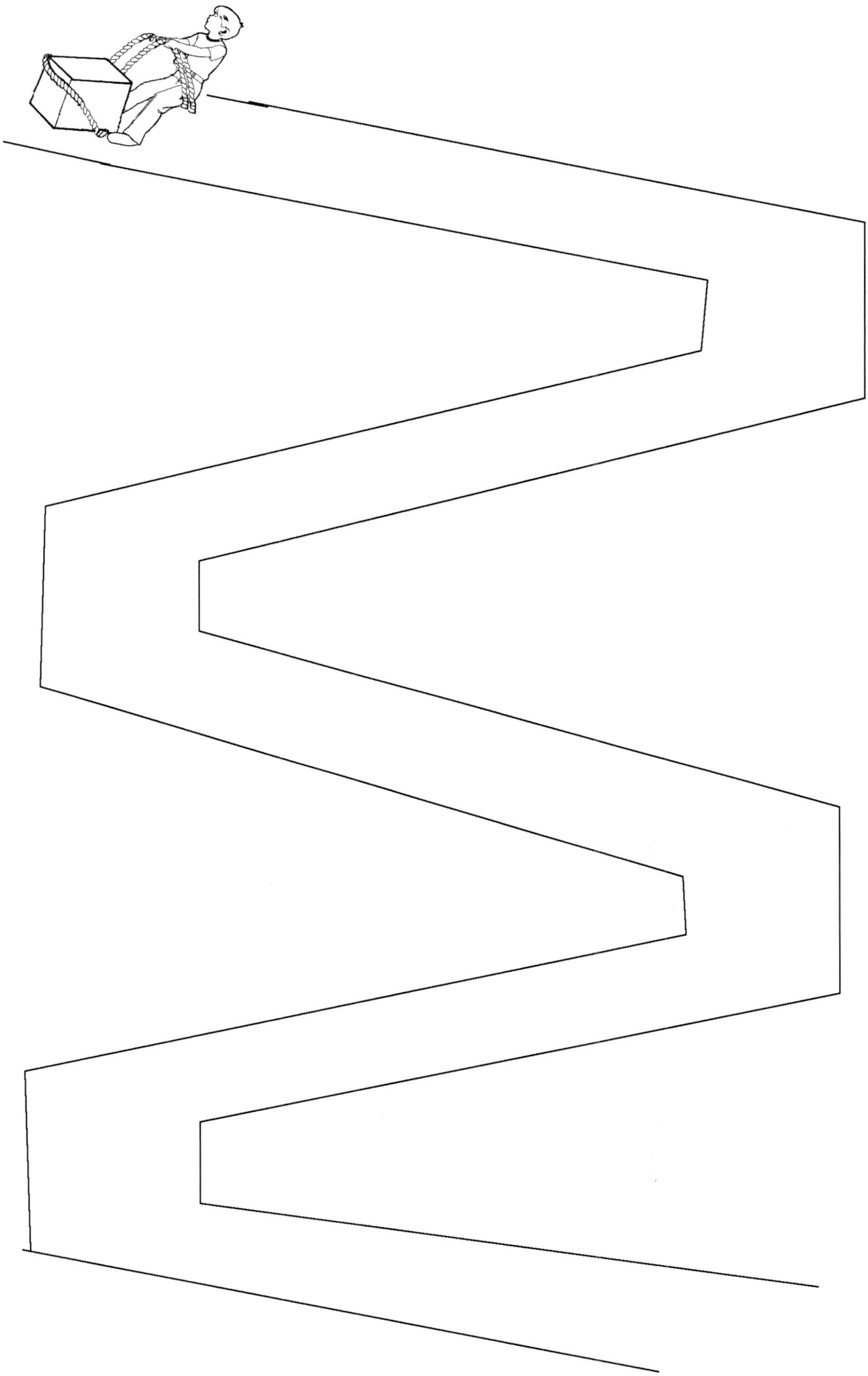

3.2.12 Schub- und Zugmaschinen

Soziale Situation
Jeder für sich, paarweise, Kleingruppen

Räumliche Situation
Klassenraum, auf dem Fußboden

Material
Baumwolltücher, Holzklötze **oder:** Geschirrtücher, Blätter, Papier bzw. Zeitungen, Holzlegeteile, Bierdeckel, Stifte

Ziel
- Hand-Hand-Kooperation,
- Kraft-/Impulsdosierung,
- Fingergeschicklichkeit,
- Finger-Ausdifferenzierung,
- taktil-kinästhetische, visuelle Wahrnehmung räumlicher Beziehungen und Kontrolle

Anleitung
Die Kinder breiten die Tücher aus. Sie legen zuerst zwei Tücher an einer Seite ein wenig aufeinander.
Lässt sich das untere Tuch am Boden ziehen, so dass das obere sich mitbewegt?
Wie viele Tücher können so zu einem langen Zug, ausgebreitet, aneinandergereiht werden?
An welchen überlappenden Stellen benötigt der Tücher-Zug Holzklötze zur Beladung, um so noch mehr „Anhänger“ an den Zug zu ermöglichen bzw. um ihn sicher zu ziehen.

Die Kinder probieren aus, ob z.B. nur mit zwei Zeigefingern, die das erste Tuch an den Boden drücken, der Zug gezogen werden kann.
Mit wieviel Fingern oder mit welchen anderen Körperteilen lässt sich der Zug noch ziehen?

Varianten
- ✎ Die Kinder probieren andere Materialien aus, z.B. Papierblätter, die sie etwas überlappend aneinanderlegen. Wieviele Pakete (Holzlegeteile, Latten, Holzklötze etc.) können auf die Blätter geladen und vom ersten Blatt gezogen werden, ohne dass das Papier zerreißt.
- ✎ Aus Holzklötzen (Holzlegeteilen, Latten) werden Lastwagen oder Züge mit mehreren Anhängern gebaut, indem Klötze bzw. Latten aneinander gereiht werden. Jetzt muss der Lastwagen rückwärts fahren, d.h. er wird rückwärts geschoben. Wie lang kann der Lastwagen oder Zug sein, ohne dass er beim Schieben aus der Spur gerät?
- ✎ Holzlegeteile (kurze/lange Latten, große/kleine Bögen) lassen sich so zu einem Muster legen, dass es an einer oder an zwei Latten von einer Seite oder sogar von beiden Seiten geschoben werden kann. Bleibt das Muster erhalten oder verschiebt sich etwas?
- ✎ Bierdeckel werden aneinandergelegt, so dass ein Zug oder ein Muster entsteht, das sich behutsam von der Stelle schieben lässt.
- ✎ Die Kinder entwerfen auf dem Papier Muster oder Reihen, um sie nachzubauen bzw. zu legen, oder sie übertragen ihr gelegtes Muster auf Papier.

✎ Die Muster auf dem Arbeitsblatt (S. 184) können nachgebaut, ausgemalt und ergänzt werden.

Pädagogische Hinweise

Die Übung eignet sich besonders dazu, mit verschiedenen Materialien zu experimentieren. Unterschiedliche Möglichkeiten des Schiebens bzw. Ziehens müssen u.U. angeboten werden.

Experimentieren mit Holzlegeteilen.

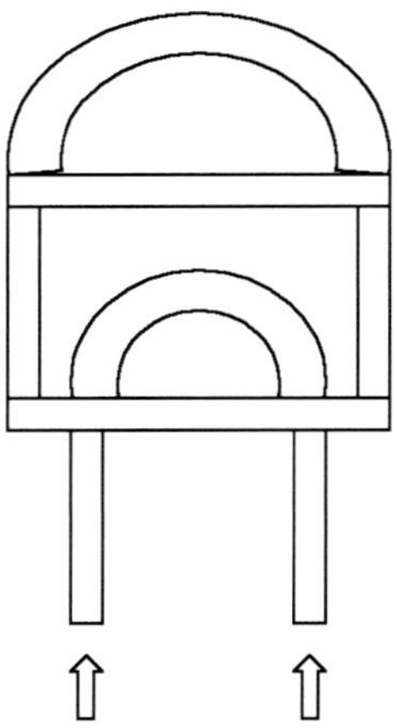

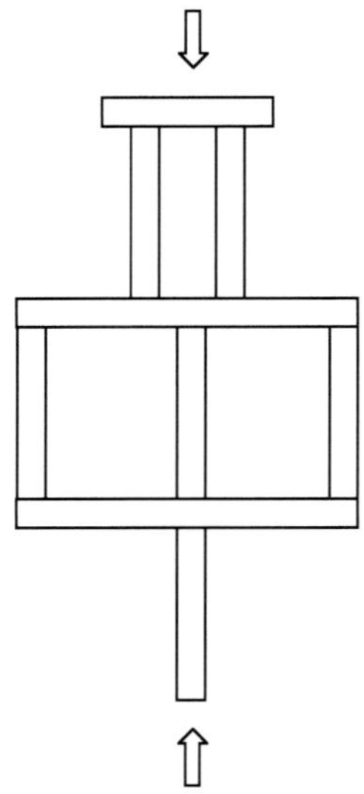

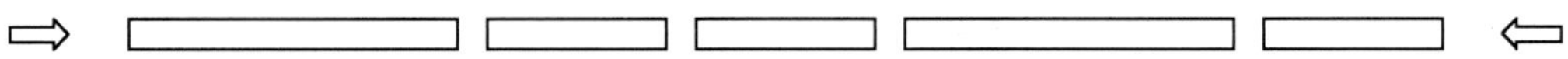

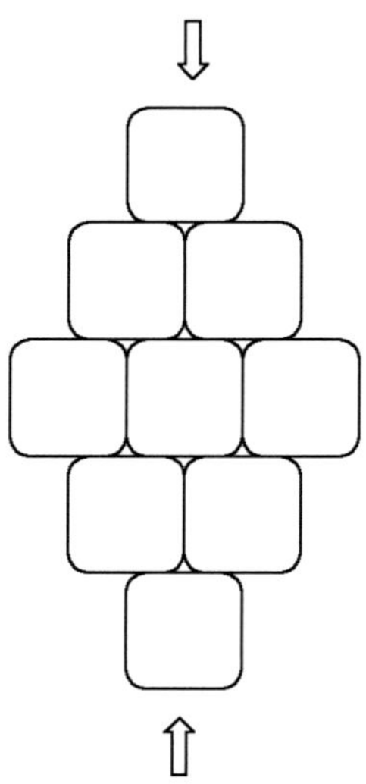

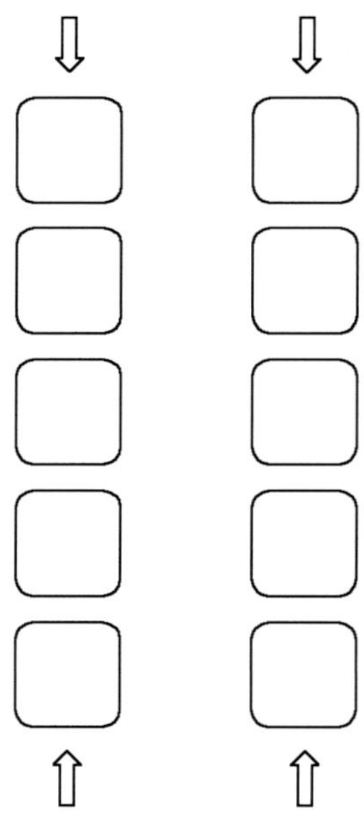

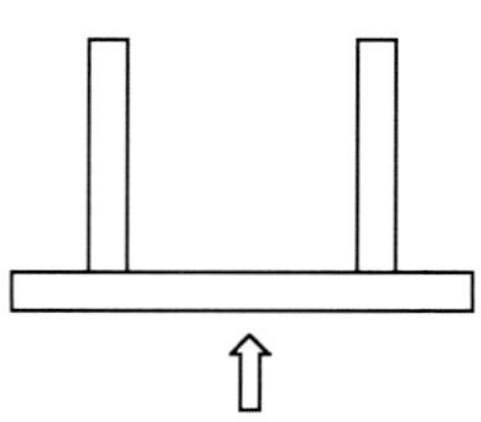

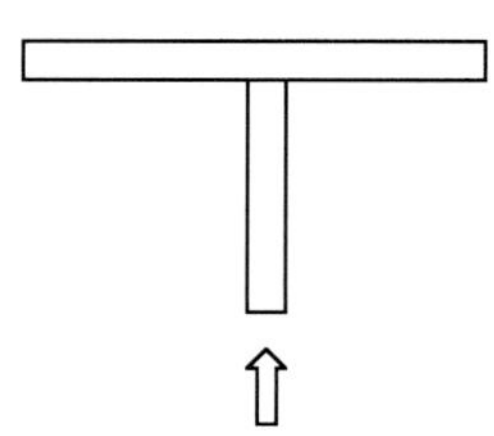

3.2.13 Frösche

Soziale Situation
Jeder für sich

Räumliche Situation
Klassenraum, an Tischen

Material
Papier (10 x 20 cm Blätter), evtl. Schere, Buntstifte **oder:** andere Blattgrößen (z.B. 5 x 10 cm Blätter), Malkasten und Pinsel

Ziel
- Hand-Hand-Kooperation,
- räumliche Orientierung,
- kinästhetische Differenzierung,
- Fingergeschicklichkeit und -kraftdosierung

Anleitung
Die Kinder erhalten Papier und falten daraus Frösche (möglichst vorher zuschneiden). Das Arbeitsblatt (S. 186) zeigt, wie die Frösche gefaltet werden.

1. Das Blatt Papier (Maße s.o.) in der Mitte falten, so dass zwei „Quadrate“ entstehen —> jeweils zwei Diagonalen in die Quadrate falten.
2. Papier an beiden Seiten so eindrücken, dass die Kante des einen Quadrates auf die Mittellinie fällt („Tüte“ falten). Das gleiche wird mit der anderen Seite des Papiers gemacht. (2b). —> man erhält ein „Quadrat“, welches aus 2 „Dreiecken“ besteht.
3. Die Ecken der beiden Dreiecke zu den Spitzen hochknicken.
4. Die zuvor hochgeknickten Ecken nochmals zur Seite knicken, so dass die Unterkanten der kleinen „Dreiecke“ auf eine Seite fallen.
5. Das ganze umdrehen. (rechts und links sieht man die zuvor geknickten „Zipfel“
6. Die rechte Ecke bis zur Mittelfalz knicken.
7. Obere und untere Ecke so zur Mitte knicken, dass wieder ein Dreieck entsteht.
8. „Dreieck“ in der Mitte nach unten knicken (8a). Unteren Teil ebenfalls in der Mitte nach oben knicken (8b).
9. Fertig ist der Frosch.

Manche Frösche springen recht hoch, überschlagen sich, landen auf dem Rücken usw., andere Frösche sind recht faul und mögen nicht weit hüpfen. Die Frösche können angemalt werden (z.B. als Laub-, Wetter- oder Wasserfrösche).

Varianten
Sobald die Kinder heraushaben, wie die Frösche gefaltet werden, können Frösche in verschiedenen Größen hergestellt werden. Die kleinsten Frösche springen am besten. Ein lustiges Froschhüpfen kann beginnen.

Pädagogische Hinweise
Man sollte immer ein paar fertige Frösche zur Demonstration zur Verfügung haben. Bei der Arbeit mit den Kindern ist darauf zu achten, dass scharfkantig gefalzt wird. Es darf kein zu dünnes Papier benutzt werden.

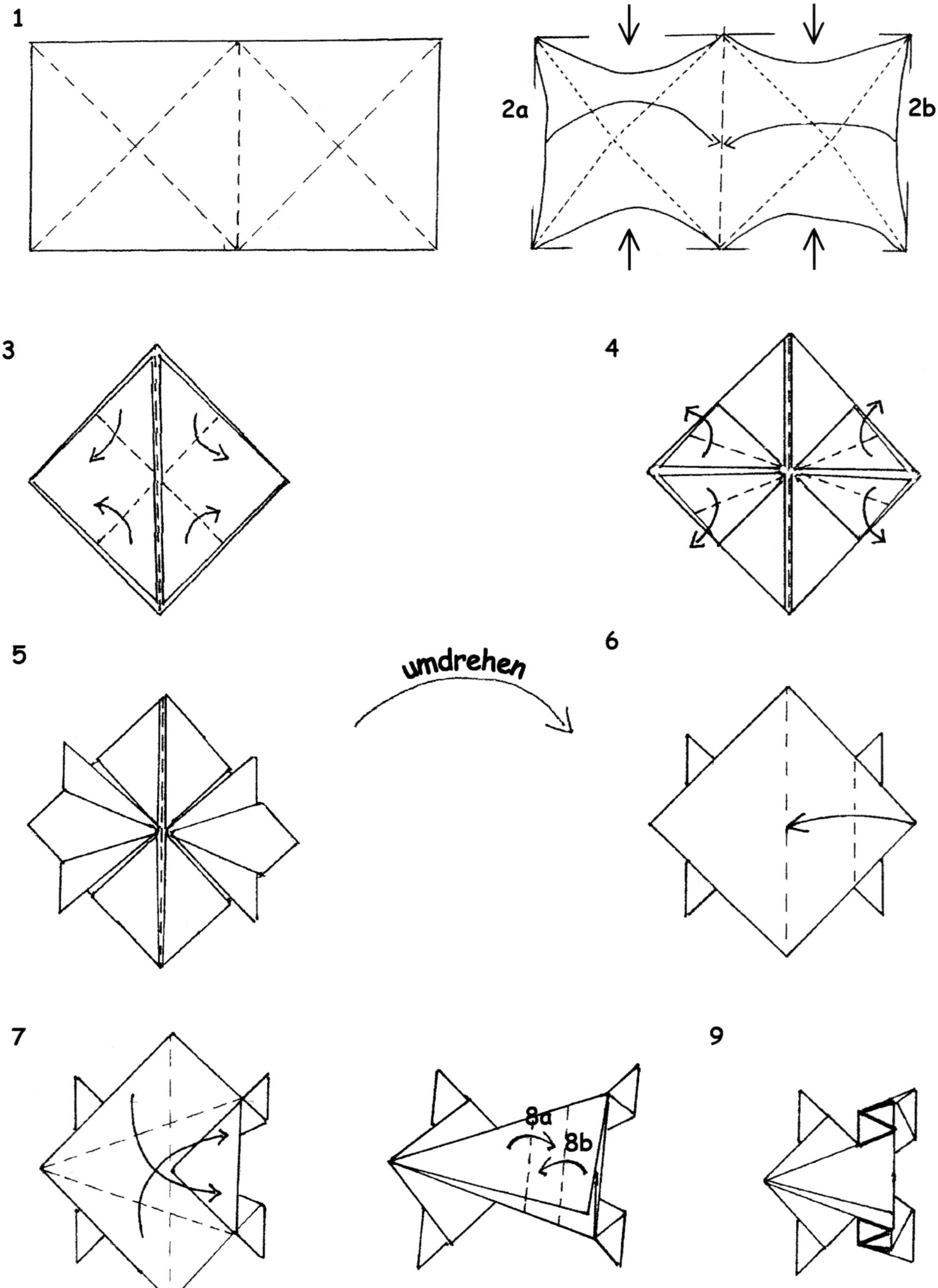
1
2a
2b
3
4
5
umdrehen
6
7
8a
8b
9

3.2.14 Scheibendrehen

Soziale Situation
Jeder für sich, paarweise, Großgruppe

Räumliche Situation
Klassenraum, auf dem Tisch, auf dem Fußboden, Sport- oder Pausenhalle, draußen

Material
Frisbee-Wurfscheiben **oder:** Tennis-Wurfringe, kleine Plastik- oder Holzringe, dünne Bambusstäbe, Papier und Stifte

Ziel
- Hand-Finger-Beweglichkeit,
- Finger-Finger-Kooperation,
- Finger-Ausdifferenzierung,
- kinästhetische Differenzierung,
- Schnelligkeit,
- Reaktionsvermögen,
- Zielgenauigkeit

Anleitung
Jedes Kind erhält eine Frisbee-Scheibe, die es umgedreht auf dem Tisch oder am Fußboden kreisen lässt. Das geht mit einem Finger rechts herum und links herum zuerst langsam und dann immer schneller. Die Kinder probieren das Kreisen der Scheibe mit verschiedenen und auch mehreren Fingern aus.
Auf Zuruf „Stopp, rechts herum“ bzw. „Stopp, links herum“, halten die Kinder ihre Scheibe an und bringen sie in die entsprechende Richtung. Zusätzlich kann auch ein bestimmter Finger zugerufen werden.

Varianten
- ✎ Die Kinder drehen die Scheibe mal mit der rechten, mal mit der linken Hand. Auch hier kann wieder „Handwechsel“, „rechte Hand“, „linke Hand“ zugerufen werden.
- ✎ Ist es möglich, die Scheibe auf einem Finger in der Luft zu drehen und dabei evtl. auch noch Finger und/oder Hände zu wechseln?
- ✎ Die Kinder versuchen statt mit einem Finger mit einem Stift oder Stab die Scheibe auf dem Tisch, am Boden oder in der Luft zum Kreisen zu bringen.
- ✎ Zwei Kinder arbeiten mit einer Scheibe (einem Ring) zusammen. Sie drehen gemeinsam eine Scheibe. Ein Kind übergibt sie kreisend, das andere übernimmt sie.
- ✎ Die Kindergruppe sitzt zusammen im Kreis am Boden. Jedes Kind dreht seine Scheibe z.B. gegen den Uhrzeigersinn. Auf Zuruf „nach rechts“ wird die Scheibe zum rechten Nachbarn weitergegeben.
- ✎ Die Scheiben werden mit Hilfe der Bambusstäbe von den Kindern gedreht und über die Tisch- oder Bodenfläche geschoben. Ein oder mehrere Kinder, die keine Scheibe haben, versuchen den anderen eine Scheibe mit dem Stab abzuspielen.
- ✎ Die Kinder kreisen mit dem Stift auf einem Blatt Papier so, wie sie zuvor die Scheiben gedreht haben.

3.2.15 Murmelspiele

Ziel
- Finger-Koordination und -beweglichkeit,
- Finger-Ausdifferenzierung,
- kinästhetische Differenzierung,
- Kraft-/Impulsdosierung,
- Reaktionsvermögen,
- räumliche Orientierung,
- visuelles Fixieren und Verfolgen,
- Kreativität

Soziale Situation
Großgruppe, Kleingruppen, jeder für sich

Räumliche Situation
Klassenraum, auf dem Fußboden, an Tischen/Tischgruppen, draußen

Material
Murmeln, langes, dickes Tau **oder:** Holzlegeteile, Baumwollseilchen, Schleuderhörner oder Papprohre, feste, große Papierbögen, Schere, Klebeband, Stifte

Anleitung
Ein Tau wird zu einem großen Kreis als Spielbegrenzung ausgelegt. Die Kinder sitzen außen um den Kreis herum. Viele Murmeln befinden sich innerhalb der Taubegrenzung. Die Kinder lassen sie auf verschiedene Art und Weise hin und her rollen und aneinander anstoßen. Sie tippen die Murmeln an und benutzen dazu einzelne Finger mit unterschiedlichen Stellungen und Bewegungen.
Ideen der Kinder werden aufgegriffen und nachvollzogen.
Jedes Kind hat eine Kugel vor sich im Kreis liegen. Auf Zuruf rollen alle Kinder ihre Kugeln gleichzeitig hinein. Sie beobachten ihre Kugel und behalten die anderen dabei im Auge. Welche Kugel rollt am längsten? Wenn sich keine Kugel mehr bewegt, holt sich jeder seine Kugel wieder.

Varianten
- ✎ Zu Beginn oder zum Ende eines Murmelspieles massieren sich die Kinder mit einer Kugel die Hände.
- ✎ Einige Kugeln werden zwischen zwei Finger einer Hand gesteckt (z.B. zwischen Zeige- und Mittelfinger) und von der anderen Hand übernommen oder zum nächsten Kind weitergegeben.
- ✎ Die Kinder legen Seilchen oder Holzlegeteile zu einem Labyrinth aus (evtl. mit Klebeband fixieren) und führen ihre Murmel die Zwischenräume entlang.
- ✎ Aus verschiedenen Materialien werden Kugelbahnen gebaut, auf denen die Murmeln zum Rollen gebracht werden.
- ✎ Die Kinder konstruieren Mini-Golf-Bahnen oder Tore und Wege für ein Kricket-Spiel, um darauf mit ihren Kugeln zu spielen.
- ✎ Ein großer Bogen Papier wird zwischen zwei Tischen gespannt und mit Klebeband befestigt. In dem Papier befinden sich kleine Löcher, in denen die Kugeln liegen bleiben oder hindurchfallen. Vom Rand aus werden die Murmeln gezielt in Richtung eines Loches angestoßen.
- ✎ Auf dem Arbeitsblatt (S. 190) ziehen die Kinder Striche von den Kugeln zu den Löchern.

Murmeln wandern durch die Hände.

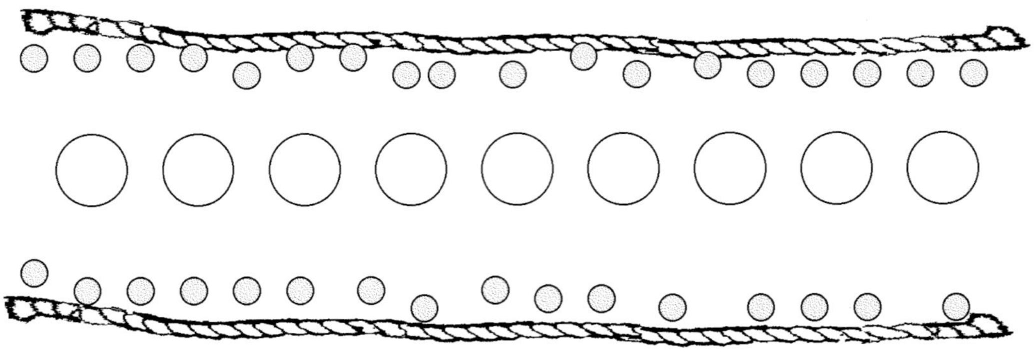

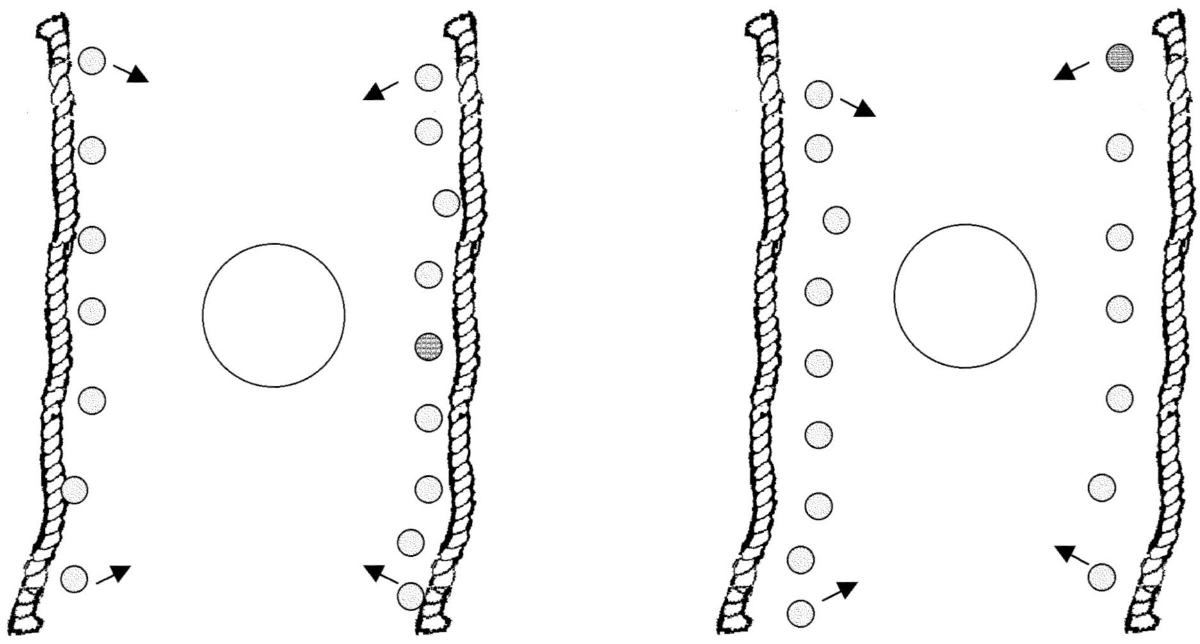

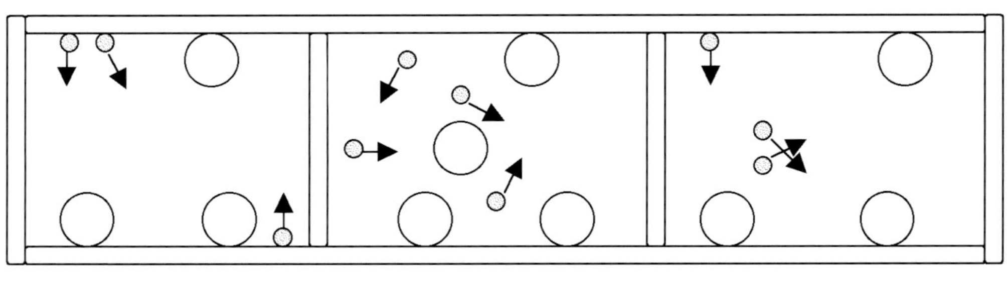

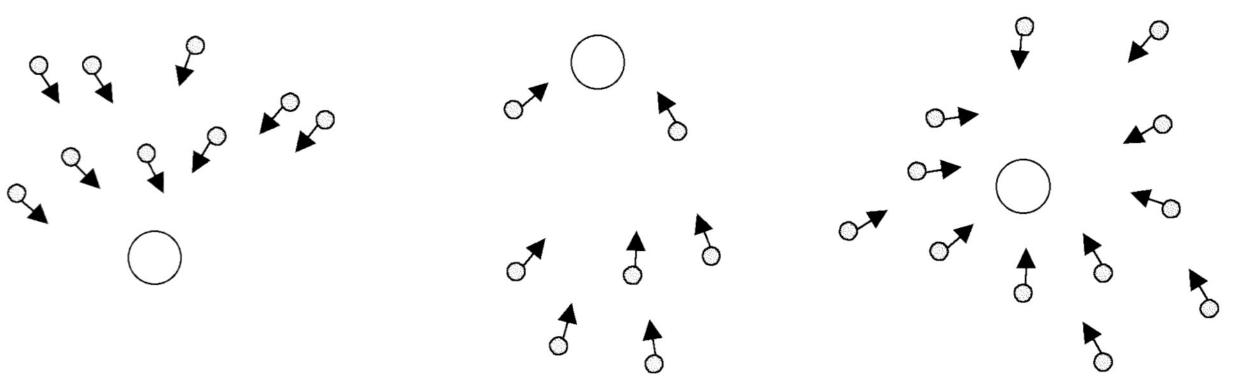

3.2.16 Spiele mit Magneten

Soziale Situation
Kleingruppen, paarweise, jeder für sich

Räumliche Situation
Klassenraum, an Tischen

Material
Magnetscheiben **oder:** Magnetkugeln, Tiermagnete, Büroklammern, große Papierbögen, Klebeband, Stifte

Ziel

- Finger-Koordination und -beweglichkeit im Drei-Finger-Führungsgriff,
- räumliche Orientierung,
- visuomotorische Steuerung und Kontrolle,
- Reaktionsvermögen,
- kinästhetische Differenzierung,
- Kraft-/Impulsdosierung,
- Kreativität

Anleitung
Die Kinder experimentieren mit Magneten. Sie bilden Ketten und Züge. Die Magneten werden zueinander gerollt oder geschoben.
Es wird ausprobiert, an welchen Gegenständen im Raum die Magneten haften bleiben. Ein Kind versteckt auf diese Weise Magnete im Raum. Danach beginnt ein Magnet-Suchspiel.

Varianten

✎ Ein Magnet wird unter einen flachen Gegenstand gehalten, während sich auf seiner Oberseite Büroklammern befinden. Diese sollen nun mit dem Magnet geführt werden. Welche Gegenstände sind dafür besonders geeignet (z.B. Tische, Stühle, o.ä.)?

✎ Mehrere Büroklammern liegen auf einem Tisch verteilt. Zwei Kinder spielen zusammen und schnappen sich gegenseitig mit Magneten, die unter dem Tisch geführt werden, Büroklammern weg.

✎ Große Papierbögen sind zwischen Tischen gespannt und darauf mit Klebeband befestigt. Jeweils zwei Kinder sitzen sich gegenüber und führen von unten (unter dem Papier) ihren Magnet. Von oben ist die daran haftende Büroklammer zu sehen. Die Kinder können so eine Verfolgungsjagd mit Büroklammern spielen.

✎ Auf Papierbögen werden Straßen aufgezeichnet. Wie zuvor beschrieben, spielen die Kinder mit den Magneten darauf und fahren die Wege nach.

✎ Buchstaben, Formen und Muster können aufgemalt und nachgefahren werden.

✎ Vom Magneten geführt, beschreibt die Büroklammer auf dem Papier einen Buchstaben, eine Zahl u.ä.

Pädagogische Hinweise
Magnetspiele sind äußerst beliebt. Die Kinder sind dabei sehr phantasievoll. Ihr Experimentieren sollte auf jeden Fall unterstützt werden.
Wird mit den bemalten Papierbögen vorsichtig umgegangen, können sie aufgerollt und in mehreren Stunden wieder verwendet und weiter bearbeitet werden.

3.2.17 Fingerpuppenspiele

Soziale Situation
jeder für sich, Großgruppe, Kleingruppen

Räumliche Situation
Klassenraum, an Tischen

Material
Buntstifte (evtl. Filzstifte) **oder:** Fingerhüte aus Papier oder Filzstoff, kleine Papiertüten, Tonpapier, Klebstoff, Schere, alte Kinderstrümpfe

Ziel

- Fingergeschicklichkeit,
- Fingerbeweglichkeit,
- Kreativität

Anleitung

Die Kinder malen mit Stiften ein lustiges Gesicht auf ihren rechten und linken Zeigefinger, wobei eins eher ein lachendes und das andere ein eher trauriges Gesicht sein kann. Die beiden Finger unterhalten sich, spielen und schmusen miteinander. Sie begegnen anderen Finger-Gesichtern. Daraus kann sich eine Geschichte entwickeln, die erzählt und mit Erlebnissen und Aktivitäten der Fingerfiguren ausgeschmückt wird.

Varianten

- ✎ Aus Papier (oder Filzstoff) stellen die Kinder Hüte für ihre Zeigefinger her. Ein Zwergenspiel mit Zipfelmützen kann beginnen.
- ✎ Aus den Papierfingerhüten werden Gespenster gemacht.
- ✎ Kleine Papiertüten (z.B. kleine Butterbrotpapiertüten oder Bonbontüten) werden in Kleidung verwandelt und angemalt. Die Tüte wird über drei Finger gestülpt, dabei bohren sich Daumen und Mittelfinger seitlich zu Armen durch, der Zeigefinger streckt sich nach oben (evtl. in die Spitze) durch und erhält ein Gesicht. Das Puppenspiel fängt an.
- ✎ Die Kinder malen sich auf Tonpapier kleine Tiere oder Tierköpfe auf, schneiden sie aus, kleben einen Papierring daran und setzen ihn auf einem ihrer Finger. Tiervorführungen im Zirkus oder im Zoo, Spiele der Tiere können dann entwickelt werden.
- ✎ Aus alten Socken, die über eine Hand gezogen werden, lassen sich kleine Monster oder Krokodile zum Spielen bilden.

Pädagogische Hinweise

Für die Herstellung der verschiedenen Fingerpuppen sollten kleine Modelle bzw. Schablonen zur Verfügung gestellt werden.

3.2.18 Autorennen

Soziale Situation
Kleingruppen, paarweise, jeder für sich

Räumliche Situation
Klassenraum, auf Tischen, auf dem Fußboden

Material
kleine Spielautos **oder:** Holzlegeteile, Murmeln oder Holzkugeln, Baumwollseilchen, Garn und Klebeband, Tafelteile und Kreide, Papier und Stifte

Ziel

- Fingergeschicklichkeit und -beweglichkeit im Drei-Finger-Führungsgriff,
- räumliche Orientierung,
- visuomotorische Steuerung und Kontrolle,
- kinästhetische Differenzierung,
- Impulsdosierung,
- Reaktionsvermögen,
- Tempovariationen

Anleitung
Am Platz der Kinder befinden sich sogenannte Boxen (Hände) und Automechaniker- (Finger). Zuerst werden die Rennautos auf ihre Funktionen hin untersucht. Es wird z.B. kontrolliert, ob Räder, Türen usw. in Ordnung sind. Die Probefahrten und Rennvorläufe beginnen. Dazu fahren die Kinder mit den Rennwagen am äußersten Rand der Tische herum. Zwischendurch können Boxen-Stopps zur erneuten Überprüfung der Fahrtüchtigkeit erfolgen. Fahrrichtungen werden vereinbart.
Für das große Autorennen wird vorher abgesprochen, wie viele Runden und in welche Richtung gefahren werden soll. Dann erfolgt der Start.

Varianten

- ✎ Aus Holzlegeteilen, Heften, Büchern und Linealen bauen die Kinder Straßenbegrenzungen. So kann ein Straßenrennen stattfinden.
- ✎ Baumwollseilchen werden als Straßenbegrenzung auf dem Tisch oder am Boden ausgelegt und mit Klebestreifen befestigt. Die Straßen haben verschiedene Formen (gerade Strecken gehen in kurvige oder winkelige Straßen über). Nach Erprobung der Strecken geht das Rennen los.
- ✎ Mit Garn legen die Kinder Straßenverläufe aus und kleben sie mit Klebestreifen fest. Es entstehen auch Straßenkreuzungen. Die Rennstrecke wird festgelegt und die Autos sausen auf den Rennbahnen (Garnfäden) entlang.
- ✎ Auf Tafelteilen werden Rennstrecken mit Kreide aufgezeichnet und die Autos darauf geführt.
- ✎ Die Kinder zeichnen sich auf Papier Rennstrecken auf.

3.2.19 Formen und Biegen

Soziale Situation
Jeder für sich, paarweise

Räumliche Situation
Klassenraum, auf Tischen

Material
Knet- oder Modelliermasse **oder:** Ton, Modellierwachs, Wachsplatten

Ziel
- Hand- und Fingergeschicklichkeiten,
- Hand-Hand-Kooperation,
- Kraftdosierung,
- kinästhetische Differenzierung,
- Dimensionen von Körperteilen vergleichen,
- Form- und Größenwahrnehmung

Anleitung
Aus einem Klumpen weichen Ton oder Knetmasse formen sich die Kinder eine Fläche, die so groß ist, dass eine Hand darauf passt. Jetzt pressen sie ihre Hand kräftig in die Knetmasse, so dass Handabdrücke entstehen. Die Kinder vergleichen ihre Handgröße mit denen der anderen und testen, ob sie in andere Abdrücke hineinpassen.
Eine Hand wird aus Knete geformt, die der Größe der eigenen Hand entspricht.

Varianten
✎ Welche Körperteile können noch aus Knete modelliert werden (z.B. Nase, Mund)?
✎ Wie lang ist eine Elle (ein Unterarmknochen)? Die Kinder formen lange Rollen und messen bestimmte Körperteile damit ab und vergleichen sie untereinander.
✎ Aus Knete werden Körperteile geformt und zu einer menschlichen Gestalt zusammengesetzt.
✎ Statt einer menschlichen Gestalt formen die Kinder Tierfiguren.
✎ Die Kinder formen eine glatte viereckige Fläche. Auf diese Fläche können Buchstaben eingraviert werden.
✎ Auf eine geglättete Fläche werden mit Fingern Löcher eingedrückt. Immer zwei Kinder arbeiten zusammen und stellen sich auf der Knete Rechenaufgaben (oder erfassen Mengen).
✎ Die Kinder formen viele kleine Kugeln und spielen damit Murmelspiele.
✎ Jedes Kind stellt fünf kleine Kugeln her, legt sie in eine Reihe und drückt sie platt. In der Reihenfolge von Daumen bis zum kleinen Finger tippen sie auf die Plättchen. Die Plättchen werden mit Zahlen von 1 bis 5 bezeichnet und eine bestimmte Zahlenfolge wird benannt. Anschließend wird die Zahlenfolge mit dem Zeigefinger angetippt. Ein Kind sagt eine bestimmte Reihenfolge an, die anderen führen sie aus.

Pädagogische Hinweise
Die Übung unterstützt sehr stark die Kreativität der Kinder. Die Knetmasse sollte vorher etwas erwärmt oder weichgeknetet werden, da nicht alle Kinder genügend Kraft hierfür haben.

Beim Formen einer langen Rolle.

4. Wahrnehmung und Re-/Produktion von Zeichen

Für den Schreiblernprozess ist, wie u.a. im letzten Kapitel dargestellt, der motorische Vorgang bedeutsam. Stiftführung betrifft vorwiegend sensomotorische Fähigkeiten und Fertigkeiten. Darüber hinaus gehören die auditive, visuelle, taktil-kinästhetische Wahrnehmung von Zeichen, ihre Bedeutungszuschreibung und das Abrufen von Informationen aus dem Gedächtnis untrennbar zum Schreibprozess. Diese beiden Aspekte Motorik und Wahrnehmung sind demnach, unverzichtbar für alles, was zu Papier gebracht und entziffert werden soll.
Da sich bisher vorwiegend auf die schriftliche Umsetzung von konkreten Erfahrungen konzentriert wurde, soll nun im folgenden das abstrakt Lernbare in den Vordergrund gestellt werden.
Buchstaben, Zahlen sind zwar in der Umwelt überall wahrnehmbar, sie bedürfen jedoch besonderer Erklärungen, da Wahrgenommenes richtig interpretiert werden will. Alle Zeichen benötigen zur Produktion und Reproduktion ein klares inneres Bild. Zur Bearbeitung der Informationen sind Emotionen, Motivation, Filterungen, Energiebereitstellungen u.ä. von verschiedenen Systemen erforderlich. Die Integration der bearbeiteten Informationen im Gehirn lässt dann abrufbare Bilder entstehen. Dieser Prozess verlangt eine ständige kinästhetische Bewegungsvorstellung und -planung, bis das Wahrgenommene bzw. Verarbeitete schließlich zur Bewegungsausführung gelangt. Dabei spielt eine sinnvolle koordinierte Reproduktion eine wesentliche Rolle, die sensorisch kontrolliert werden muss. Sind diese Wahrnehmungs- und Bewegungsmuster im Gedächtnis gut verankert, ist die Umsetzung realisierbar.

Bewegung/ Stiftführung von / Wahrnehmung (visuell, taktil-kinästhetisch)	Strich	Bogen	Kreis/oval	Schleife (in der Schreibschrift)
Formen und Größen	I I i	C C c	O O o	e e
Überschneidungen und Angrenzungen	t X	n m	Q	f
Richtungen und Lagen	L M W K	n u S ? d b P q	O	l j g
Reihenfolgen und- Verbindungen	Lilli	um und aus	oo	Elfe

Tab. VII: Beispiele für Zusammenhänge von Wahrnehmungs- und Bewegungsleistungen zum Schreiben

Das Schreibenlernen ist ein sehr bewusstseinsfördernder Vorgang bis die notwendigen identifizierbaren Zeichen wie von selbst auf dem Papier erscheinen und lesbar werden. Der Weg dahin gestaltet sich noch komplex. Je mehr das Kind auf erlebte Erfahrungen zur Körper-, Raum-, Objektwahrnehmung und Orientierung, in der Hand- und Fingergeschicklichkeit zurückgreifen kann, um so leichter wird es ihm fallen, diese kognitiven Vorstellungen und Fertigkeiten auch als Hilfen beim Schreiblernprozess zu gebrauchen.

Die folgenden Tabellen sind hilfreich für die Beobachtung wahrnehmungs- und re-/produktionsbezogener Fähigkeiten, die für das Schreiben benötigt werden.
Tabelle VIII betont die wahrnehmende Seite. Für die Durchführung der Aufgaben werden Papier, Stifte und Testkarten mit Zeichen benötigt. Auf die Testkarten sind aus Pfeifenputzern geformte Linien, Kreise, Bögen, sowie die in verschiedenen Größen, Kreuzungen, Lagen, Verbindungen aufgeklebt.

Anforderungen an Wahrnehmungen zur Re-/ Produktion von Zeichen	Beobachtungssituation/ Aufgabenbeispiel	Reaktionen/ Beobachtungen z.B.	Beurteilung	
			Ja	Nein
- Emotionale Einstellung - Interesse an Zeichen	- „Möchtest du wissen, was hier geschrieben steht?" - „Sag/schreib mir auf, welche Zeichen du kennst."	ist neugierig, möchte wissen....		
		Sagt und/oder schreibt bedeutungsvolle Zeichen		
Form- und Größenunterscheidung (visuell, taktil-kinästhetisch)	- „Sieh dir an, welche Zeichen ich hier schreibe..." - „Fühle, welche Zeichen ich Dir auf der Karte unter dem Tisch hinhalte." - „Sag, was du siehst bzw. fühlst." - „Schreib mir einen langen u. kurzen Strich, einen großen, kleinen Kreis (andere Zeichen) auf."	sieht zu		
		erkennt		
		ahmt nach		
		tastet ab		
		begreift		
		vollzieht nach		
		schreibt auf		
		benennt verschiedene Formen/Größen/Zeichen		
		versteht		
		produziert entsprechend		
- Überschneidungen (visuell, taktil-kinästhetisch)	- „Sieh dir an..." - „Fühl ab..." - „Sag, was du siehst bzw. fühlst, und schreib es auf." (z.B. sich kreuzende Linien, einen Zaun, ineinandergreifende Ringe, andere Zeichen)	betrachtet		
		tastet		
		erkennt		
		benennt		
		gibt sich überschneidende Zeichen wieder		
- Richtung und Lage (visuell, taktil-kinästhetisch)	- „Sieh Dir an..." - „Fühl ab.... - „Sag/Schreib die Lage der Striche, Ecken, Bögen auf." - „Zeichne eine Ecke (Winkel) mit der Spitze nach oben."	betrachtet		
		ahmt nach		
		tastet ab		
		begreift		
		vollzieht nach		
		schreibt auf		
		benennt verschiedene Formen/Größen/Zeichen		
		versteht		
		produziert entsprechend		
		gibt Richtungen und Lagen von Zeichen entsprechend wieder		
- Reihenfolgen und Verbindungen (visuell taktil-kinästhetisch)	- „Sieh dir an..." - „Fühl ab und schreib die zusammenhängenden Zeichen/das Muster auf."	sieht zu		
		tastet ab		
		gibt die entsprechenden Muster/ Zeichenverbindungen wieder		

Anforderungen an Wahrnehmungen zur Re-/ Produktion von Zeichen	Beobachtungssituation/ Aufgabenbeispiel	Reaktionen/ Beobachtungen z.B.		Beurteilung	
				Ja	Nein
- Merkfähigkeit	- Zu den vorherigen Aufgaben: - Merk dir was du gesehen/gefühlt hast und schreib es auf.	benötigt wenig	Blickkontakt Tastzeit		
		merkt sich gibt sie entsprechend wieder	Formen		
			Größen		
			Überschneidungen		
			Lagen		
			Reihenfolgen		

Tab. VIII: Wahrnehmung von Zeichen

Zur genauen Überprüfung ist es angezeigt, z.B. Frostigs Entwicklungstest der visuellen Wahrnehmung (FEW) von LOCKOWANDT oder die Graphomotorische Testbatterie von RUDOLF einzusetzen
Der auditive und sprachliche Bereich sowie das Lautieren bei der Verwendung von Zeichen spielt eine wichtige Rolle, ist jedoch in der Tabelle VIII nicht ausreichend hervorgehoben.

Da Zeichenwahrnehmungen und deren Wiedergabe mit den Schreibbewegungen zusammenhängen, können bereits aus den Beobachtungen zu den Aufgaben aus Tabelle VIII Schreibbewegungsvollzüge erfasst werden.
Um mehr Aufschluss über das motorische Verhalten zu gewinnen, hat sich das Blumen-Arbeitsblatt als günstig erwiesen (siehe S. 201), aber auch Skizzen sind geeignet. Dabei sind die bewegungsbezogenen Bestandteile von Bedeutung und mit Rückgriff auf Tabelle VI in den Aufgaben der Tabelle IX enthalten.
Für die folgenden Beobachtungsaufgaben der Tabelle IX benötigt man u.a. verschiedene Bunt- oder Filzstifte, Klebestreifen zur Befestigung des Papiers auf der Unterlage. Die Aufgaben können jeweils zu Beginn mit Stiften demonstriert oder die Linien von den Kindern mit den Fingern nachgefahren werden. Zum Schluss können die Kinder die Blume noch bunt ausmalen, und anschließend etwas frei dazu malen.

Anforderungen an Schreibbewegungen/Stiftführungen	Beobachtungssituation/ Aufgabenbeispiel	Reaktionen/ Beobachtungen z.B.		Beurteilung Ja	Beurteilung Nein
- Emotionale Einstellung - Interesse - Aufmerksamkeit - Bereitschaft	Sieh dir einmal dies Bild an. Die Blume möchte mit bunten Farben versehen dich anlachen. Machst du mit?	betrachtet das Bild			
		beschreibt es			
		zeigt Interesse			
		wählt Stifte, Farben aus			
		möchte anfangen			
- visuell-motorische räumliche Richtungsorientierung und Kontrolle	Fahr mit deinem Stift zwischen den Linien entlang, wie ich es dir zeige: - äußere Blüten (Zickzacklinien) - innere Blütenblätter (Bögen) - Blütenkranz (Kreis) - Stengel (Strich) - Blätterrand (große Bögen) - Erdkruste (Wellen von links nach rechts) - Wurzeln (Schleife) - Blattadern (kurze Striche nach oben/unten)	bleibt innerhalb der Begrenzungen			
		steuert Stift geradlinig			
		führt ihn auf	Bogen		
			Kreislinien		
			Wellen		
			Schleifen		
		beachtet Richtungen			
		wechselt Richtungen, ohne das Blatt zu drehen			
		setzt wenig ab			
		führt große, kleine Bögen, lange, kurze Striche seiten- und richtungsorientiert aus			
- kinästhetische Differenzierung, Impulsdosierung und Krafteinsatz	zu oben aufgeführten Aufgaben	beweglich in den Fingern			
		differenzierte Beugung und Streckung in den Gelenken bei der Stiftführung			
		angemessene Kraft beim Stifthalten			
		angemessener Druck auf das Papier			
- Reaktion	zu oben aufgeführten Aufgaben und: - der Blüte fehlen noch Staubgefäße, - Pollen, - setzt viele Punkte in den Kreis	beginnt zielgenau			
		bremst ab			
		schließt an			
		punktiert			
		setzt dabei an und ab			
- Rhythmus	zu allen oben aufgeführten Aufgaben	gleitet flüssig die sich wiederholenden Zickzack- und Bogenlinien entlang			
		zieht in eigenem Rhythmus	Striche		
			Wellen		
			Schleifen		
- Schnelligkeit und Ausdauer	zu allen oben aufgeführten Aufgaben	angemessenes, individuelles Arbeitstempo			
		ohne Ermüdung			

Zur Vorlage Tabelle IX: Re-/Produktion von Zeichen- „Schreibbewegungen"

Bei allen Aufgaben ist zusätzlich zu beobachten, in welcher Körperhaltung das Kind sitzt, mit welcher Hand es den Stift führt, was die andere Hand tut, wie es sich das Papier hinlegt, welche Veränderungen vorgenommen werden, und was das Kind sagt.

Eventuell ist es bei einer unklaren Seitenbevorzugung beim Schreiben notwendig, das Bild zuerst mit der einen und dann mit der anderen Hand anzumalen, um mit dem Kind herauszufinden, welche Seite geschickter dabei ist.
Zeigen sich Kinder vermehrt ungeschickt, kann z.B. der Psychomotorische Screening-Test von NAVILLE/WEBER/MOCK durchgeführt werden.

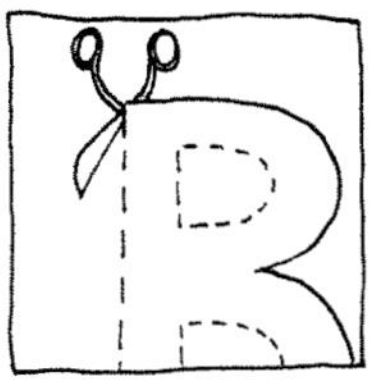

4.1 Zeichenwahrnehmungen durch Handlungen

Im wahrnehmungsgeleiteten, aktiven Handeln, beim Experimentieren und im Produzieren von Zeichen gehen die Kinder auf Entdeckungsreise und suchen den Weg zur Schrift. Sie zeigen Freude an entstehenden Formen, die Bedeutung für das Schreiben haben. Die so entstehenden klaren, vielfältigen Bilder werden zu festen Bestandteilen und sicheren Führern. Verarbeitete Eindrücke aus auditiven, visuellen, taktil-kinästhetischen Informationen bedürfen zu ihrer Festigung wiederholte handelnde Auseinandersetzungen. Zur Entwicklung vom Hören zum Verstehen, vom Sehen zum Erkennen und vom Greifen zum Begreifen sind erlebnisreiche Aktivitäten wesentlich.
Die folgenden Situationen sollen dazu beitragen, Zeichen und Zeichenverbindungen als Repertoire zunehmend sicherer zur Verfügung zu stellen. Die Koppelung von mehr und mehr in ihrer Schwierigkeit und Komplexität sich steigernden Wahrnehmungen und Bewegungen geschieht über praktische Erfahrungen im Umgang mit Schriftzeichen. Die Zuschreibung von Lauten, Begriffen zu Zeichen ist besonders zu beachten. Welche Hilfen, welche Eselsbrücken erweisen sich für Kinder als sinnvoll?

Für die situationsbezogenen Anregungen sind Zusammenhänge zu beachten:

1. Lenkung der Aufmerksamkeit auf bestimmte Zeichen, und Zeichenverbindungen,
✎ d.h. Bedeutsames herauszufiltern und nur Wesentliches zu beachten.

2. Aufmerksame Unterscheidung von Zeichen und ihren Bedeutungen.
✎ Es gilt Größen, Längen, Formen von Zeichen zu verstehen, zu erkennen, zu begreifen.

3. Aufmerksame Unterscheidung und Wahrnehmung der Lage von Zeichen.
✎ Hier geht es zusätzlich darum, Oben, Unten, Rechts und Links anhand einzelner Zeichen zu registrieren.

4. Aufmerksame Unterscheidung bzw. Wahrnehmung der Lage und Beziehung einzelner Zeichen zueinander
✎ Zeichenfolgen, -anordnungen und -abstände müssen zu einem sinnvollen Ganzen (Worte, Sätze) erfasst werden.

Erst diese Wahrnehmungsleistungen in ihrer Gesamtheit führen zum verständnisvollen, aus dem Gedächtnis abrufbaren, gedanklich vorbereiteten Schreiben von Schriftzeichen.

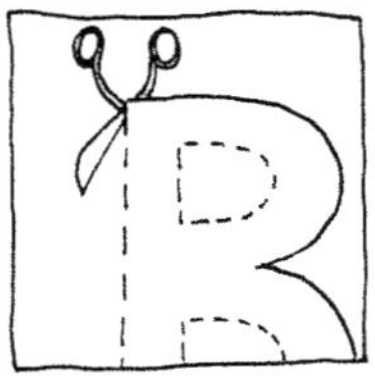

4.1.1 Buchstaben zum Anfassen

Soziale Situation
Jeder für sich, paarweise, Kleingruppen

Räumliche Situation
Klassenraum, an Tischen

Material
Ton oder Knete (Plastilin), Baumwolltücher, **oder:** Wachsplatten, Pfeifenputzer, Schere, Draht, Zange, evtl. auch Salzteig, Papier, Stifte

Ziel
- visuelle und taktil-kinästhetische Zeichenwahrnehmung bezogen auf Formen, Lagen und räumliche Beziehungen,
- manuelle Geschicklichkeit,
- Fingerkraft,
- räumliche Richtungssteuerung,
- kinästhetische Differenzierung

Anleitung
Aus der Knetmasse stellen die Kinder Buchstaben her, die sie bereits kennen. Sie legen daraus ihren Namen oder ein Wort.
Mit einem Tuch zugedeckt, ertasten sie die Buchstaben, holen sie mit geschlossenen Augen hervor und lassen z.B. das Wort an einem anderen Platz auf dem Tisch wieder entstehen.

Varianten
- ✎ Paarweise sitzen die Kinder zusammen. Wie zuvor formt sich jedes Kind Buchstaben und deckt sie mit einem Tuch zu. Die Plätze werden getauscht. Die Partner nehmen unter dem Tuch dem Anderen einen Buchstaben weg. Jeder geht wieder zu seinem Platz zurück, tastet und findet heraus, welcher Buchstabe fehlt.
- ✎ Wie zuvor, jedoch wird ein Buchstabe vom Partner gedreht. Findet der Partner von seinem Buchstaben oder Wort den Fehler?
- ✎ Wie zuvor, dieses Mal wird von einem Buchstaben nur ein Teil weggenommen. Der Partner ertastet den Fehler und ergänzt, so dass der Buchstabe wieder vollständig ist.
- ✎ Wie zuvor, Buchstaben werden im Wort vertauscht und der Partner legt die richtige Reihenfolge der Buchstaben für sein Wort.
- ✎ Die Kinder legen in Kleingruppen mit ihren geformten Buchstaben Worte und geben sich von Kleingruppe zu Kleingruppe Rätsel auf wie z.B. Fehler finden, Buchstaben ergänzen oder Getastetes aufschreiben.

Pädagogische Hinweise
Buchstabenlaute sollen deutlich und langsam gesprochen werden. Fehler, die von den Kindern gefunden wurden, sind deutlich zu bekräftigen. Statt mit Buchstaben kann auch mit Zahlen und geometrischen Formen gearbeitet werden.
Es ist darauf zu achten, dass die geformten Teile aus Knetmasse auf den Tisch angedrückt werden, damit sie sich nicht so leicht verschieben und besser tastbar sind.

Wird der richtige Buchstabe erraten?

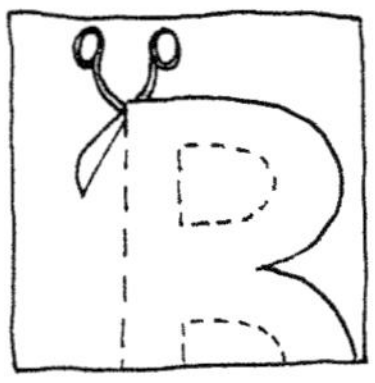

4.1.2 Zeichenschnittmuster

Soziale Situation
Jeder für sich, Kleingruppen

Räumliche Situation
Klassenraum, an Tischen

Material
Tonpapier, Stifte, Schere, Papierbögen
oder: Große Papierbögen oder Packpapier

Ziel
- Figur-Grund-Unterscheidung,
- Form-, Größen-, Lagewahrnehmung von Zeichen
- manuelle Geschicklichkeit,
- räumliche Richtungssteuerung,
- Reaktion,
- kinästhetische Differenzierung,
- Kraftdosierung

Anleitung
Die Kinder schreiben große Buchstaben auf Tonpapier (mit dicken Stiften und breiten bzw. doppelt gezogenen Strichen und Bögen) und schneiden sie aus. Die ausgeschnittenen Buchstaben legen die Kinder auf ein Blatt Papier, um sie anschließend mit dem Stift zu umfahren. Die Buchstaben überschneiden sich dabei. Auf diese Weise ist ein Schnittmuster-Bogen entstanden. Die Blätter tauschen die Kinder untereinander aus. Buchstaben werden zugerufen. Wer sie auf seinem Papier entdeckt, fährt sie mit dem Finger nach.

Varianten
- ✎ Auf ihrem Schnittmusterbogen malen die Kinder die einzelnen Buchstaben farbig an. Worte werden in großen Buchstaben aufgeschrieben, ausgeschnitten, die Zeichen nacheinander umfahren, sich überschneidend auf Papier gebracht, und anschließend farbig gekennzeichnet.
- ✎ Jedes Kind hat einen großen Buchstaben aufgeschrieben, ausgeschnitten und auf einem Blatt Papier umfahren. Das Papier wird dann jeweils zum nächsten Kind weitergereicht, das wiederum seinen Buchstaben darauf umzeichnet. So entstehen mehrere Buchstaben auf dem Schnittmusterbogen. Zum Schluss erhält jedes Kind sein Blatt Papier wieder, sucht seinen Buchstaben heraus und schneidet ihn aus oder malt ihn an.
- ✎ Auf dem Arbeitsblatt (S. 208) befinden sich Buchstaben. Die Buchstaben können z.B. mit dem Finger nachgefahren oder farbig gekennzeichnet werden. Wie lautet der Name?
- ✎ Einen benannten Buchstaben auf dem Arbeitsblatt ausschneiden.
- ✎ Jedes Kind schreibt seinen Namen in großen Buchstaben auf und schneidet sie aus.
- ✎ Auf einem großen Bogen Papier umfährt jedes Kind nach und nach seine Buchstaben, die sich überschneiden. So entsteht ein verschlüsseltes Namensplakat.
- ✎ Wer erkennt den Namen eines anderen Kindes wieder?

Pädagogische Hinweise
Die von den Kindern erstellten Buchstabenschablonen können mehrfach verwendet werden.

Buchstaben werden ausgeschnitten.

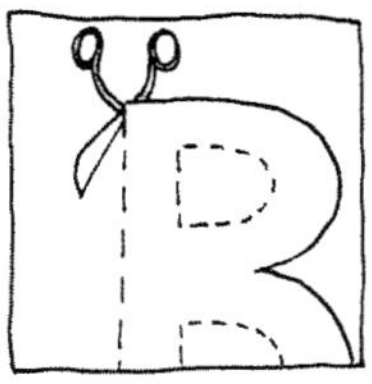

4.1.3 Autokennzeichen

Soziale Situation
Paarweise, Großgruppe

Räumliche Situation
Parkplatz, an Straßen, im Klassenraum

Material
Papier, Stifte **oder:** Papp- oder Papierstreifen, Klebestreifen (Malerkrepp)

Ziel

- Formwahrnehmung von Zeichen
- Herstellen und Wiedererkennen von Zeichen

Anleitung
Mit Papier und Stiften ausgestattet, begibt sich die Gruppe zu einem Parkplatz, an eine Straße oder eine Straßenkreuzung. Da eine Polizeikontrolle nachgespielt wird, müssen Autokennzeichen kontrolliert werden. Die Kinder schreiben eifrig die Buchstaben und Zahlen auf ihr Papier und helfen sich dabei gegenseitig. Eventuell können zusätzlich noch die Fahrzeughersteller (z.B. VW, Opel) oder weitere Informationen (z.B. TDI, Farbe) festgehalten werden. Vielleicht kann man auch einen Autofahrer ansprechen, der bereitwillig seinen Fahrzeugschein zeigt, um das amtliche Kennzeichen zu überprüfen.
Im Klassenraum zurück kann dann eine Diskussion über z.B. die Bedeutung der Buchstaben auf den Kennzeichen (Stadt/Landkreis) stattfinden. In welchen Situationen ist es wichtig, Auto-Kennzeichen zu notieren? Zum Abschluss werden alle Kennzeichen gesammelt und untereinander an die Tafel oder auf Papier geschrieben.

Varianten

✎ Jedes Kind hat sich ein Autokennzeichen dreimal jeweils auf Papierstreifen geschrieben. Ein Streifen wird mittels Klebestreifen auf dem Rücken, einer auf dem Bauch befestigt. Der Dritte gilt als Fahrzeugschein, auf dem auch der Name notiert steht. Die Kinder fahren als Autos und Autofahrer durch den Raum. Zwei Kinder spielen Polizisten, die Autos anhalten und Fahrzeugkontrollen durchführen. Natürlich haben einige ihren Schein verloren, vergessen oder Kennzeichen wurden vorher vertauscht. Die Polizisten notieren alle „Verkehrssünden".

✎ Zwei Kinder arbeiten als Polizisten zusammen. Einer sagt dem Anderen die Autokennzeichen an, die dann aufgeschrieben werden (auf dem Parkplatz oder zu obigem Spiel im Klassenraum).

✎ Die Kinder schreiben sich die Autokennzeichen ihrer Eltern oder von Nachbarn auf und bringen sie als Hausaufgabe mit in den Unterricht. Vielleicht lassen sich aus den Kennzeichen Worte bilden bzw. Namen ableiten.

Pädagogische Hinweise
Buchstabenlaute sollten versucht werden zu sprechen. Autokennzeichen können auch abgetastet werden.

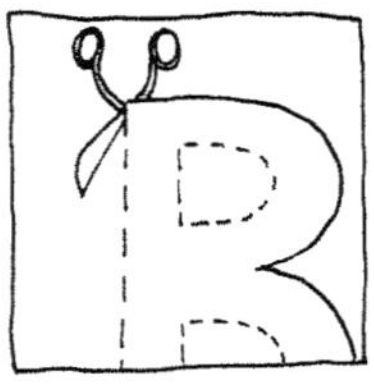

4.1.4 Buchstabenkartei

Soziale Situation
Jeder für sich, paarweise, Kleingruppen

Räumliche Situation
Klassenraum, an Tischen

Material
Karteikarten, Pfeifenputzer, Klebstoff
oder: Klebestift, Sand, Filzstoff, Schmirgelpapier oder Pappe, Scheren, Stifte, Klebestreifen

Ziel

- Form-, Größen-, Lagewahrnehmung von Zeichen
- Herstellen und Wiedererkennen von Zeichen
- Wahrnehmung der Anordnung und Reihenfolge von Zeichen

Anleitung
Aus Pfeifenputzern biegen die Kinder Großbuchstaben (evtl. zusätzlich Kleinbuchstaben), so dass sie einzeln auf Karteikarten passen. Anschließend kleben die Kinder die Buchstaben auf die Karten. Auf diese Weise erstellt sich jedes Kind mit der Zeit eine Kartei mit einem vollständigen Alphabet. Zu Beginn werden evtl. nur Vokale, nur die Buchstaben des eigenen Namen oder nur bestimmte Worte und deren Buchstaben als Vokabeln hergestellt.

Varianten

- ✎ Die Kinder schneiden sich aus Filzstoff, Schmirgelpapier oder Pappe mit dickem Stift aufgeschriebene Buchstaben aus, und kleben sie auf Karteikarten.
- ✎ Die Kinder ziehen mit dem Klebestift Buchstaben auf die Karten und drücken sie danach in den Sand, so dass der Sand an dem Klebstoff haften bleibt.

Spielideen mit den fertigen Buchstabenkarten:

- ✎ Paarweise sitzen die Kinder zusammen. Ein Kind reicht dem Anderen unter dem Tisch eine Buchstabenkarte. Der Buchstabe befindet sich dabei anfangs in der richtigen Lage, die Karte darf nicht gedreht werden. Es lässt den Buchstaben ertasten, benennen und/oder aufschreiben.
- ✎ Wie zuvor, jedoch werden nacheinander Buchstabenkarten unter den Tisch gereicht (evtl. auch in verdrehter Lage). Die Buchstaben ergeben ein Wort. Wie lauten die Buchstaben, welches Wort ist es?
- ✎ Buchstabenkarten werden im Raum versteckt oder verdeckt hingelegt. Wer findet den zugerufenen Buchstaben?
- ✎ Buchstabenralley: Auf der einen Seite des Raumes haben sich Gruppen aufgestellt, auf der gegenüberliegenden Seite liegen für jede Gruppe umgedreht gemischte Buchstabenkarten. Für alle Gruppen wird ein Wort gesagt oder eine bestimmte Buchstabenreihenfolge an die Tafel geschrieben. Wie bei einer Staffel laufen die Kinder der Gruppen nacheinander los, suchen durch Umdrehen der Karten ihren entsprechenden Buchstaben und kehren damit zur Ausgangslinie zurück. Welche Gruppe hat zuerst die entsprechende Buchstabenreihenfolge an der Ausgangslinie komplett liegen?
- ✎ Wie zuvor. Zur Verringerung der Wettkampfsituation wird immer erst dann der nächste Buchstabe genannt oder aufgeschrieben, wenn der vorherige von den Kindern der Gruppen gefunden wurde.

- Wie zuvor, jedoch soll diesmal von den Gruppen die alphabetische Reihenfolge erstellt werden, d.h. das erste Kind jeder Gruppe sucht das A, das zweite das B usw.
- Die Kinder teilen sich in zwei Gruppen auf. Die eine Gruppe erhält Buchstabenkarten mittels Klebeband an die Rücken geheftet. Die andere Gruppe bekommt ein Wort gesagt und fängt die Kinder ein, deren Buchstaben in dem Wort enthalten sind. Anschließend werden die „Buchstaben-Kinder" in der richtigen Reihenfolge nebeneinander gestellt.

Pädagogische Hinweise

Eine fertige Buchstabenkartei sollte als Modell zur Verfügung stehen. Die Anfertigung der Kartei kann nach und nach als Hausaufgabe gestellt werden. Mit Sand erstellte Buchstaben nutzen sich durch den Gebrauch schnell ab. Den Kindern kann evtl. überlassen bleiben, aus welchem Material sie ihre Kartei herstellen. Fertig gestanzte Buchstaben aus Pappe oder Klebefolie sind z.B. in Dekorationsgeschäften käuflich zu erwerben. Eine Kartei aus Klein- und eine aus Großbuchstaben kann erstellt werden.

Beim Ertasten von Buchstaben.

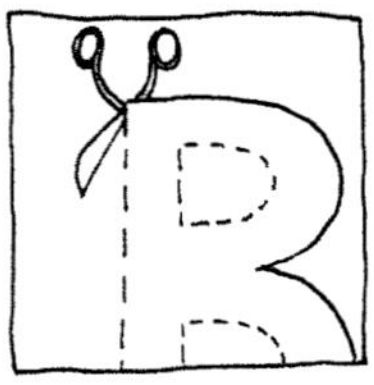

4.1.5 Buchstabenpuzzle

Soziale Situation
Kleingruppen, Großgruppe

Räumliche Situation
Klassenraum, auf dem Fußboden

Material
Holzlegeteile (große, kleine Bögen, kurze, lange Latten) **oder:** Pappe, Scheren, große und kleine Papierbögen, Stifte

Ziel

- Form-, Größen-, Lagewahrnehmung von Zeichen
- Herstellen und Wiedererkennen von Zeichen
- Figur-Grund-Unterscheidung,
- Wahrnehmung der Anordnung und der Reihenfolge

Anleitung
Die Kinder experimentieren mit den verschiedenen Holzlegeteilen, puzzeln Bögen, Latten aneinander, lassen große, kleine Buchstaben, einen Namen oder sogar ein Wort entstehen.
Ein Kind schreibt einen Buchstaben (ein Wort) an die Tafel, die anderen Kinder legen dies mit den Holzlegeteilen am Boden nach.

Varianten

✎ Die Kinder legen einen Buchstaben und schreiben ihn auf. Ein nächster Buchstabe wird gelegt und notiert. Wieviele verschiedene Buchstaben können mit den Holzlegeteilen gebildet werden?

✎ Viele verschiedene Buchstaben sind von den Kindern am Boden gelegt worden. Wer findet ein E, ein B usw.? Die Kinder zeigen jeweils darauf.

✎ Wie zuvor, jedoch nimmt ein Kind, ohne dass es die anderen sehen, von einzelnen Buchstaben Teile weg. Wer findet die Fehler, ergänzt die fehlenden Teile?

✎ Buchstaben werden mehrfach in eine Reihe gelegt: z.B. d und P (oder b und q). Alle Kinder betrachten diese von einer Seite. Was ist der Unterschied bei diesen beiden Buchstaben? Sie begeben sich dann auf die gegenüberliegende Seite. Was hat sich geändert? (Das d ist z.B. zum P geworden.)

✎ Zwei Gruppen erhalten jeweils gleiche und gleich viele Teile (z.B.: je vier kurze Latten und vier kleine Bögen). Welche Worte können mit diesen Teilen gelegt und anschließend aufgeschrieben werden?

✎ Wie zuvor jedoch in zwei Gruppen: die Teile werden auf einem großen Bogen Papier zu mehreren Buchstaben (Worten) zusammengelegt, um sie dann mit Stiften zu umfahren. Dann tauschen die beiden Gruppen ihre Papierbögen untereinander aus, um anhand dieser Vorlage die Holzlegeteile entsprechend darauf zu positionieren.

✎ Anhand des Arbeitsblattes (S. 213) bilden die Kinder Buchstaben oder Worte nach.

✎ Die Kinder stellen sich aus Pappe entsprechend Bögen und Streifen her, um damit Buchstaben zu puzzeln.

Pädagogische Hinweise
Es muss auf den gemeinsamen Betrachtungspunkt der Kinder geachtet werden. Fehler in Buchstaben oder Worten können auch absichtlich eingebaut werden.

BUCH

EIS

WORT

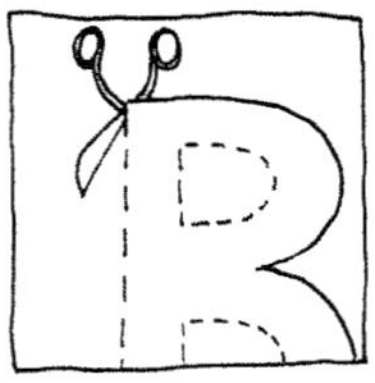

4.1.6 Rubbelbuchstaben

Soziale Situation
Jeder für sich, paarweise, Kleingruppen

Räumliche Situation
Klassenraum, an Tischen

Material
Gestanzte oder ausgeschnittene Pappbuchstaben, Papier, Stifte **oder:** Buchstabenkartei mit erhabenen Buchstaben, Pfeifenputzer-Buchstaben

Ziel
- Form-, Größen-, Lagewahrnehmung von Zeichen
- Bewegungssteuerung in verschiedene Richtungen und Richtungswechsel,
- Kraftdosierung,
- Hand-Hand-Kooperation

Anleitung
Die Kinder legen sich unter ein Blatt Papier einen Pappbuchstaben. Durch Tasten und Festdrücken des Buchstabens mit der einen Hand beginnen sie vorsichtig auf der Papieroberfläche mit ihrem Stift in der anderen Hand zu rubbeln bis der Buchstabe vollständig sichtbar auf dem Papier erscheint. Auf diese Weise lassen sie mehrere Buchstaben auf dem Papier entstehen. Anschließend ordnen sie die Pappbuchstaben den gerubbelten wieder zu bzw. legen sie darauf.

Varianten
✎ Die Kinder legen sich gegenseitig Pappbuchstaben unter das Papier, so dass vorher nicht bekannt ist, um welchen Buchstaben es sich handelt. Ist der Buchstabe durch das Papier hindurch tastbar? Um sicher zu sein, welcher Buchstabe es ist, lassen sie ihn durch Rubbeln sichtbar werden.

✎ Paarweise, ein Kind beginnt einen Buchstaben zu rubbeln, das andere versucht so früh wie möglich, den Buchstaben zu erkennen und zu benennen.

✎ Auf einem Papier sind mehrere Buchstaben unfertig, also nur teilweise gerubbelt und sichtbar. Welche können es sein?

✎ Auf den Tischen verteilt liegen Blätter Papier, darunter befinden sich Buchstaben. Die Kinder laufen im Raum herum. Auf Zuruf eines Buchstaben begeben sie sich zu einem Blatt und beginnen zu rubbeln. Bei wem erscheint der genannte Buchstabe? Ist er gefunden wird erneut zugerufen und alle finden sich bei dem genannten Buchstaben ein.

✎ Kleingruppen erhalten jeweils ein Wort. Sie suchen sich dafür die Pappbuchstaben heraus, legen sie in der entsprechenden Reihenfolge unter das Papier und rubbeln sie ab.

Pädagogische Hinweise
Mit Wachsmalblöcken oder -stiften lässt sich besonders gut rubbeln. Das Benennen und Zuordnen der tastbaren/gerubbelten Buchstaben und deren richtige Lagewahrnehmung sollte hervorgehoben werden.

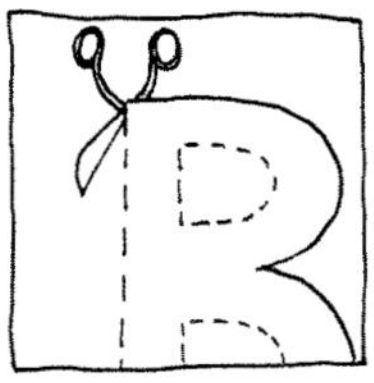

4.1.7 Fingeralphabet

Soziale Situation
Großgruppe, paarweise, Kleingruppen

Räumliche Situation
Klassenraum, draußen

Material
kein Material **oder:** OH-Projektor, Papier, Stifte

Ziel

- Formwahrnehmung von Zeichen
- Hand-Hand-Kooperation,
- Fingergeschicklichkeit

Anleitung

Die Kinder probieren aus, welche Zeichen sie mit ihren Fingern bilden können. Sie erfinden Möglichkeiten der Darstellung von Buchstaben mit Fingern. Ein Kind stellt sich mit dem Rücken zu allen anderen, formt mit seinen Fingern einen Buchstaben und hält diesen über seinen Kopf hoch. Welcher Buchstabe wird gezeigt?

Varianten

- Ein Kind stellt auf diese Weise einzelne Buchstaben in einer bestimmten Reihenfolge dar, die ein Wort ergeben. Welches ist es?
- Zwei Kinder sitzen nebeneinander, zeigen und erkennen die Buchstaben. Sie verständigen sich mit dem so Dargestellten.
- Über einen größeren Abstand übermitteln die Kinder sich Zeichen, und Geheimnachrichten.
- Die Paare erfinden Geheimzeichen, erproben, welche Buchstaben mit einer Hand gebildet werden können.
- In Kleingruppen überlegen sich die Kinder Worte, die sie mit Fingerzeichen nebeneinander stehend entsprechend darstellen. Eine Gruppe demonstriert ihr Wort (evtl. wieder mit dem Rücken zu den anderen und über Kopf die Zeichen setzend). Die anderen Gruppen versuchen das gezeigte Wort zu erkennen. Anschließend erfolgt der Gruppenwechsel.
- Wie zuvor. Die dargestellten Buchstaben oder Worte werden jetzt aufgeschrieben.
- Als Schattenspiel oder über den OH-Projektor können die dargestellten Fingerbuchstaben abgebildet erscheinen.

Pädagogische Hinweise

Die Lage- und Richtungswahrnehmung bei der Buchstabendarstellung muss bedacht werden, Fehler sollten von den Kindern selbst entdeckt werden.
Man kann auch versuchen sich mit der Gruppe teilweise nur über Fingerbuchstaben und Worte zu unterhalten.

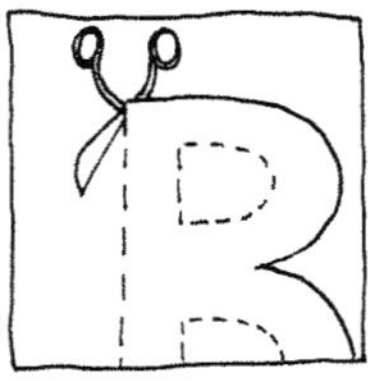

4.1.8 Buchstabenessen

Soziale Situation
Großgruppe, in Kleingruppen

Räumliche Situation
Klassenraum, an Tischen, Küche

Material
Buchstabenplätzchen, („Russisch Brot"), Teller **oder:** selbstgebackene Buchstaben, Buchstabennudeln, Löffel

Ziel

- Figur-Grund-Unterscheidung,
- Form- und Lagewahrnehmung von Zeichen,
- Fingergeschicklichkeit

Anleitung

Buchstabenplätzchen liegen auf Tellern durcheinander. Wer sieht auf einem Teller den Anfangsbuchstaben seines Namen – jedoch – ohne ihn bzw. andere zu berühren? Ein Kind benennt einen Buchstaben z.B. mit „Ich sehe was, was ihr nicht seht und das ist ein A". Die anderen Kinder zeigen darauf. Wieviele A-Buchstaben sind sichtbar? Das nächste Kind ist mit der Buchstabenbenennung an der Reihe. Zum Abschluss darf sich jedes Kind einen Buchstaben nehmen, benennen und essen.

Varianten

- ✎ Wie zuvor, jedoch werden Worte gesagt und deren Anfangsbuchstaben (oder Endbuchstaben) sollen gezeigt werden.
- ✎ Die Kinder sitzen in Kleingruppen am Tisch zusammen und sortieren die Buchstaben nach dem Alphabet. Welche fehlen, welche gibt es mehrfach? Vielleicht kann mit anderen Gruppen getauscht werden.
- ✎ Wie zuvor, einige Buchstaben sind jedoch unvollständig (durchgebrochen). Wie lauten diese, wie können sie ergänzt werden?
- ✎ Eine Gruppe legt einer anderen Worte mit Fehlern. Die Gruppen tauschen ihre Plätze und korrigieren die Worte.
- ✎ Ein Buchstabensalat aus Nudeln wird hergestellt. Bei Essen sagen sich die Kinder gegenseitig, welche Buchstaben sie essen bzw. dürfen nur die verzehren, die gerade angesagt werden. Eventuell können auch Worte aus Nudel-Buchstaben auf dem Löffel gesammelt werden.
- ✎ Die Kinder stellen aus Teig Rollen her und formen daraus Buchstaben, die dann gebacken werden. Die gebackenen Buchstaben werden in ihren Formen, Größen, Besonderheiten bewundert. Welche Buchstaben können so angeknabbert werden, dass daraus andere entstehen?

Pädagogische Hinweise

Eventuell Plätzchenteig oder Buchstabennudelsalat selbst fertigen.

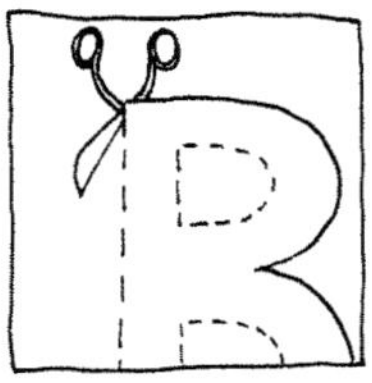

4.1.9 Auf den Körper geschrieben

Soziale Situation
Paarweise, Kleingruppen

Räumliche Situation
Überall möglich

Material
kein Material **oder:** Papier, Stifte

Ziel

- Formwahrnehmung von Zeichen,
- Bewegungssteuerung bei der Produktion von Zeichen,
- richtungsorientiert,
- kraftdosiert

Anleitung
Die Kinder stellen sich zu zweit zusammen. Das eine Kind dreht dem anderen den Rücken zu. Auf den Rücken schreibt der Partner langsam und mit großer Linienführung einen Buchstaben. Wieviel Druck mit den Fingern ist nötig, damit der andere es spüren kann? Welcher Buchstabe wurde wahrgenommen? Danach tauschen die Partner.

Varianten

✎ Statt auf den Rücken malt das eine Kind dem anderen, das die Augen schließt oder wegschaut, einen Buchstaben in die Hand.

✎ Die Partner probieren aus, auf welchen Körperteilen noch Buchstaben geschrieben und wahrgenommen werden können. Der auf einem Körperteil wahrgenommene Buchstabe wird aufgeschrieben.

✎ Wie zuvor, jedoch werden Worte z.B. auf den Rücken geschrieben.

✎ Die Kindergruppen stellen sich hintereinander auf. Die jeweils letzten Kinder der Reihen bekommen einen Buchstaben ins Ohr geflüstert. Sie schreiben ihrem Vordermann den Buchstaben auf den Rücken. Die nächsten Kinder der Reihen geben das Zeichen so weiter, wie sie es auf ihrem Rücken wahrgenommen haben, bis es das vorderste Kind jeweils erreicht hat. Dann wird der Buchstabe laut ausgesprochen, oder aufgeschrieben. Entspricht der zuerst geflüsterte Buchstabe dem angekommenen gefühlten Zeichen? (In Anlehnung an das Spiel „Stille Post“)

✎ Ein Kind aus der Gruppe bekommt z.B. einen Buchstaben oder eine Zahl auf den Rücken geschrieben, die anderen beobachten dabei die Linienführung. Stimmt das Geschriebene mit dem Gefühlten und Gesehenen überein?

✎ Das Kind, das ein Zeichen auf den Rücken geschrieben erhält, vollzieht die wahrgenommenen Linien mit einem Stift auf Papier nach.

Pädagogische Hinweise
Den Kindern sollten verschiedene Ausgangsstellungen z.B. Bauchlage oder Fersensitz am Boden ermöglicht werden.

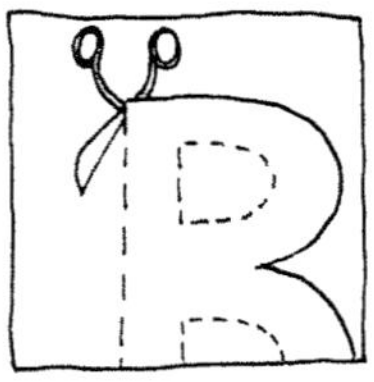

4.1.10 Umzug

Soziale Situation
Jeder für sich, paarweise, Kleingruppen

Räumliche Situation
Klassenraum, an Tischen

Material
Illustrierte, Werbeprospekte, Schere, Klebstoff, Papier **oder:** Stifte, Klebestreifen

Ziel
- Figur-Grund-Unterscheidung,
- Form-, Größen-, Lagewahrnehmung von Zeichen,
- Zuordnung von Abbildungen und Zeichen,
- manuelle Geschicklichkeit

Anleitung
Zu Beginn findet ein Gespräch über einen Umzug statt. Was muss alles eingepackt und in den Umzugswagen gebracht werden? Die Kinder benennen Gegenstände, Möbel usw. Das Genannte suchen sie in den Illustrierten und Prospekten, schneiden die Abbildungen und die dazugehörenden Wörter aus. Das Ausgeschnittene kleben sie auf Papier, Bild zu Wort bzw. Wort zu Bild. Die Kinder berichten, was ihnen besonders wichtig ist, was ganz dringend evtl. zuerst für die neue Wohnung mitgenommen werden soll.

Varianten
- ✎ Wie zuvor, nur die Abbildungen werden ausgeschnitten und aufgeklebt. Die Worte schreiben die Kinder dazu auf.
- ✎ Ausgeschnittene Gegenstände und Wörter werden gesammelt und auf dem Tisch gemischt, um sie anschließend zu sortieren und zuzuordnen, bevor sie aufgeklebt werden.
- ✎ Die Kinder arbeiten in Kleingruppen oder paarweise zusammen. Alle ausgeschnittenen Abbildungen werden auf einem gesonderten Tisch gesammelt, alle dazugehörigen ausgeschnittenen Wörter auf einem anderen. Der Umzugsleiter ruft bestimmte Gegenstände auf. Die Kinder suchen die entsprechenden Abbildungen und „transportieren“ sie zu ihrem Möbelwagen (Tisch). Wenn die Bilder zusammengetragen und aufgeklebt sind, fügen die Kinder die passenden Wortzettel dazu (oder schreiben die Worte dazu).
- ✎ Umzug im Klassenraum: Die Kinder schreiben ihren Namen auf, schneiden ihn aus und befestigen ihn mit Klebestreifen an ihrem Stuhl. Der Umzugsleiter ruft Namen auf. Wer aufgerufen ist, nimmt seinen Stuhl und stellt ihn auf einen angewiesenen Platz. Alle Stühle werden so zu einer langen Reihe angeordnet, um anschließend „Reise nach Jerusalem“ zu spielen. Wer keinen Stuhl erwischt hat, ist Möbelpacker und bringt einen Stuhl mit dem Namen an den Sitzplatz des entsprechenden Kindes zurück und spielt dann weiter mit. Bei einer Kreisanordnung der Stühle kann z.B. „mein rechter, rechter Platz ist frei – ich wünsche mir herbei“ gespielt werden.
- ✎ Für den bevorstehenden Umzug im Klassenraum werden Gegenstände aus dem Raum benannt, aufgeschrieben, Buchstaben oder Wörter aus Prospekten ausgeschnitten, zusammengefügt und aufgeklebt, um die Zettel dann den entsprechenden Objekten zuzuordnen.

Pädagogische Hinweise
Worte evtl. sammeln und an die Tafel schreiben.

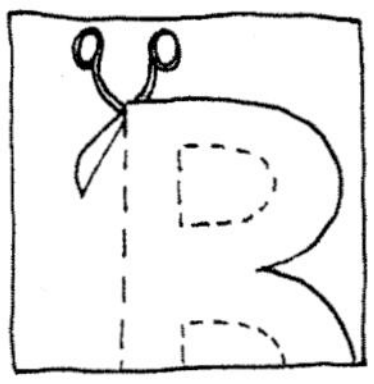

4.1.11 Buchstabensalat

Soziale Situation
Jeder für sich, Kleingruppen

Räumliche Situation
Klassenraum, an Tischen, auf dem Fußboden

Material
Zeitungen, Illustrierte, Scheren **oder:** Buchstabenkartei, gestanzte Buchstaben, Papier, Stifte

Ziel
- Figur-Grund-Unterscheidung,
- Form-, Größen-, Lagewahrnehmung von Zeichen,
- manuelle Geschicklichkeit

Anleitung
Jedes Kind sucht in Zeitungen benannte oder an der Tafel aufgeschriebene Buchstaben und schneidet sie aus. Es können verschieden große Groß- oder Kleinbuchstaben sein. Für einzelne Kleingruppen werden die Buchstaben auf Tischen gesammelt und gemischt. Auf Zuruf eines Kindes z.B. „Wer gibt mir ein großes A?“, suchen die anderen Kinder den entsprechenden Buchstaben und geben ihn ab bis alle Buchstaben auf diese Weise sortiert sind.

Varianten
- ✎ Ein „Obstsalat“ soll entstehen. Die Kinder benennen Obstsorten, die sie kennen. Alle werden an der Tafel aufgeschrieben. Die Anfangsbuchstaben zu dem benannten Obst suchen die Kinder in den Zeitungen und schneiden sei aus.
- ✎ Ein Kind „rührt an“: „Wer gibt mir ein Z für Zitrone“, „ein H für Honig“, „ein A für Apfel“, „ein B für Birne“, „ein E für Erdbeere“ usw. Alles wird gut gemischt. Anschließend picken sich die Kinder leckere Früchte aus dem Salat, sagen zu den Buchstaben, die sie nehmen, was es ist z.B. „ K für Kiwi“.
- ✎ Die Kinder schreiben sich viele verschieden große Buchstaben auf Papier, schneiden sie aus und stellen einen „Buchstaben-Nudelsalat“ her.
- ✎ Wie zuvor, jedoch erhalten die Kinder dazu ein Arbeitsblatt (S. 221), auf dem viele unterschiedliche Buchstaben kreuz und quer abgebildet sind.
- ✎ Aus ausgeschnittenen Buchstaben, die alle aufgehäuft zusammenliegen, bilden die Kinder zugerufene oder an die Tafel geschriebene Worte.
- ✎ Worte und Silben werden ausgeschnitten und für einen Salat gemischt. Danach dürfen Worte eines bestimmten Satzes oder Worte, zusammengesetzt aus Silben, „gegessen“ werden.

Pädagogische Hinweise
Die Kinder sollten Themen auswählen dürfen (z.B. Gemüsesalat-Herstellung, Eissorten-Verkauf). Es empfiehlt sich Buchstaben, Worte und Silben zusätzlich an der Tafel zu visualisieren und dazu deutlich zu lautieren.

Beim Ausmalen von Buchstaben.

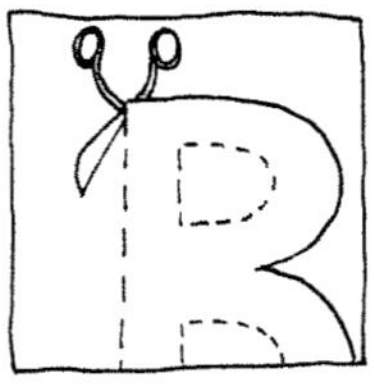

4.1.12 Buchstabenkinder

Soziale Situation
Jeder für sich

Räumliche Situation
Klassenraum, an Tischen

Material
Papier, Stift **oder:** Pinsel, Wasserfarben

Ziel
- Form-, Größenwahrnehmung von Zeichen,
- kreative Formgebung von Zeichen,
- Erfinden von Namen zu Zeichen,
- Bewegungssteuerung,
- Richtungsorientierung

Anleitung
Die Kinder notieren die Großbuchstaben, die an der Tafel stehen. Die einzelnen Buchstaben schreiben sie mehrmals, verändern sie jedoch jedes Mal, indem sie sie breiter, schmaler, größer, kleiner, eckiger, geschwungener, verschnörkelter erscheinen lassen. Sie erfinden Namen mit den entsprechenden Anfangsbuchstaben. Sie können außerdem die Buchstaben und Namen mit Eigenschaften versehen und sie darstellen, z.B. der stolze Achim, die bauchige Bärbel, der spitze Viktor, der runde Otto.

Varianten
- ✎ Die Buchstaben erhalten Tiername, z.B. E = Elefant, W = Wurm.
- ✎ Kinder stellen Tiere dar, die geraten werden sollen und deren Anfangsbuchstabe aufgeschrieben wird.
- ✎ Wie zuvor, die Kinder malen jedoch Tiere auf und schreiben in ihre Bilder die Namen, z.B. H – Hase.
- ✎ Die Kinder lassen aus einzelnen Buchstaben Menschen oder Tierzeichnungen entstehen.
- ✎ Die Kinder schreiben sich bestimmte Groß- und Kleinbuchstaben auf, z.B. malen sie zum „H“ einen großen Hasen, zum „h“ – hoppelt zeichnen sie kleine Sprünge auf. Sie finden Besonderheiten, Verben u.a. für Buchstaben, (B – Bär, Sprechblase zu b – brummt usw.)
- ✎ Wohnorte der Buchstaben-Kinder von den Kindern zuordnen lassen, z.B. H – Hans wohnt in H – Hamburg
- ✎ Die Kinder benennen, schreiben auf, was die Buchstaben-Kinder gern essen, z.B. B – Barbara isst gern B – Blaubeeren.

Pädagogische Hinweise
Die Tier- oder Vornamen, mit ihren Anfangsbuchstaben können den Kindern als Eselsbrücken beim Schreiben dienen.
Man kann die Kinder auf die Bedeutung von internationalen, deutschen und englischen Buchstabiertafeln hinweisen (Vgl. S. 223). Die von Kindern erstellten Buchstabiertafeln sollten öfter eingesetzt werden.

Buchstabiertafeln

	deutsch	englisch	international	Tiernamen
A	Anton	Alfred	Alpha	Affe
Ä	Ärger	-	-	-
B	Bertha	Benjamin	Bravo	Bär
C	Cäsar	Charles	Charlie	Chamäleon
CH	Charlotte	-	-	-
D	Dora	David	Delta	Dachs
E	Emil	Edward	Echo	Elefant
F	Friedrich	Frederick	Foxtrot	Fuchs
G	Gustav	George	Golf	Giraffe
H	Heinrich	Harry	Hotel	Hase
I	Ida	Isaac	India	Igel
J	Julius	Jack	Juliett	Jaguar
K	Kaufmann	King	Kilo	Käfer/Kuh
L	Ludwig	London	Lima	Löwe
M	Martha	Mary	Mike	Maus
N	Nordpol	Nelly	November	Nashorn
O	Otto	Oliver	Oscar	Otter
Ö	Ökonom	-	-	-
P	Paula	Peter	Papa	Panda/Pferd
Q	Quelle	Queen	Quebec	Qualle
R	Richard	Robert	Romeo	Ratte
S	Samuel	Samuel	Sierra	Sau
SCH	Schule	-	-	Schmetterling
T	Theodor	Tommy	Tango	Tiger/Tausendf.
U	Ulrich	Uncle	Uniform	Unke
Ü	Übermut	-	-	-
V	Viktor	Victor	Victor	Vogel
W	Wilhelm	William	Whisky	Wolf/Widder
X	Xantippe	X-ray	X-ray	(Xylophon)
Y	Ypsilon	Yellow	Yankee	Yak
Z	Zacharias	Zebra	Zulu	Zebra

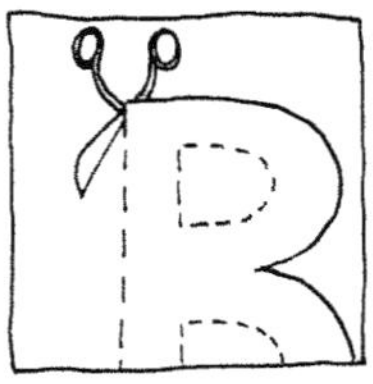

4.1.13 Kreuzworträtsel

Soziale Situation
Jeder für sich, paarweise, Kleingruppen

Räumliche Situation
Klassenraum, an Tischen

Material
Kariertes Papier, Stifte **oder:** Zeitungen, Illustrierte, Scheren, gestanzte Buchstaben oder Buchstabenkarten

Ziel
- Formwahrnehmung von Zeichen,
- Beziehungen von Zeichen zueinander wahrnehmen

Anleitung
Die Kinder umranden auf dem karierten Papier vier Kästchen nebeneinander und vier Kästchen untereinander, so dass die ersten jeweils den gleichen Platz haben. Die Umrandungen werden fortgesetzt, bis ein Kästchenquadrat entsteht. Zu folgenden Fragen schreiben die Kinder die Buchstaben in die entsprechenden Kästchen:

1) Worin wohnt ihr? Schreibt die vier Buchstaben des Wortes in die ersten Kästchen untereinander.

2) Was fährt auf der Straße und beginnt mit dem Anfangsbuchstaben A? Schreibt die vier Buchstaben nebeneinander in die zweite Reihe.

3) Zucker schmeckt süß. Mit dem Gegenteiligen schmeckt man die Suppe ab, beginnt mit S – was ist das? Schreibt das Wort mit seinen Buchstaben in die vierte Reihe nebeneinander.

Varianten

✎ Wie zuvor, jedoch werden die Fragen nicht gesprochen sondern pantomimisch dargestellt und erraten. Die räumliche Platzierung der Worte wird benannt.

z.B.	H	H A S E
	A U T O	A U T O
	U	U L I -
	S A L Z	S A L Z

✎ Anhand des Arbeitsblattes (S. 225) erfinden die Kinder Fragestellungen als Kreuzwort-Rätsel verkehrtherum.

✎ Paarweise oder in Kleingruppen stellen sich die Kinder Fragen, beschreiben die Platzierung der Worte. Als Vorlage kann dazu dem fragenstellenden Kind das Arbeitsblatt dienen.

✎ Mit ausgeschnittenen Buchstaben oder Buchstabenkarten legen die Kinder Worte. Buchstaben aus den Worten können wieder Anfangsbuchstaben für weitere neue Worte sein. So erstellen sie sich eigene Kreuzworträtsel.

✎ Analog zum Spiel „Scrabble“ schneidet sich jedes Kind zehn Buchstaben aus der Zeitung und gibt vier davon auf einen Buchstabenersatzstapel. Ein Kind aus der Gruppe beginnt, legt ein Wort, das nächste setzt jeweils an einem bereits liegenden Buchstaben mit einem Wort an. Es kann sich mit Buchstaben aus dem Ersatzstapel bedienen. Wieviele Worte entstehen auf diese Weise?

		B	
M	A	U	S
A		S	
M			
A	L	L	E

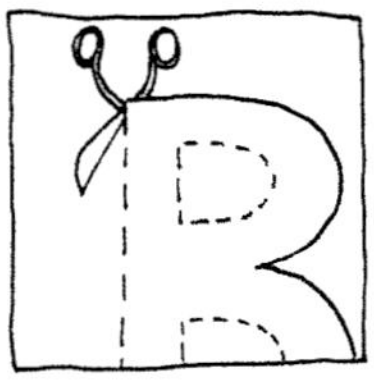

4.1.14 Einkaufszettel

Soziale Situation
Jeder für sich, Kleingruppen, Großgruppe

Räumliche Situation
Klassenraum, an Tischen, auf dem Fußboden, im Lebensmittelmarkt oder Einkaufszentrum

Material
Prospekte mit Lebensmittelanzeigen, Scheren, Klebestift **oder:** Papier, Stifte

Ziel
- Form- und Größenwahrnehmung von Zeichen,
- Zuordnung von Abbildungen und Zeichen,
- manuelle Geschicklichkeit

Anleitung
Im gemeinsamen Gespräch tragen die Kinder zusammen, welche Lebensmittel sie täglich essen, was z.B. die Mutter am Wochenende alles einkauft oder was beim letzten Einkauf Essbares im Einkaufswagen lag. Die Worte werden an die Tafel geschrieben, z.B. Milch, Butter, Fisch, Schinken, Salat, Joghurt. Anschließend schneiden sich die Kinder bestimmte abgebildete Lebensmittel aus Prospekten aus. Dann erfolgt die Suche nach den dazugehörigen gedruckten Worten, die ebenfalls ausgeschnitten werden. Um sich alles zu merken, ordnen die Kinder Gedrucktes zu Abbildungen und kleben es aneinander. Sie erhalten so eine lange Liste über die einzukaufenden Lebensmittel.

Varianten
✎ In zwei Kleingruppen erhalten die Kinder den Auftrag bestimmte, benannte Lebensmittel einschließlich der Bezeichnungen auszuschneiden. Eine Gruppe spielt Verkäufer im Supermarkt, legt die Abbildungen als Ware auf dem Tisch aus und preist sie an. Die andere Gruppe spielt Einkaufen, kommt mit ihren Einkaufsnotizen zu den Supermarktverkäufern und „kauft“ entsprechende Lebensmittel. Die einkaufenden Kinder haben nur die gedruckten Worte und finden im Markt die richtige Ware. Alles Eingekaufte können sie anschließend selbst kontrollieren.

✎ Die Kinder schneiden sich gedruckte Lebensmittelbezeichnungen aus, kleben sie auf Papier und zeichnen dazu die entsprechende Ware. Oder sie schneiden die Abbildungen aus und schreiben dazu die Worte ab.

✎ Der Lehrer benötigt viele verschiedene Lebensmittel. Dazu erstellen die Kinder einen Einkaufszettel. Sie schneiden Abbildungen und Worte aus und kleben diese auf Papier. Mit dieser Liste gehen sie in den Einkaufsmarkt. Dort suchen sie die Ware, legen sie in den Einkaufswagen und kontrollieren, ob sie alles haben.

Pädagogische Hinweise
Die Kinder können als Hausaufgabe einen Einkaufszettel erstellen.
Als Erweiterung können Preise verglichen und addiert werden.

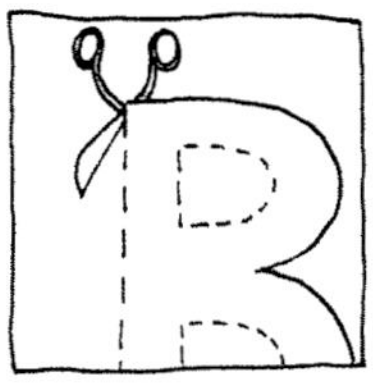

4.1.15 Buchstabengeschichte

Ziel
- visuelle Figur- und Grundwahrnehmung von Zeichen
- Form-, Lagewahrnehmung von Zeichen,
- Heraushören von Lauten,
- Wahrnehmung räumlicher Beziehungen von Zeichen
- manuelle Geschicklichkeit

Soziale Situation
Jeder für sich, Großgruppe

Räumliche Situation
Klassenraum, an Tischen oder auf dem Fußboden

Material
Zeitungen oder Illustrierte, Schere, Klebestift, Papier

oder: Stifte und Zeitungen, Schreibmaschine oder PC

Anleitung
Eine Geschichte z.B. vom großen T und kleinen t, die manchmal auch mit Kosenamen Groß-Te oder -Ti (Klein-te oder -ti) benannt werden wird erzählt. Sie haben Freunde (Buchstaben), die mit ihnen voraus oder hinterhergehen, zusammenstehen und mit denen sie etwas erleben. Die Kinder schneiden die jeweils benannten Buchstaben aus, fügen sie zusammen. Worte oder Sätze können auf diese Weise entstehen.
Beispiel: Groß-T und Klein-t gehen zusammen in den Sportverein. Sie üben Gewichtheben. Stolz stemmt Groß-T den Gewichtbalken über den Kopf, Klein-t gelingt es noch nicht so hoch. Die Beiden schauen den anderen Sportlern zu. Da schlägt Klein-o einen Purzelbaum nach dem anderen, sie bewundern es. Klein-m springt auf drei Beinen zur Musik rauf und runter und Klein-e tanzt dazu in Kurven und Schleifen. Jemand sitzt angehockt am Boden, rollt auf den Rücken und wieder zurück. Es ist Klein-a, das da vor und zurück rollt. Zum Ende der Sportstunde zeigen alle ihre Kunststücke. Dazu werden sie der Reihe nach aufgerufen: zuerst Groß-T, dann Klein-o, danach folgt Klein-m. Klein-t drängelt sich vor. Klein-a sagt, „ich komme vorher dran" und stellt sich dann zwischen Klein-m und Klein-t. Zuletzt führt Klein-e sein Kunststück vor und schließt sich an Klein-t an. Alle werden sehr gelobt und aus Verlegenheit werden sie rot wie eine Tomate.

Varianten
- ✎ Zu der obigen Geschichte schneiden die Kinder entsprechende Buchstaben aus und stellen die Buchstaben mit ihren Aktivitäten dar.
- ✎ Wie zuvor, jedoch werden die Buchstaben nicht ausgeschnitten sondern nur mit einem Stift umkreist.
- ✎ Statt einer Buchstabengeschichte kann eine Silbengeschichte erzählt werden, z.B. von To und ma und te.
- ✎ Auf einem Arbeitspapier (S. 221) befinden sich viele Buchstaben oder Silben, die die Kinder zur Geschichte entsprechend markieren. Das Arbeitspapier können sie vorher selbst mit der Schreibmaschine oder dem Computer erstellen.

Pädagogische Hinweise
Es empfiehlt sich, Buchstabenlaute nachsprechen zu lassen. Den Kindern sollte die Möglichkeit gegeben werden, Geschichten von Buchstaben oder Silben zu erfinden.

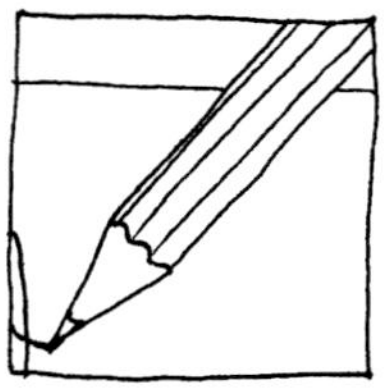

4.2 Schreibbewegungen zu wahrgenommenen/ wahrnehmbaren Zeichen

Sind bei einem Kind Laut- und Zeichenbilder verfügbar miteinander gekoppelt und mit zusammenhängenden visuell wahrgenommenen Schriftzeichen verbunden, entsteht zunehmend das Interesse, Zeichen selbst zu setzen und zu schreiben. Wurden dazu anfangs evtl. Sprechtelefone, Diktiergeräte, Kassettenrekorder oder Schablonen, Stempelkästen, Buchstaben- bzw. Wortkarten und Schreibmaschinen benutzt, geht es anschließend mehr und mehr darum, Gesprochenes frei mit der Hand in Geschriebenes umzusetzen. Freude und Stolz wird sichtbar, wenn produzierte Zeichen gelungen und deutlich wiedererkennbar sind. Aufgeschriebenes kann so Auslöser für Handlungen sein.
Der individuelle Bewegungsausdruck, auch als Spiegel augenblicklichen Empfindens, das Ausprobieren unterschiedlicher räumlich großer bzw. kleiner Bewegungen und Richtungen beim rechtsläufigen Schreiben und das Nachahmen anderer Kinder oder Erwachsener zeigen, wie das Kind seine Schriftart findet.
Das Nachfahren von Buchstaben kann einerseits bei vielen Kindern wesentlich zur Bewegungssteuerung und -kontrolle beitragen, andererseits hemmt es den eigenen psychomotorischen Prozess. Dies gilt ebenso für das zu frühzeitige Pressen von Buchstaben in einheitlich vorgegebene Linien.

In den folgenden Situationen wird darauf eingegangen, wie Zeichen auf vielfältigen Untergründen mit verschiedenen Stiften entstehen können. Ob in Druck- oder Schreibschrift (vereinfachte Ausgangsschrift), bedeutsam ist, dass die Bewegungen unter koordinativen Aspekten mit Leichtigkeit und immer sicherer geführt und kontrolliert erfolgen können. Da das Bedürfnis, schreiben zu können, bei Vorschulkindern sehr groß ist, kann hier bereits damit angefangen werden. Zumal die Kinder oft schon in der Lage sind, ihren Namen in Druckbuchstaben wiederzugeben.

In Bezug auf die Bewegungsführung eines Stiftes kommt es auf folgende Aspekte an:

1. Lenkung der Aufmerksamkeit auf den Schreibbewegungsvorgang;
   ✎ Hohe Motivation bei der Ausführung von Schreibbewegungen.

2. Visuell-motorische und taktil-kinästhetische räumliche Richtungsorientierung und Kontrolle,
   ✎ Umsetzung des Bewegungsplanes in entsprechende richtungsgesteuerte und überprüfte Bewegungsrealisierungen;

3. Kinästhetische Differenzierung und druckangemessene Impulsdosierung.
   ✎ Neben der Beweglichkeit bis in die Fingerspitzen wird hiermit eine adäquate An- und Entspannungs-Balance mit dem entsprechend notwendigen Kraftaufwand anhand einer konkreten Bewegungsvorstellung erreicht.

4. Reaktionsvermögen und Rhythmusempfinden
   ✎ Dies betrifft gezieltes An- und Absetzen sowie die Findung einer eigenen „Schreibmelodie“;

5. Auf Schnelligkeit und Ausdauer bezogene Bewegungsvollzüge
   ✎ Zum eigenen Tempo finden, ohne unter Druck zu geraten; fortlaufend Schreibbewegungen ausführen, ohne muskulär zu ermüden.

Liegt noch keine eindeutige Schreibhanddominanz vor, ist es besonders für diese Kinder wichtig, sie durch links-, rechts- und beidhändige Schreibbewegungsexperimente herauszufinden. Dieser Findungsprozess bedarf besonderer Unterstützung.

Neben den folgenden Situationsangeboten eignen sich u.a. Texte, Reime und Gedichte, als Hilfe zur Einprägung für Schreibbewegungen von Zeichen.

Zum Beispiel:

„Der Faden“
(von JOSEF GUGGENMOS aus: Was denkt die Maus am Donnerstag?)

Es war einmal ein Faden,
der lag da wie ein Strich.

Der lag da und langweilte sich.
“Was tu ich? Ich ringle mich!“

Er ringelte sich zur Spirale.
Und dann mit einem Male

machte er aus sich draus
eine Schnecke mit ihrem Haus.

Gleich wurde was Neues gemacht:
Heidiwitzka, eine 8!

Bald drauf eine Dickedull,
eine kugelrunde Null.

Dann noch, mit viel Geschick,
ein Fisch, ein Meisterstück!

„Was kann ich jetzt noch sein?“
dachte der Fisch. Da fiel ihm was ein.

„Ich schlängle mich als Schlange -
wenn wer kommt, dann wird ihm bange!“

Dass wer kommt -
darauf wartet er schon lange.

(Anregung: Die Kinder lassen mit Fäden oder Baumwollseilchen die Formen zu dem Text entstehen, oder sie zeichnen bzw. schreiben sie auf.)

oder:
„Naturgeschichtliches Alphabet“ von WILHELM BUSCH aus: James Krüss, Gedichte für das ganze Jahr. Ravensburg Otto Maier Verlag.

oder:
„Blubbern, Babbeln, Brabbelmund. Bäcker. Brezel. Bauchig – rund.“ aus: JAMES KRÜSS, ABC und Phantasie. Ravensburg Otto Maier Verlag.

Oder:
„Hosen- und Hemdenbügler h hatte keine Hoffnung mehr. ‘Ach’, sagte es und wanderte aus nach Texas. Es kam auf eine Pferdefarm, wo gerade ein Cowboy mit dem Lasso Fohlen fing. ‘Hallo! du hast ja eine herrliche Schlinge, komm hilf mir Fohlen fangen!’ rief der Cowboy. ‘Na ja’ antwortete das h, ‘wenn du mir einen guten Lohn zahlst, will ich dir wohl helfen.’ ‘Okay’, schnalzte der Cowboy, ‘für ein Fohlen kriegst du einen

amerikanischen Golddollar.' Das h willigte ein. Tatsächlich fing es drei Fohlen. Beim Vierten riss die Schlinge. 'Schade', sagte der Cowboy, 'aber ich kann dich nicht mehr gebrauchen ... tschüs.' Und er lachte 'Haha!' 'Siehst du, ohne mich könntest du nicht lachen', sagte das h und im Nu hatte es seine Schlinge wieder zusammengeknotet. 'Pass auf, dass ich dich nicht einfange.' Darauf blieb das h beim Cowboy. Haha.“ (Aus: ANTON KRILLA, abcdefghijklmnopqrstuvw Buchstabengeschichten. Reinbek bei Hamburg, Rowohlt)

(Anregung: Die Kinder spielen das h, schwingen ein Baumwollseil als Lasso, legen oder schreiben mehrfach das h in Schreibschrift. Statt des h können andere Buchstaben mit einer Schleife wie z.B. l, e, k, f eingesetzt werden.)

Nur mit Geschick und Konzentration kommt man ans Ziel.

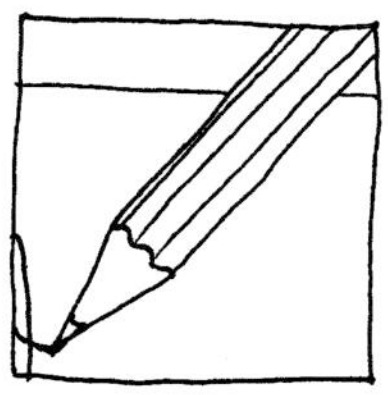

4.2.1 Tisch-/Visitenkarten

Soziale Situation
Jeder für sich, Großgruppe

Räumliche Situation
An Tischen, auf dem Fußboden

Material
Tonpapier in DIN A 5, verschiedene Farben, Stifte, große Papierbögen, Klebestreifen **oder:** Post- oder Karteikarten unliniert

Ziel

- Den eigenen gesprochenen Namen (Vornamen) schreiben,
- sich mit dem geschriebenen Namen identifizieren,
- Kennenlernen in der Gruppe

Anleitung

Die Kinder wählen sich einen Bogen Tonpapier mit ihrer Lieblingsfarbe aus, knicken ihn zur Hälfte um und schreiben ihren Namen auf alle Seiten.
Wer mag, verziert seine Tischkarte, indem er Muster oder Blumen darauf malt.
Dann stellt jedes Kind seine Karte an seinem Platz vor sich auf.
Nacheinander liest jeder seinen Namen vor, und sagt dazu (evtl. auf Befragen der anderen) z.B. was und womit er gern spielt, was seine Lieblingsspeise ist usw.
Zum Abschluss werden alle Namenskarten auf eine großes Plakat mit der Überschrift „Wir gehören zusammen“ geheftet.

Varianten

- ✎ Die von den Kindern mit Namen versehenen Tischkarten werden eingesammelt und versteckt. Wer findet seine Karte wieder?
- ✎ Die beschrifteten Namenskarten werden zusammengelegt und anschließend auf andere Plätze gestellt. Wer saß vorher auf diesem Platz? Wer findet den Namensträger der Tischkarte?
- ✎ Alle Kinder, deren Namen den gleichen Anfangsbuchstaben haben, stellen sich zusammen.
- ✎ Die Kinder suchen auf den Namenskarten Buchstaben, die sie gemeinsam haben. Nach dem Beschriften der Visitenkarten gehen die Kinder durch den Raum, begegnen sich, begrüßen sich, tauschen gegenseitig ihre Visitenkarten aus, z.B. nur die, die ein a auf der Karte stehen haben.
- ✎ Die Kinder schreiben nach Vorlage für jeweils ein anderes Kind den Namen auf eine Karte ab. Das zum Namen gehörende Kind überprüft, ob sein Name richtig geschrieben wurde.
- ✎ Wie zuvor, aber die Kinder schreiben die Visitenkarten absichtlich mit „Druckfehlern“ z.B. MICHA L, KATH IN. Findet der Namensträger den Druckfehler heraus?

Pädagogische Hinweise

Ersatzkarten sollten vorher vom Lehrer erstellt werden. Sie sind für die Kinder gedacht, die ihren Namen noch nicht zu Papier bringen können oder mit denen man zusammen den Namen schreibt.
Wichtig ist es, zu beobachten.

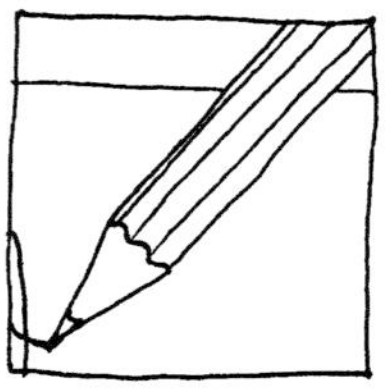

4.2.2 Ausweiserstellung

Soziale Situation
Jeder für sich

Räumliche Situation
An Tischen

Material
Post- oder Karteikarten, Stifte **oder:** Vorbereitete Karten, Ausweisvordrucke (S. 233)

Ziel

- Den eigenen gesprochenen Namen schreiben,
- Worte ab-/aufschreiben,
- Kennenlernen in der Gruppe.

Anleitung:
Die Kinder erstellen sich einen persönlichen Ausweis. Sie knicken die Postkarten zur Ausweisgröße.
Gemeinsam wird zusammengetragen, was alles in einem Ausweis stehen soll.
Dann schreiben sie auf die aufgeklappte linke Seite ihren Namen, ihr Geburtsdatum, ihre Anschrift, ihre Körpergröße, ihre Haar- und Augenfarbe. Die Angaben können auch in nicht lesbarer Kritzelschrift erfolgen. Auf die rechte Ausweisseite malen sie ein Bild (Passbild) von sich selbst. Die Rückseite wird mit einem Fingerabdruck versehen. Dazu malen die Kinder einen Daumen mit Filzstift an und drücken ihn auf die Karte. Die Vorderseite kann mit einem Schul- oder Einrichtungsstempel versehen werden. So entstehen unverwechselbare Schülerausweise.

Varianten:

- Für verschiedene Spielsituationen werden Ausweise erstellt, z.B. Fahrrad-, Schwimm- und Mitgliedsausweise im Sportverein. Nach einer auf die Gruppe bezogenen Fahrrad- und Schwimm-Prüfung u.a. werden Ausweise ausgegeben.
- Statt Ausweise erstellen die Kinder Urkunden für einen kleinen Sportwettkampf.
- Die Kinder entwerfen einen Flizzi-Führerschein oder einen Reiterpass, nach beigefügtem Muster (S. 233 und 234).
- Die Kinder spielen Verkehrskontrolle. Dabei werden die Autofahrer von der Polizei aufgefordert, ihre Ausweise zu zeigen. Ein Fahrer hat z.B. seinen Ausweis verloren, er muss sich einen Ersatz ausstellen lassen, ein anderer hat ihn vergessen, muss ihn nachträglich auf der Polizeistation zeigen usw.

Pädagogische Hinweise
Man zeigt den Kindern das Muster eines z.B. alten Personalausweises oder einer Urkunde.
Es wird mit ihnen besprochen, auf welchem Amt (Behörde) Ausweise ausgestellt werden.
Bestimmte Worte zum Eintragen in den Ausweis an die Tafel oder auf Wortkarten schreiben; die Kinder Worte vorschreiben lassen!
Die Kinder probieren verschiedene weiche bis harte Stifte aus.

Der/die FahrerIn

Name

erhält die Erlaubnis nach Ablegung der Prüfung ein FLIZZI-ROLLBRETT mit Antrieb durch den Fahrer/die Fahrerin zu führen.

PrüferIn

Passbild

Hiermit wird bescheinigt, dass der/die FahrerIn

Name

das FLIZZI-ROLLBRETT beherrscht und meisterhaft die FLIZZI-ROLLBRETT-FAHRER-PRÜFUNG bestanden hat.

Unterschrift

eigenhändige Unterschrift des Inhabers

AUFGABEN ZUR PEZZIBALL-REITERPRÜFUNG

	Wertnote
• Stilspringen	
• Dressurreiten	
• Voltigieren	
• Zeitspringen	
• Geschicklichkeitsreiten	
• Slalomreiten	
• Paar-Reiten	
• Vielseitigkeitsreiten	
• Orientierungsreiten	
• Verfolgungsreiten	

Auf dem großen REIT- und SPRINGTURNIER

in

am

hat

Name

die Reiterprüfung bestanden und erhält die Auszeichnung als

PEZZIBALL - REITER/IN

PrüferIn

Eintragungen der bestandenen Prüfungen:

- Geradeausfahrt mit Stopp an Linien
- Kreisfahrt, blind
- Berg-ab-Fahrt im freien Kniestand
- Schuss-Fahrt mit Aufheben kleiner Dinge von der Fahrstrecke
- Wechsel aus Bauchlage zum Fersensitz während der Fahrt
- Rückwärts Einparken
- Geschwindigkeitsfahrt mit Zeitmessung
- Orientierungsfahrt nach Wegbeschreibung
- Geschicklichkeitsfahrt
- Personentransport
- Abschleppen
- Abbiegen mit Blinkersetzen
- Verkehrsschilderbeachtung
- Verkehrsregelung durch die Polizei beachtet

FLIZZI

FÜHRERSCHEIN

für

Name

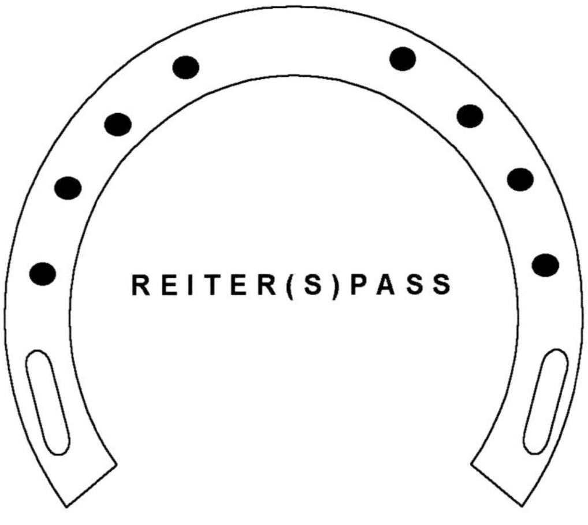

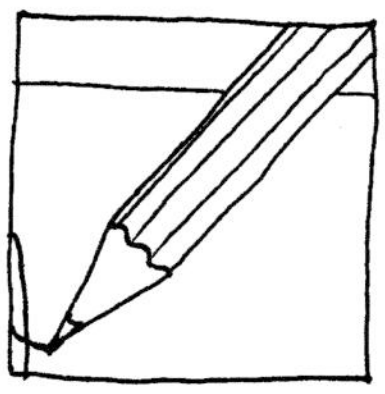

4.2.3 Ballon-Köpfe

Soziale Situation
Jeder für sich, Großgruppe

Räumliche Situation
An Tischen, auf dem Fußboden, im größeren Raum oder draußen

Material
Luftballons, dicke Filzstifte, Blumendraht, Blumentöpfe mit Erde **oder:** Fingermalfarbe, Pinsel und Wasserfarbe, Papier, Stifte

Ziel

- Den eigenen gesprochenen Namen schreiben,
- sich mit dem geschriebenen Namen identifizieren,
- Kennenlernen in der Gruppe,
- druckangemessene Impulsdosierung,
- Stiftführung von Bögen, Ovalen und Strichen in verschiedenen Größen.

Anleitung

Jedes Kind wählt sich einen Luftballon aus, bläst ihn auf und knotet ihn zu. Die Kinder lassen „vorne“ auf dem Ballon-Kopf jeweils ein Gesicht entstehen. Augen und Haare evtl. in der Farbe, ihrer eigenen.
Auf die Rückseite schreiben sie ihren Namen. Nach etwas Zeit zum Antrocknen der Filzstiftfarben beginnt ein Luftballonspiel z.B.: bestimmte Namen werden aufgerufen, die Namensträger stupsen ihren Ballon hoch, die anderen beteiligen sich daran, so dass kein Ballon den Boden berührt. Weitere Namen können zugerufen werden, so dass sich die Anzahl der hochzuspielenden Ballons erhöht. Wieviele Ballons kann die Gruppe gemeinsam in der Luft halten?
Zum Schluss holt sich jedes Kind seinen Ballon-Kopf zurück, biegt einen Blumendraht am Ende behutsam um den Ballonknoten und steckt ihn in die Erde.

Varianten

✎ Die Kinder schreiben mit Fingerfarbe oder mit Pinseln und Wasserfarbe ihren Namen oder Buchstaben auf ihren aufgeblasenen Ballon.

✎ Auf den unaufgeblasenen Ballon schreiben die Kinder Buchstaben, ihren Namen oder Worte.

✎ Die Kinder erstellen zu der erlebten Situation ein Arbeitsblatt, zeichnen dazu einen Blumentopf, Ballons, schreiben Namen oder Buchstaben in die Ballons und ziehen Striche (den Blumendraht) von Ballon zu Topf.

✎ Wie zuvor, jedoch malen die Kinder Ballons mit Strichen dran auf das Papier, so als ob es Ballons sind, die frei in die Luft fliegen.

Pädagogische Hinweise

Beim Aufblasen und Zuknoten sollte man den Kindern behilflich sein und außerdem ausreichend Ballons in Reserve haben.
Die Buchstaben oder Namen bzw. Worte können zur Orientierung an die Tafel geschrieben werden.

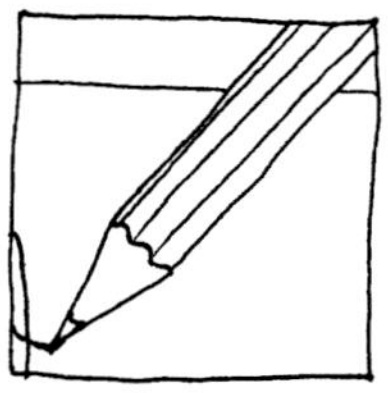

4.2.4 Gruppen-/Klassen-Poster

Soziale Situation
Großgruppe

Räumliche Situation
Auf dem Fußboden, an der Wand

Material
Große Papier- oder Packpapier-Bögen, Stifte, Scheren, Klebestift **oder:** Tapetenreste

Ziel

- Gesprochene Namen, Worte aufschreiben,
- Kennenlernen in der Gruppe,
- manuelle Geschicklichkeit, Hand-Hand-Kooperation,
- räumlich orientierte Linienführung

Anleitung

Die Kinder schreiben ihren Namen auf ein Stück Papier und schneiden ihn aus.
Ein großer Papierbogen wird ausgebreitet, auf den die Kinder ihre Namenszettel aufkleben und evtl. einen Schmuckrand (z.B. Girlanden) drumherum setzen.
Wer ist mit wem befreundet, sitzt neben wem und spielt mit wem zusammen?
Von ihrem Namensschild ziehen die Kinder Linien zu einem oder mehreren anderer Kinder („Soziogramm"). Dabei wird an den nicht zutreffenden Namensschildern der Stift vorbeigeführt (nicht durchquert!) und erst am jeweils ausgewählten gestoppt.
Anschließend wird das Plakat aufgehängt, betrachtet und die Vorgänge nochmals beschrieben.

Varianten

✎ Statt der Namenszettel schreiben die Kinder ihren Namen direkt auf das große Plakat, umkreisen ihn, schmücken ihn aus oder zeichnen etwas dazu.

✎ Jedes Kind zeichnet ein Tier seiner Wahl auf den großen Bogen und schreibt seinen Namen mehrfach in das Tier.

✎ Alle Buchstaben, Silben oder Worte, die die Kinder bereits gelernt haben, tragen sie zusammen, um diese dann kreuz und quer auf das Plakat zu schreiben. Oder sie notieren sie auf einem Zettel, den sie danach auf das Plakat kleben. Lassen sich evtl. daraus Wörter, Sätze bilden?

✎ Die Gruppe gibt sich einen Namen wie z.B. Regenbogen-Gruppe, der auf das Gruppen-Poster geschrieben wird. Jedes Kind bringt ein Foto von sich mit. Diese werden auf den großen Bogen aufgeklebt und mit dem Namen unterschrieben. Der Rand des Posters kann noch verziert werden, indem z.B. ein farbenprächtiger Regenbogen aufgemalt wird.

Pädagogische Hinweise

Der Übungsleiter bringt sich selbst mit Namen, Tierzeichnung, Foto usw. ein und beteiligt sich an dem Entstehen des Posters.
Es werden Namen, Buchstaben und Worte zuerst auf Zettel geschrieben. So lassen sich evtl. notwendige Korrekturen günstiger (unauffälliger) vornehmen.
Bei einem „Soziogramm" ist darauf zu achten, dass kein Kind allein steht, besonders wenn dies ihm sichtbar unangenehm ist.

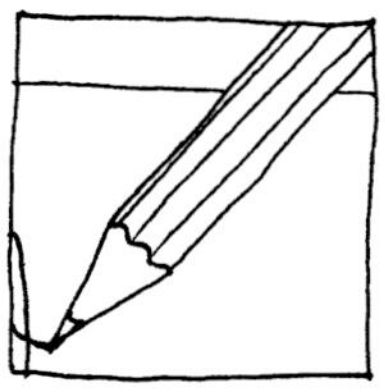

4.2.5 In den Sand geschrieben

Soziale Situation
Jeder für sich, paarweise, Kleingruppen

Räumliche Situation
Draußen: Spielplatz, Sandsprunggruben, Wiese
Drinnen: auf Unterlagen mit Sand, auf dem Fußboden, auf Tischen

Material
trockener Sand **oder:** Erde, Stöckchen, Gießkanne mit Wasser

Ziel
- Freie und gezielte Linienführungen
- taktil-kinästhetische,
- Wahrnehmung der Hände,
- Richtungsorientierung,
- behutsame, impulsdosierte Steuerung

Anleitung
Die Kinder experimentieren anfangs jeder für sich mit dem Sand auf den Sandflächen (Regel: Der Sand bleibt in dem begrenzten Bereich bzw. auf der dafür vorgesehenen Fläche).
Dann werden sie aufgefordert, sichtbare Linien zu führen. Dabei können sich die Linien und Hände der Kinder begegnen. Ist es möglich, die Linien nachzufahren? So entsteht ein Straßennetz, auf dem die Kinder ihre Finger ein- oder beidhändig parallel entlang fahren lassen z.B. als Autorennen, Verfolgungsspiel.

Varianten

✎ Die Kinder malen Muster, schreiben Buchstaben und Worte in den Sand. Sie lassen ihren Partner entziffern, was dort geschrieben steht.

✎ Löcher oder Türme als Markierungspunkte werden in den Sand gesetzt. Von ihrem Ausgangspunkt aus ziehen die Kinder Linien zu den gekennzeichneten Stellen, z.B. als Maulwurfgänge, Schifffahrtswege zu den Leuchttürmen oder um Bojen herum.

✎ Paarweise, ein Kind führt die Hand seines Partnern, schreibt benannte Buchstaben, Silben oder Worte in den Sand.

✎ Wie zuvor, jedoch schließt einmal das geführte Kind, einmal das führende Kind die Augen. Kann das Geschriebene entschlüsselt und eventuelle Fehler korrigiert werden?

✎ Wird der Sand mit Wasser feucht gemacht, lassen sich die hineingeschriebenen Zeichen blind ertasten.

✎ Mit Stöckchen können auf Erdflächen Zeichen geschrieben und Pfeile gesetzt werden, z.B. für eine Mini-Schnitzeljagd.

✎ Kästchenspringen kann erfolgen, nachdem sich die Kinder aneinanderhängende Quadrate auf den Boden skizziert haben.

Pädagogische Hinweise
Auf festgeklebten Folien, mit wenig Sand gleichmäßig berieselt, lassen sich deutlich Spuren setzen und wieder verwischen.
Wahrgenommene Zeichen im Sand oder auf der Erde können anschließend zu Papier gebracht bzw. vorher aufgeschriebene Zeichen in den Sand gesetzt werden.

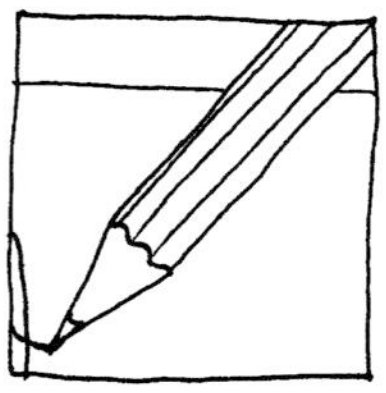

4.2.6 Pflaster- und Tafelmalereien

Soziale Situation
Kleingruppen, paarweise

Räumliche Situation
Draußen auf Gehwegen, Parkplatz, Schulhof, Klassenraum

Material
Steinplatten, geteerte Flächen, bunte Kreide **oder:** Wandtafel, Form-Farb-Tafel-Satz, Schwämme

Ziel
- Freie und gezielte Linienführungen,
- Bewegungssteuerung in verschiedene bzw. bestimmte Richtungen,
- großflächige,
- druckvolle Bewegungen,
- reaktionsbezogenes An- und Absetzen,
- Umkehrung von Figur und Grundwahrnehmung

Anleitung
Die Gruppe setzt sich zusammen und überlegt, welche Zeichen bzw. welches Bild sie entstehen lassen möchten. Zum Beispiel einigen sie sich auf das Wort Som-mer-blu-me und/oder ein Blumenbild. Sie klären, wer was übernimmt. Dann lassen sie sehr große Buchstaben, Wörter oder Blumenbilder in bunten Farben und dicken mehrfachgezogenen Linien auf dem Steinplattenboden entstehen.

Varianten
- ✎ Zuerst wird eine große Fläche (z.B. an der Wandtafel) ganz mit weißer Kreide ausgefüllt. Einzelne Kinder ziehen anschließend mit einem recht feuchten Schwamm auf dieser Kreidefläche vorher vereinbarte Muster, Striche, Bögen und Buchstaben. Diese deutlich erkennbaren Linien und Punkte können danach, sobald die feuchten Stellen getrocknet sind, mit bunter Kreide nachgezogen oder ausgefüllt werden.
- ✎ Die Tafelteile des Form-Farb-Tafel-Satzes werden zu einem großen Viereck zusammengefügt. Darauf schreiben die Kinder riesengroße Buchstaben oder verfahren mit der Fläche wie zuvor beschrieben. Die einzelnen Teile werden auseinandergelegt und gemischt. Dazu erhält dann die Gruppe die Aufgabe, die Teile wieder entsprechend zusammenzupuzzeln.
- ✎ Großflächig, breit und bunt werden z.B. Buchstaben auf eine begrenzte Tafel- oder Steinplattenfläche geschrieben. Im Anschluss daran malen die Kinder die freien Flächen mit weißer Kreide aus.

Pädagogische Hinweise
Es ist günstig, vorher von den Kindern Entwürfe mit Papier und Stift vornehmen zu lassen.
Die Kinder sammeln Erfahrungen auf verschiedenen Schreibebenen.
Es ist darauf zu achten, dass die nicht mehr benötigte Kreide in ein Kästchen zurückgelegt wird.

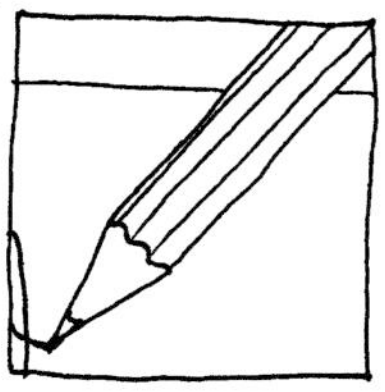

4.2.7 Gleiten und Schreiben

Soziale Situation
Jeder für sich, paarweise, Kleingruppen

Räumliche Situation
An Tischen, Tischgruppen, auf dem Fußboden

Material
Einfarbige Lack- oder Malerfolien, Klebeband, Creme, Papiertücher, Kuchenteigschaber, (evtl. zusätzlich Handtücher) **oder:** Musik (zusätzlich)

Ziel
- Rhythmus finden beim Zeichensetzen,
- räumliche Richtungsorientierung,
- kinästhetische Bewegungsvorstellung und Umsetzung von Zeichen,
- taktil-kinästhetische und visuelle Wahrnehmung und Kontrolle,
- Hand-, Fingergeschicklichkeit, Fingerausdifferenzierung,
- Seitenbevorzugung erfahren

Anleitung
(Siehe auch Praxissituationen zu Hand-Finger-Haltungen und -bewegungen: Ellenbogen-Malereien)
Die Folien werden auf den Tischen ausgebreitet und mittels Klebeband befestigt. Die Kinder setzen oder stellen sich um die Tische herum. (Regel zu Beginn: Jeder arbeitet für sich an seinem Platz, ohne einen anderen zu berühren und nur die Hände tauchen in die Creme!)
Jede Gruppe erhält einen großen Klecks Creme auf die Mitte der Folie. Von hier aus ziehen die Kinder ein- oder beidhändig z.B. Linien zu sich, verteilen wischend die Creme auf einer Fläche und beginnen Muster und Figuren zu malen.
Nach diesem freien Experimentieren können Buchstaben zugerufen werden, die die Kinder zuerst in die Luft malen und dann mehrfach wiederholend auf die eingecremte Folie schreiben (dto. mit Silben, Worten).
Zum Schluss wischen sie ihre Hände mit den Papiertüchern ab und ziehen mit Teigschabern nochmals die letzten Buchstaben nach. Danach wird mit Teigschabern die gesamte Folie von der Creme befreit, die Folien abgeklebt und zusammengefaltet.

Varianten

✎ Eine Geschichte von fünf kleinen Zwergen wird erzählt. Die Zwerge sind die Finger einer Hand von jedem Kind. Zu Beginn recken und strecken sie sich, laufen zur Cremekleckmitte und fangen mit ihrer Körperpflege an. Die Zwergen-Finger einer Hand cremen sich gegenseitig ein. Dann ziehen sie sich ihre Schneeanzüge über und stapfen einzeln oder gemeinsam los. Sie hinterlassen dabei Spuren (viele Punkte), um immer wieder zur (Haus-)Mitte zurückzufinden. Heute bauen (ziehen) die Zwerge Straßen (Linien) und räumen Schneewege frei. Morgen ziehen sie ins Bergwerk aus und schieben zu dritt (Daumen, Zeige- und Mittelfinger) Glitzersteine nach Hause ...

✎ In Kleingruppen: Ein Kind fügt auf der weiß eingecremten Folie nach und nach Striche und Bögen zu einem Buchstaben zusammen. Die Kinder müssen ihn erkennen.

- ✎ Zu zweit: Ein Kind führt mit seiner Schreibhand die Schreibhand seines Partners. Entweder befindet sich die führende Hand auf oder unter der Hand des anderen. Buchstaben entstehen beobachtbar. Absichtlich werden fehlerhafte Buchstaben geführt oder Teile weggelassen, die es gilt zu ergänzen.
- ✎ Wie zuvor, jedoch wird das eine Kind mit seiner Schreibhand geführt, schließt dabei die Augen und entschlüsselt das geführte Zeichen. Anders herum kann das führende Kind blind das andere Sehende führen, das dann die Linienführung kontrolliert.
- ✎ Die Kinder spielen Tiere (z.B. Käfer, Spinnen, Schlangen, Frösche), die sich über die Cremefläche bewegen und auch Buchstaben schreiben lernen wollen.
- ✎ Zur Musik gleiten die Kinder mit Fingern ein- oder beidhändig über die Cremefläche, spielen Schlittschuh-Laufen als Eisprinzen/Eisprinzessinnen und fahren Kunststücke.

Pädagogische Hinweise

Die Kinder werden beim Herausfinden ihrer bevorzugten Schreibhand unterstützt. (Welche Hand gleitet z.B. leichter über die Fläche, ist geschickter bei Richtungswechseln?).

Spielideen der Kinder sollten aufgegriffen und weiterentwickelt werden.

Das Empfinden der Hände vor den Creme-Aktivitäten und danach kann gespürt und anschließend beschrieben werden.

4.2.8 Tanzende Stifte

Ziel
- Rhythmus finden beim Zeichensetzen,
- visuelle, taktil-kinästhetische Richtungsorientierung, Wahrnehmung und Kontrolle,
- Impulsdosierung,
- groß-, kleinflächige Bewegungssteuerung von Strichen, Bögen, Schleifen,
- Seitenbevorzugungen erfahren

Soziale Situation
Jeder für sich, in Kleingruppen, paarweise

Räumliche Situation
An Tischen, Tischgruppen, auf dem Fußboden

Material
Wachsmalstifte, große und kleine Papierbögen, Klebeband, Musik **oder:** Tapetenrollen, Packpapierbögen oder Papiertischdecken, Buntstifte, Wandtafel, Tafelteile, Kreide

Anleitung
Auf den Tischen bzw. Tischgruppen breiten die Kinder große Papierbögen aus und befestigen sie mittels Klebeband. Jedes Kind nimmt einen Stift in die rechte, einen in die linke Hand und lässt sie frei zur Musik auf dem Papier tanzen. Auf Zuruf „rechte Hand“ oder „linke Hand“ oder „beide Hände“ im Wechsel lassen die Kinder jeweils den/die entsprechenden Stifte tanzen. Mit beiden Händen können die Stifte parallel, aufeinander zu bzw. voneinander weg, und sogar unterschiedlich in Tempo und Linienführung geführt werden. Die Kinder betrachten ihr Werk und tauschen sich über den Vorgang aus. Welche Muster sind entstanden? Ist jedes Kind an seinem Platz geblieben? Durften die Stift-Tanzwege der Kinder sich untereinander überschneiden? Fanden Begegnungen statt? Fühlte sich das eine oder andere Kind von Nachbarn eingeschränkt oder behindert?

Varianten
- ✎ Wie zuvor, jedoch werden im Wechsel Richtungen zugerufen „rauf und runter“ (oben-unten) oder „hin und her“ (links-rechts) oder „rund-herum“ dann in Kombination „rauf und runter, hin und her, rund herum, das ist nicht schwer“.
- ✎ Nach unterschiedlichen Musik-Rhythmen bewegen sich die Kinder im Raum, z.B. stampfend geradeaus mit Richtungswechsel, Zickzackstrecken gehend oder schwingend Bögen, Kreise und Schleifen beschreibend. Auch können schnelle oder langsame Schritte je nach Musik ausgeführt werden. Danach setzen sich die Kinder an die vorbereiteten Tische und lassen ihre Stifte (ein- oder beidhändig) so auf dem Papier tanzen, wie sie sich vorher bewegt haben. Dabei kann von jedem die gesamte Papierfläche benutzt werden.
- ✎ Die Kinder setzen sich zu zweit gegenüber. Das eine Kind hält in jeder Hand einen Stift, das andere führt beide Hände des Partners gleichzeitig, wechselseitig, parallel über das Papier, dies entweder zur Musik oder sie singen ein Lied (z.B. Alle Vögel sind schon da ..., Ein Vogel wollte Hochzeit halten ...).

- ✎ Zwei Kinder sitzen jeweils nebeneinander, das führende Kind sitzt an der Schreibhandseite des geführten Kindes. Der Partner mit dem Stift in der Hand lässt sich zuerst frei über das Papier gleitend mit offenen oder geschlossenen Augen führen. Danach werden z.B. Buchstaben geführt, erkannt und benannt (auch blind).
- ✎ Wie zuvor, jedoch schreibt das führende Kind Buchstaben, Worte usw. absichtlich mit Fehlern, die der Partner herausfinden soll.
- ✎ Zur Musik spielen die Kinder mit Stiften auf Papier Fangen, laufen miteinander paarweise oder in Kleingruppen (z.B. zu Tanzmusik für Kinder oder auch Stücke von Robert Schumann aus: Kinderszenen op.15).

Pädagogische Hinweise

Die Kinder werden dazu angeregt, sich anfangs frei und großflächig mit Stiften auf den Papier- oder Tafelflächen zu bewegen. Später können auch kleine Papierbögen oder zunehmend begrenzte kleinere Flächen eingesetzt werden. Das Papier, in welcher Lage auch immer, mit Klebestreifen auf dem Untergrund befestigen.

Das Rhythmusempfinden zur Musik oder zu Liedern zuerst mit dem ganzen Körper aufnehmen lassen, mit dem Armen in der Luft schwingen, mit dem Oberkörper hin und her, vor und zurück schaukeln usw. bevor es zur Übertragung auf Papier geht. Dabei sollten die Kinder regelmäßig bekräftigt werden.

Den Schreibrhythmus der Kinder für Buchstaben aufgreifen, mehrfach wiederholen lassen, sie experimentieren lassen, Buchstaben-Bewegungsrichtungsverläufe herausfinden lassen und geeignete dazu unterstützen.

Beim paarweisen Führen haben sich Wachsmalblöcke oder -stifte günstig erwiesen (keine spitzen Bleistifte einsetzen).

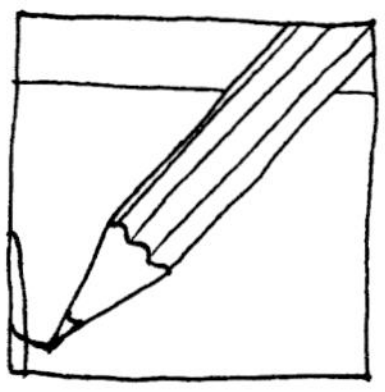

4.2.9 Geheimnisvolle Zeichen

Soziale Situation
Jeder für sich, paarweise, Kleingruppen

Räumliche Situation
An Tischen, auf dem Fußboden

Material
Wassermalfarben, dicke und dünne Pinsel, große Papierbögen, Klebeband **oder:** Plaka- oder Fingermalfarben, Plastik-Einkaufstüten, Teller, Becher, Tassen

Ziel
- Erfinden und Ausschmücken von Zeichen,
- visuelle, taktil-kinästhetische Richtungsorientierung, Wahrnehmung und Kontrolle,
- reaktionsbezogene und impulsdosierte Zeichensetzung,
- groß- bis kleinflächige Bewegungssteuerung

Anleitung
Den Kindern werden Schriftzeichen aus Urzeiten, fremden Ländern gezeigt (S. 244). Wer kann sie lesen? Es wird ihnen erzählt, wie die Völker früher, aber auch heute noch schreiben, und was sie dazu benutzen. Die Kinder bereiten sich Papier, Farben und Pinsel vor und setzen experimentierend Zeichen. Sie ziehen Striche, Bögen, setzen Punkte, die ebenso fantastisch und interessant zu betrachten sind. Wie erscheinen die ihnen bekannten Buchstaben und Worte auf dem Papier, wenn sie mit dicken bzw. dünnen Pinseln geschrieben sind?

Varianten
✎ Die Kinder schreiben bestimmte Wörter und Buchstaben, die sie z.B. mit Ranken verzieren, fast bis zur Unkenntlichkeit schmücken und mit anderen Farben nachziehen oder umranden

✎ Eine Geheimschrift kann erfunden werden. Sie kann z.B. so aussehen, dass bei jedem Buchstaben ein Teil fehlt, evtl. die Zeichen verkehrt herum gesetzt werden, also in Spiegelschrift geschrieben wird.

✎ Auf Plastik-Einkaufstüten werden mit Pinsel oder Fingern geheimnisvolle Zeichen notiert.

✎ Die Teller, Trinkbecher oder Tassen können die Kinder auf der Rück- bzw. Außenseite beschriften.

Pädagogische Hinweise
Das Schreiben mit Pinseln ist besonders durch das leichte Spurensetzen mit wenig Druckeinsatz gekennzeichnet. Die Kinder beim Erfinden von Zeichen und fantasievollen Gestalten unterstützen.
Werden Tassen oder Pappbecher mit Henkel benutzt, lassen sich daran als Eselsbrükken Groß-P und Klein-b erklären. Der Henkel mit für Rechtshänder richtig stehender Tasse kann angemalt und dort ein Strich nach unten gezogen werden (= P). Dreht man die Tasse um, wird das Angemalte zum b.

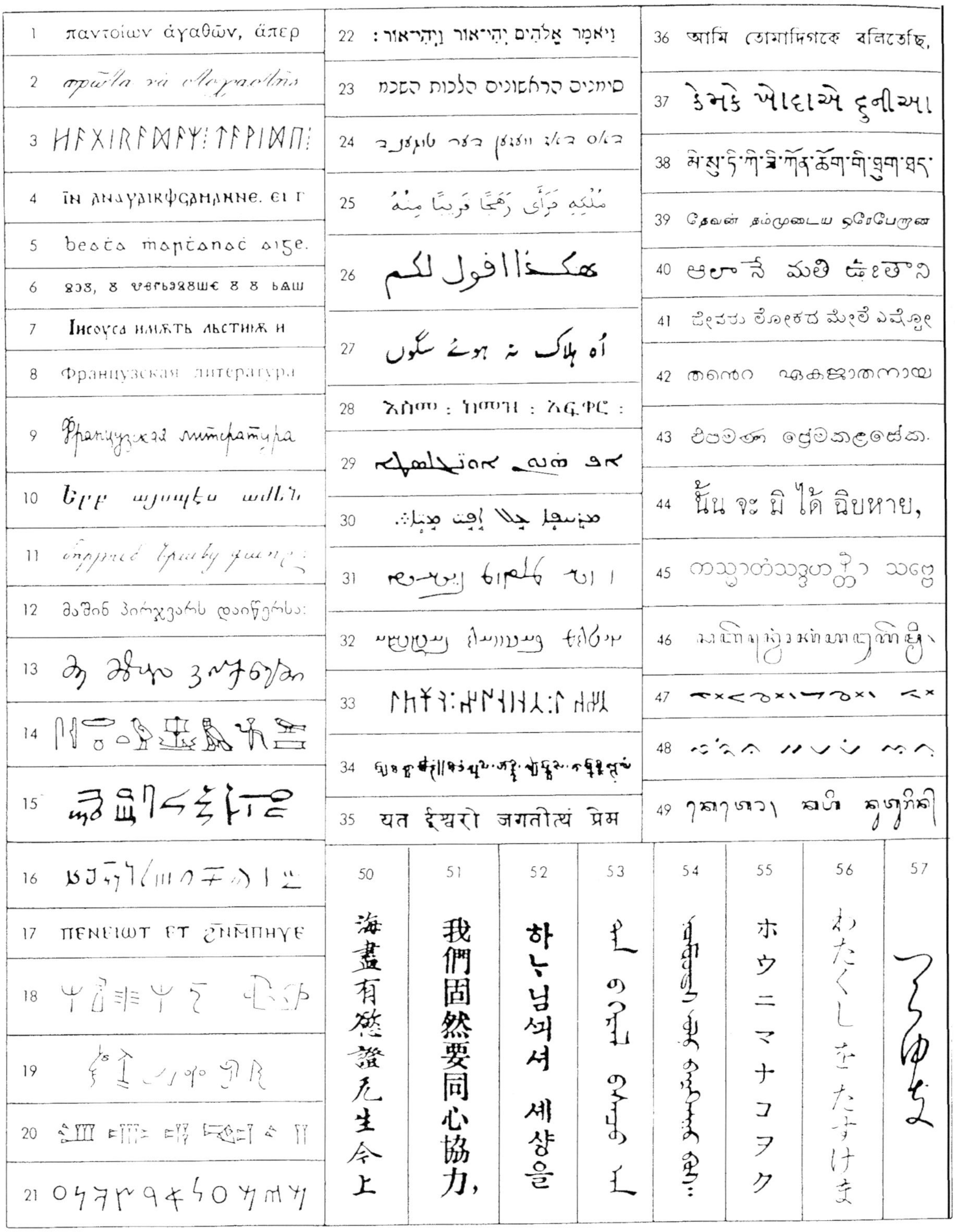

1 Griechisch (Druckschrift), 2 Griechisch (Neugriechische Schönschrift), 3 Gemeingermanische Runen, 4 Gotisch, 5 Irisch, 6 Glagolitisch, 7 Kyrillisch, 8 Russisch (Druckschrift), 9 Russisch (Schreibschrift), 10 Armenisch (Druckschrift), 11 Armenisch (Schreibschrift), 12 Georgisch (Mchedruli-Druckschrift), 13 Georgisch (Schreibschrift), 14 Altägyptisch (Hieroglyphen), 15 Altägyptisch (Hieratisch), 16 Altägyptisch (Demotisch), 17 Koptisch, 18 Altkretisch (Linear B), 19 Hethitisch Hieroglyphen, 20 Keilschrift, 21 Phönikisch, 22 Hebräisch, 23 Hebräisch (Rabbinisch), 24 Hebräisch (Moderne Schreibschrift), 25 Arabisch (Druckschrift), 26 Arabisch (tunesische Schreibschrift), 27 Arabisch (Persische Schreibschrift), 28 Äthiopisch, 29 Syrisch (Estrangelo), 30 Syrisch (Serto), 31 Pehlewi, 32 Awestisch, 33 Alttürkisch (Orchon Runen), 34 Brahmischrift, 35 Dewanagari, 36 Bengali, 37 Gudscharati, 38 Tibetisch, 39 Tamil, 40 Telugu, 41 Kanaresisch, 42 Malajalam, 43 Singhalesisch, 44 Siamesisch, 45 Birmanisch, 46 Javanisch, 47 Batak, 48 Makassarisch, 49 Balinesisch, 50 Chinesisch (Schreibschrift), 51 Chinesisch (Druckschrift), 52 Koreanisch, 53 Mongolisch (in uigurischer Schrift), 54 Kalmückisch, 55 Japanisch (Katakana) 56 Japanisch (Hiragana), 57 Japanisch (Gras-Schrift)

Spuren entstehen.

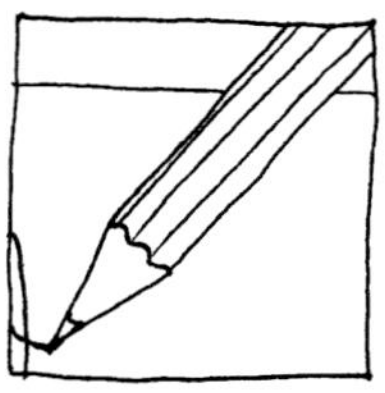

4.2.10 Schreibspiele

Ziel
- Einzelne Zeichen in ihren Zusammenhängen setzen,
- Zeichenverbindungen und -reihenfolgen schreiben,
- bekannte Worte ausdauernd unter Zeitdruck schreiben

Soziale Situation
Kleingruppen

Räumliche Situation
An Tischen, auf festem Untergrund

Material
Papier, Stifte, Buchstabenkarten, Küchenwecker **oder:** Wort- und Silbenkarten

Anleitung
Bestimmte, benannte Buchstabenkarten werden in einen Kreis gelegt. In der Mitte wird ein Stift gedreht (analog zum Spiel „Flaschendrehen"). Der Buchstabe, zu dem die Stiftspitze zeigt, wird gerufen.
Der Küchenwecker wird auf z.B. eine Minute gestellt. Die Kinder schreiben sich alle Worte schnell auf, die mit diesem Buchstaben anfangen, bis der Wecker klingelt. Welche und wie viele Worte stehen auf dem Papier? Die Kinder überprüfen gegenseitig Buchstaben und Worte.

Varianten
✎ Wie zuvor, welche Gruppe, welches Kind hat ein Wort aufgeschrieben, das kein anderer hat?
✎ Auf Zuruf eines Buchstaben schreiben die Kinder so viele davon auf, wie es ihnen in der begrenzten Zeit möglich ist. Wie viele gleiche Buchstaben sind entstanden? Jeder zählt für sich. Konnte bei einem anderen Buchstaben die Anzahl gesteigert werden?
✎ Auf bestimmte Silben- oder Wortkarten zeigt die Stiftspitze. Wer findet dazu Worte bzw. einen Satz und schreibt ihn auf.
✎ Eine Wortkarte wird aufgedeckt z.B. „aus". Die Kinder erhalten die Aufgabe, durch Hinzufügen von Buchstaben, neue Worte zu bilden und aufzuschreiben (z.B. Haus, Maus, Laus, raus, Klaus).
✎ Wie zuvor, jedoch sollen aus den Buchstaben eines bestimmten Wortes z.B. „Meise" neue Worte gebildet und aufgeschrieben werden (Eis, See, sie, es).
✎ Ein Buchstabe, auf den der Stift nach dem Drehen zeigte, ist der Anfangsbuchstabe. Diesen schreibt das erste Kind jeder Gruppe auf. Das Nächste schreibt jeweils einen Buchstaben daran, so dass die Buchstaben ein Wort ergeben.
✎ Geschwindigkeit ist eine Hexerei? Jedes Kind schreibt in der begrenzten Zeit so viele verschiedene Worte (oder Buchstaben) auf, die ihm einfallen.

Pädagogische Hinweise
Obwohl es in diesen Situationen um Schnelligkeit geht, sollte vermieden werden, dass Vergleiche untereinander stattfinden. Jedes Bemühen mit so wenig Fehlern und so schnell wie möglich zu schreiben wird anerkannt!
Die Auswahl der Schreibspiele orientiert sich an den Möglichkeiten und Fähigkeiten der Gruppe.

5. Literaturverzeichnis

BRÜGELMANN, HANS: *Kinder auf dem Weg zur Schrift*. Bottighofen: 1992.

FALKENBERG, GABRIELA: *Fingerspiele*. Niedernhausen: 1996.

FROSTIG, MARIANNE: *Bewegungserziehung – Neue Wege der Heilpädagogik*. München/Basel: 1973.

GUGGENMOS, JOSEF: *Was denkt die Maus am Donnerstag*. Weinheim/Basel:1998.

INTERNATIONALE FROSTIG-GESELLSCHAFT E.V.: *Graphomotorische Störungen und Rechenschwäche*. Dortmund: 1989.

KEPHART, NEWELL C.: *Das lernbehinderte Kind im Unterricht*. München/Basel: 1977.

KRILLA, ANTON: *abcdefghijklmnopqrstuvw Buchstabengeschichten*. Reinbek: 1976.

KRÜSS, JAMES: *Vom Apfelbaum bis Zirkuszelt*. Mannheim/Leipzig: 1994.

LOCKOWANDT, OSKAR: *Frostigs Entwicklungstest der visuellen Wahrnehmung (FEW)*. (9. Auflage) Weinheim: 2000.

NAVILLE, S./MARBACHER, P.: *Vom Strich zur Schrift*. (6. Auflage) Dortmund: 1999.

NAVILLE/WEBER, MOCK: *Psychomotorischer Screening-Test*. Will: 1993.

RUDOLF, HORST: *Graphomotorische Testbatterie*. Weinheim: 1986.

SCHÄFER, I.: „Gehüpft wie gesprungen – gedruckt und geschwungen." In: WENDLER/IRMISCHER/HAMMER: *Psychomotorik im Wandel*. Lemgo: 2000.

SCHILLING, FRIEDHELM: *Spielen-Malen-Schreiben*. (11. Auflage) Dortmund: 1996.

SPITTA, GUDRUN: *Von der Druckschrift zur Schreibschrift*. Frankfurt/Main: 1988.

STEINGRÜBER, H.-J./LIENERT G.A.: *Hand-Dominanz-Test (HDT)*. Göttingen: 1976.

Bezugsquelle für:
Holzlegeteile, Form-Farb-Tafelteile, Körpermännchen „Jonny", Baumwollseile, Flizzi u.a.
Firma Karl H. Schäfer GmbH
Grosser Kamp 6-8
32719 Lage-Heiden

Tel.: 05232/65982

E-Mail: mail@schaefer-lage.de

Marburger Handzeichen

(Kopiervorlagen)

von Erich Heller
in Zusammenarbeit mit den Lehrkräften
der Fronhofschule Marburg

Warum Handzeichen?

In der pädagogischen Praxis hat sich sowohl in der Grundschule als auch im Sonderschulbereich die Verwendung von Handzeichen (Gebärden) für jeden einzelnen Buchstaben als Laut (Phonem) und als Schriftzeichen (Graphem) bewährt.
Dieser methodische Zugang ist nicht neu: Anfang des 20. Jahrhunderts entwickelte der Volksschullehrer FRANZ JOSEPH KOCH seine Methode des „Fingerlesens“, die auf äußerst positive Resonanz in der Lehrerschaft stieß. Sie ermöglichte nach einem Erfahrungsbericht aus einer einklassigen Landschule, „in vier bis fünf Monaten ein sicheres Lesen“ zu erreichen.

Ihre Wirksamkeit lässt sich mit folgenden Hypothesen erklären:

- „Alles, was mit Bewegung eingeübt wurde, haftete viel fester, als das nur mit den Augen und Ohren Erfasste.“ (S. 102)
  [...]
- „dass die Sprachzentren denen der Greif- und Abwehrbewegungen benachbart liegen, dass also Sprechen und Greifen oder Bewegen der Hände beim Erlernen der Sprache innigst zusammenhängen.“
- „Die motorische Komponente verbessert auch die Sprechfähigkeit.“
  [...]
- „dass sie ein gutes Erziehungsmittel der Aufmerksamkeit sein wird, während sie zugleich durch die Richtung dieser auf die mimischen Artikulationsbewegungen die deutliche Artikulation fördert.“ (W. Wundt, S. 105)
- Die Benutzung von Gebärden kommt dem Bewegungsdrang der Kinder entgegen. Mehr noch: „Das lustbetonte Arbeiten aber schafft unzerreißbare Verbindungen zwischen dem Laut und dem Buchstaben.“ (S. 113)
- „Verwechslungen von n und m, v und w, s und ? hören durch die deutlich unterschiedlichen Gebärden auf. Daher kann die Gebärde die Rechtschreibung unterstützen.“
- „Die Synthese wird erleichtert (Hineingleiten des einen Lautes in den anderen).“

Das Prinzip des Fingerlesens wurde in den vergangenen Jahrzehnten in Varianten angewandt. Der Marburger Sprachheillehrer und Sonderschulrektor Erich Heller entwickelte ein „ABC mit Marburger Handzeichen“, das wir aufgrund eines entscheidenden Vorzugs in diesem Buch vorstellen und empfehlen möchten: Hellers Handzeichen sind allesamt von nur einer Hand zu formen, d.h. das Kind hat die Möglichkeit, mit der Nicht-Schreib-Hand die Gebärde begleitend zum Schreiben zu bilden.

Wie setze ich die Handzeichen ein?
Bei der Vorstellung eines neuen Buchstabens wird die Lautgebärde gleichzeitig mit dem Laut und dem Graphem eingeführt.
Es hat sich bewährt, eine Auswahl von Gegenständen, die den neuen Buchstaben als Anlaut haben, auf einem speziell dafür vorgesehenen Tisch oder einer Ablagefläche zu dekorieren, eine Karte mit dem entsprechenden Graphem in Groß- und Kleinschreibung darzustellen und diese „Ausstellung“ für mehrere Tage stehen zu lassen. Besonders wirksam ist es, wenn die gewählten Dinge die Kinder auch emotional ansprechen, so dass eines davon als Schlüsselreiz für die Assoziation mit dem Phonem und Graphem haften bleibt. Die Fotografie eines Kindes, das die Lautgebärde zeigt und den Buchstaben artikuliert, kann zunächst mit dazu gestellt werden. Später wird dieses Foto an

prominenter Stelle im Klassenraum (z.B. an der Wand über der Tafel) aufgehängt. So entsteht eine Reihe der erarbeiteten Buchstaben. Darunter kann als Erinnerungsstütze jeweils eine passende Abbildung aufgehängt werden.
Die Kinder lieben es, das Handzeichen kennenzulernen, es zu formen, zu üben und den passenden Laut zu artikulieren. Auch wenn die Lehrkraft oder eines der Kinder „Pantomime“ mit Handzeichen ohne Sprechen vorführt, haben die anderen Schülerinnen und Schüler viel Spaß am Erraten des Gezeigten, und quasi nebenbei wird die deutliche Artikulation und das Verschmelzen von Lauten zum Wort geübt. Der/die Vorführende muss die von ihr gewünschten Begriffe lautlich analysieren und in Gebärden umsetzen.

Die optische Präsentation der Abbildungen von Lautzeichen und markantem Begriff zu jedem Buchstaben ist zunächst für viele Kinder notwendig und sinnvoll. Erfahrungsgemäß verinnerlichen die meisten von ihnen in kürze die behandelten Buchstaben, zumindest die am häufigsten vorkommenden, und sie sind in der Lage, sich von den optischen Hilfen zu lösen.

Ähnlich verhält es sich mit den Handzeichen selbst. Ihr Gebrauch wird bei vielen Kindern bald bedeutungslos. Bei denjenigen, die Probleme mit Unterscheidung und Speicherung von Graphem-Phonem-Zuordnung haben, sind sie jedoch „überlebenswichtig“ und bleiben eine sinnvolle Unterstützung.
Besorgte Eltern, die sich zu Beginn der Schulzeit erkundigten, warum ihre Kinder diese „Taubstummensprache“ lernen sollten, sie seien doch nicht behindert, konnten wir damit beruhigen, dass es ihren Kindern Spaß mache, Buchstaben in dieser Art zu lernen, und dass sie nach ein paar Monaten vermutlich nicht mehr beim Lesen und Schreiben sichtbar gestikulieren würden.

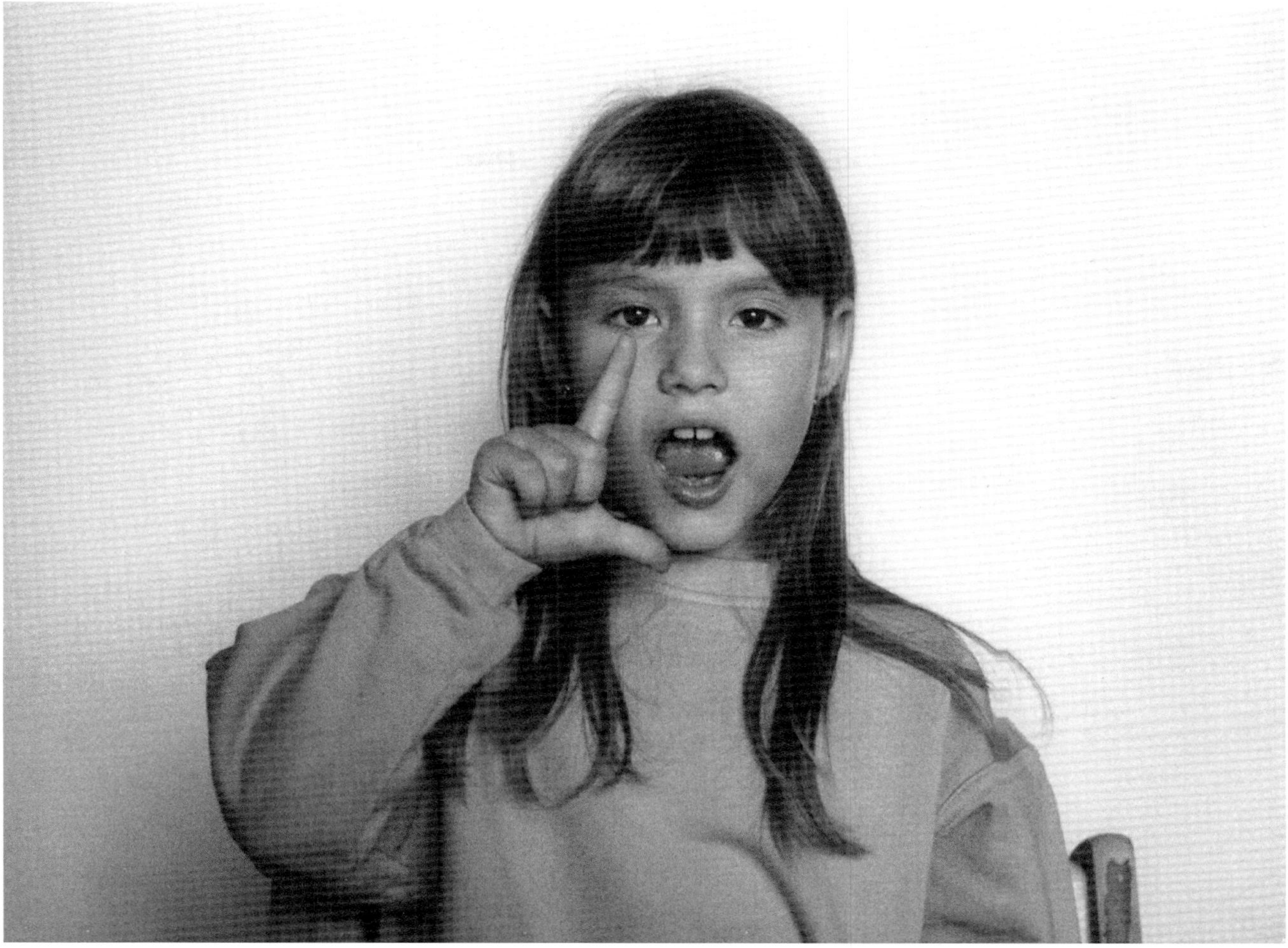

a A

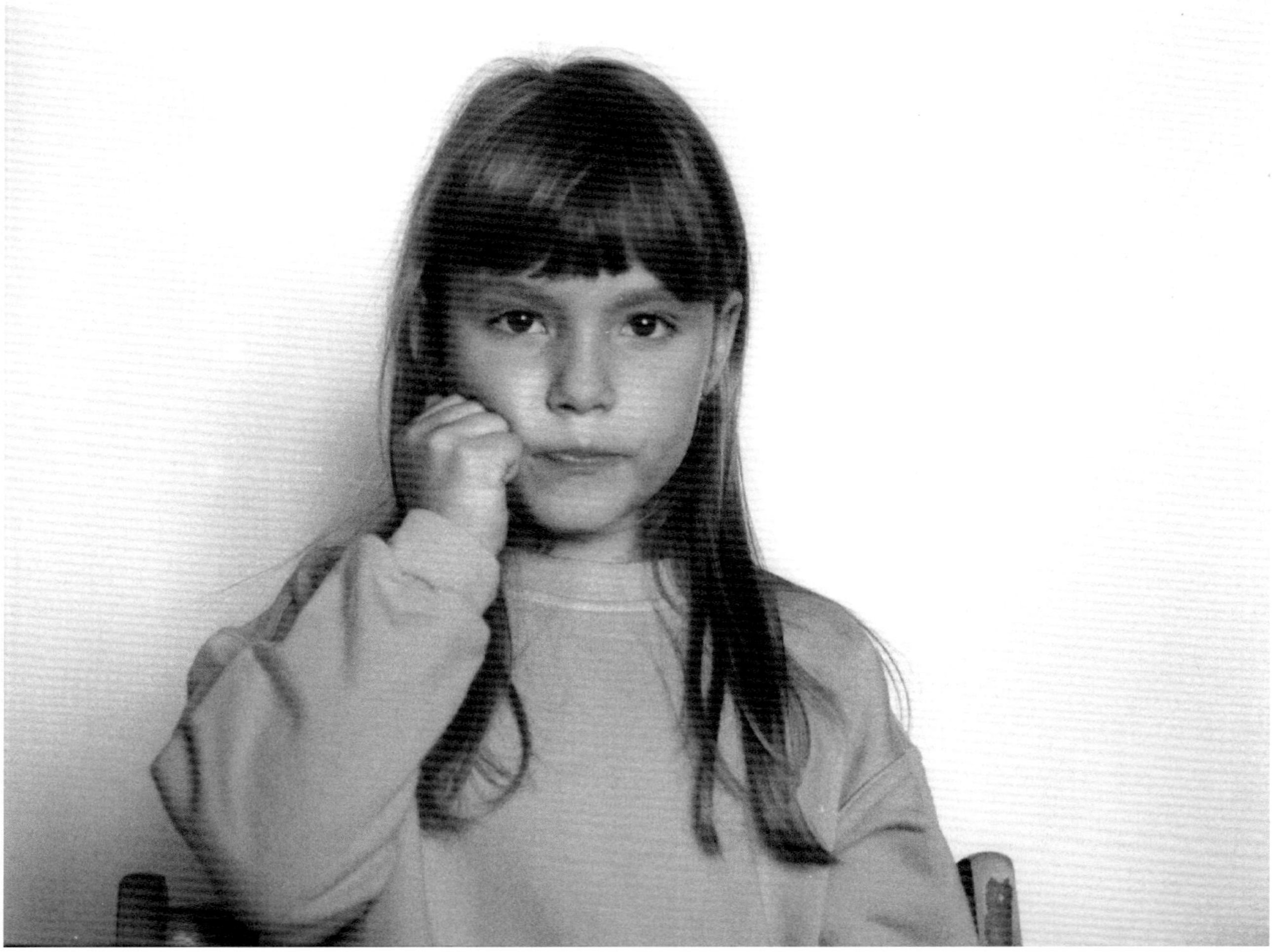

b B

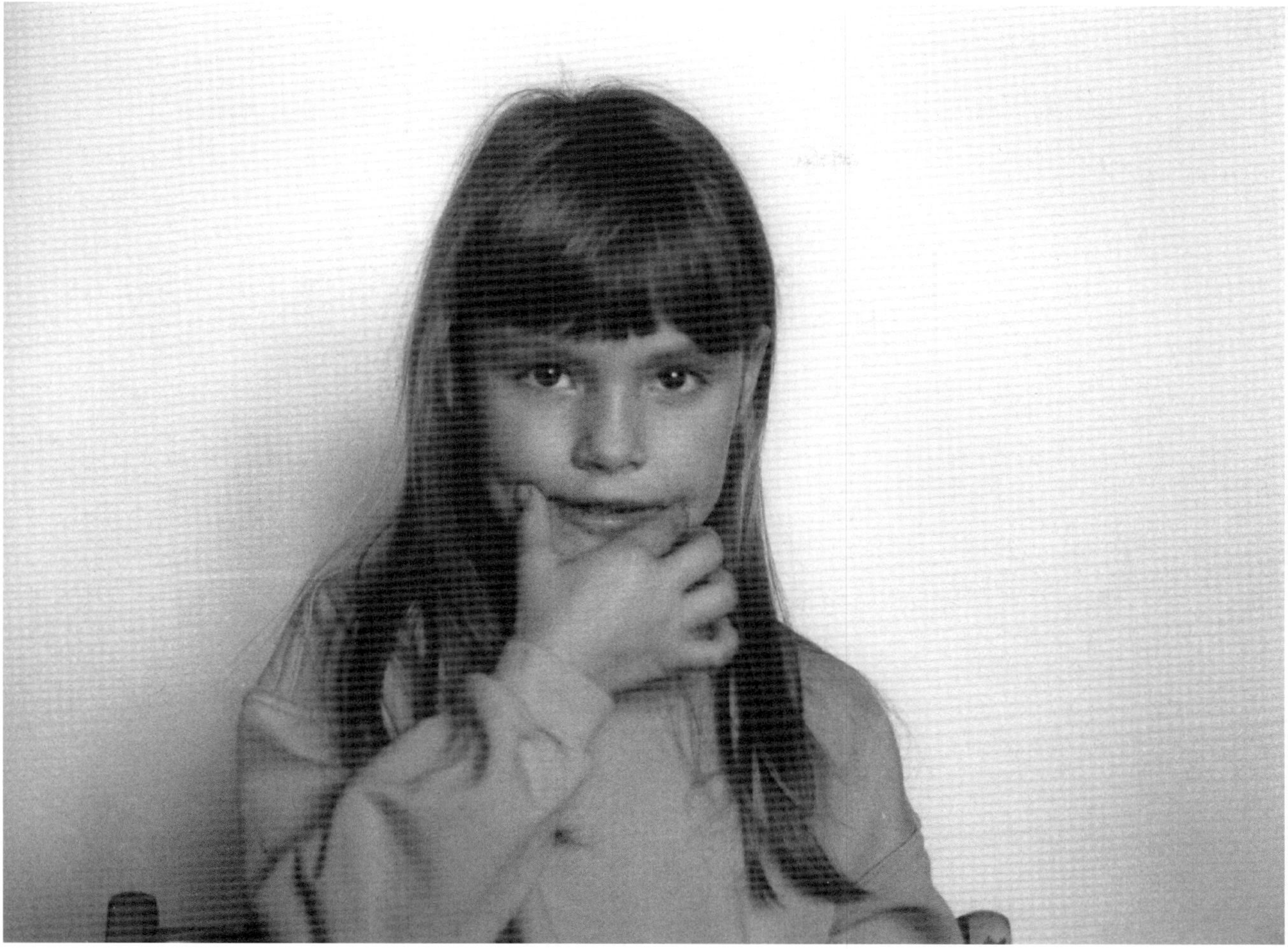

ch CH

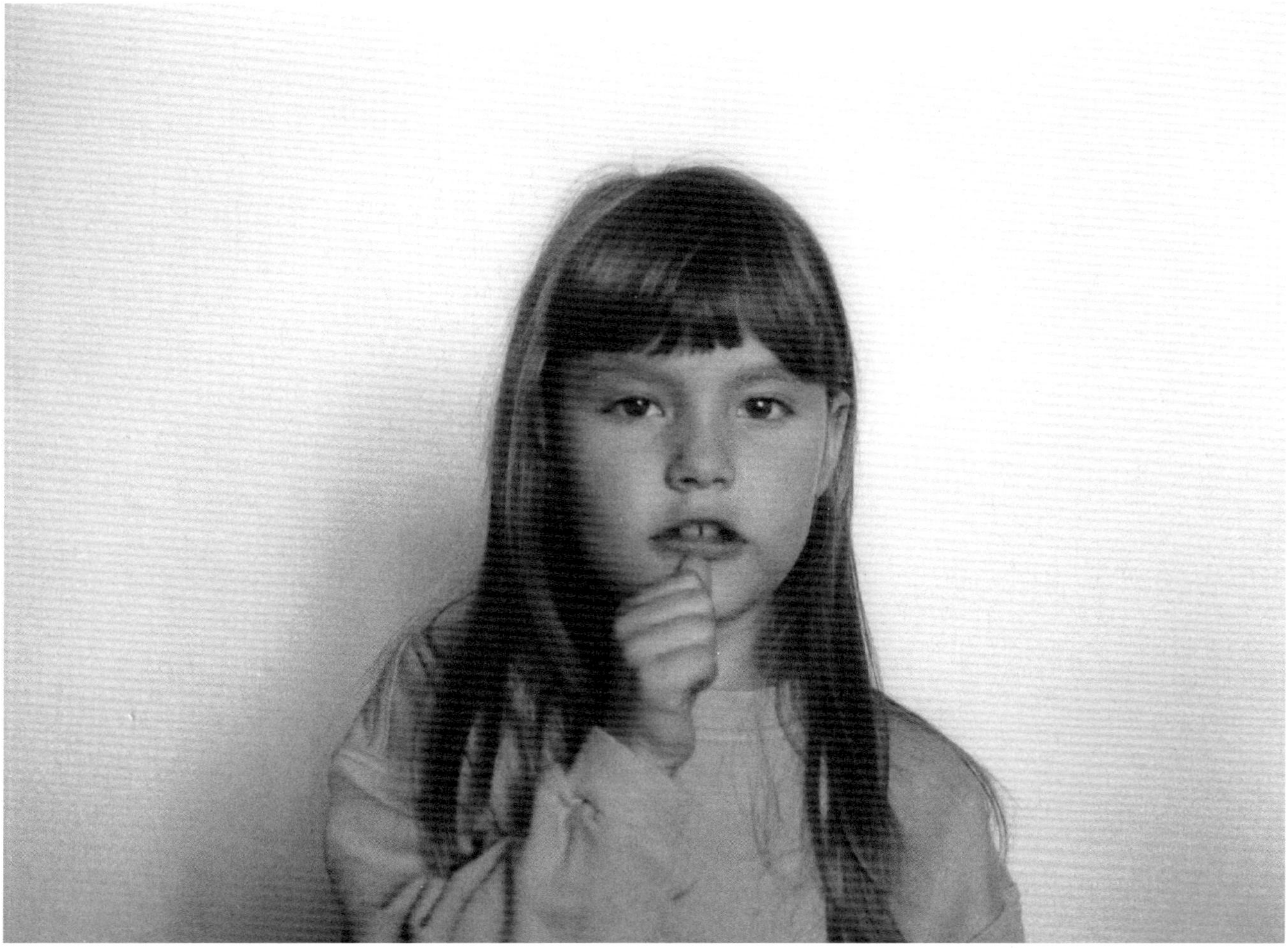

d D

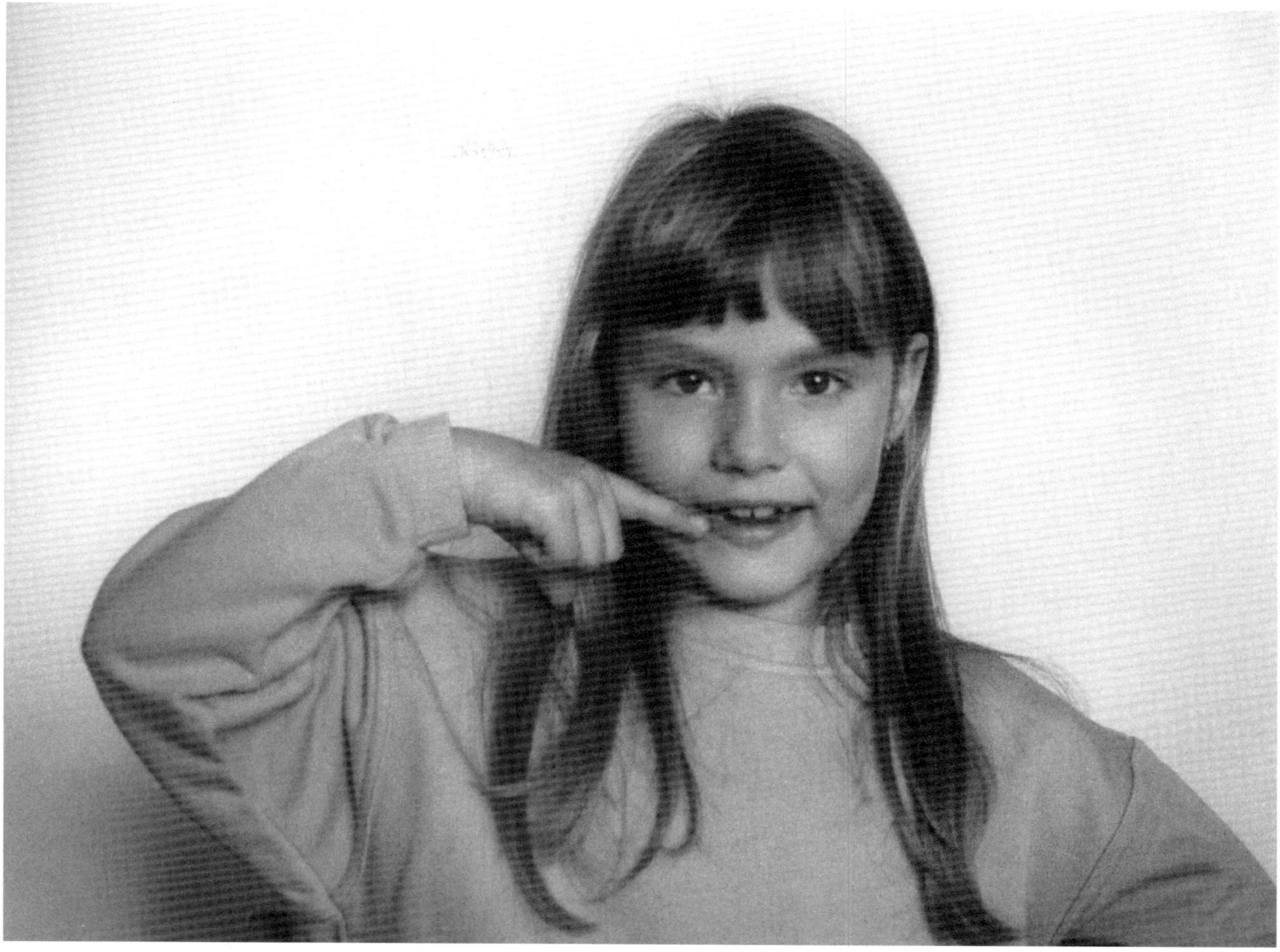

e E

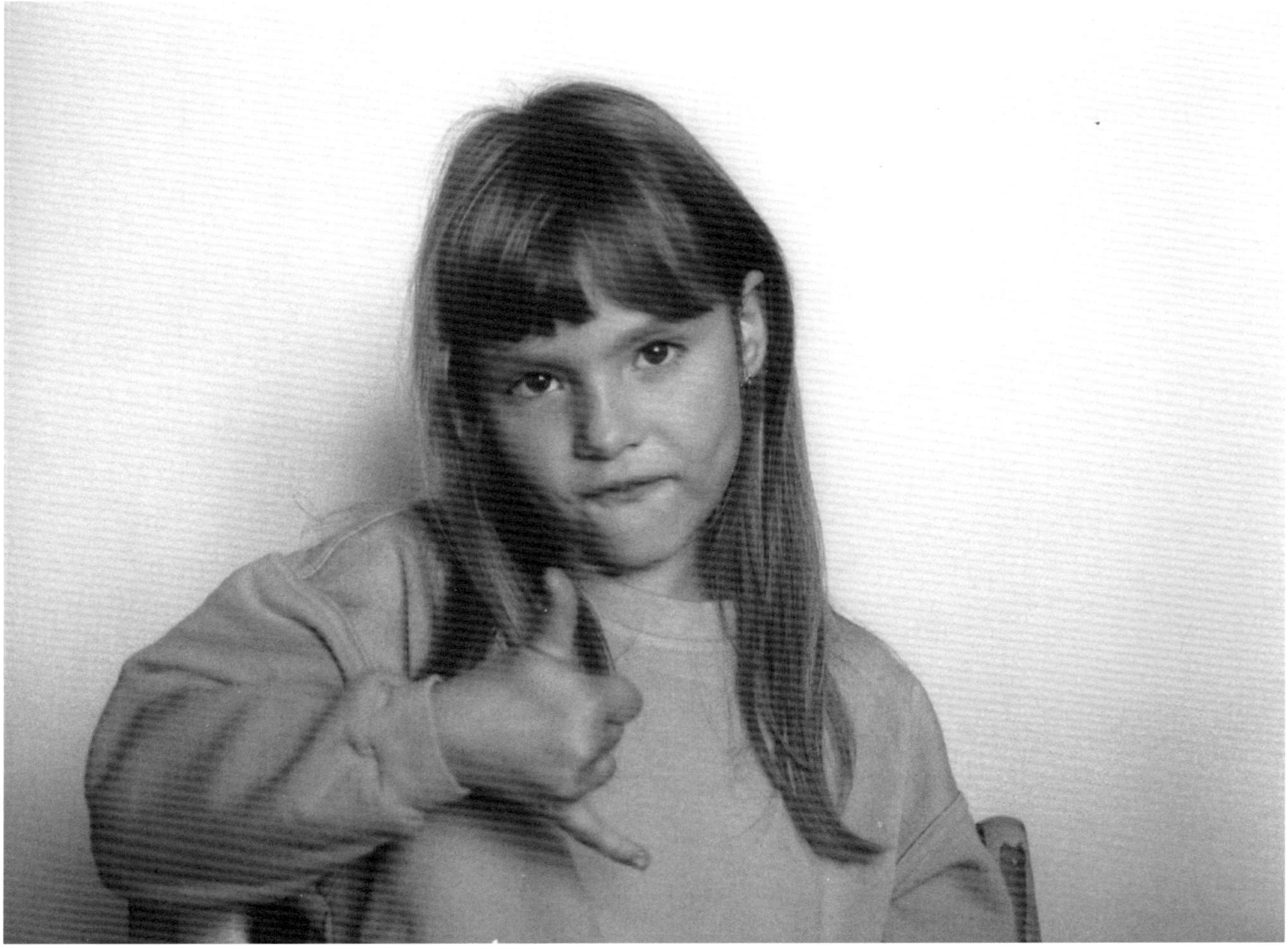

f F

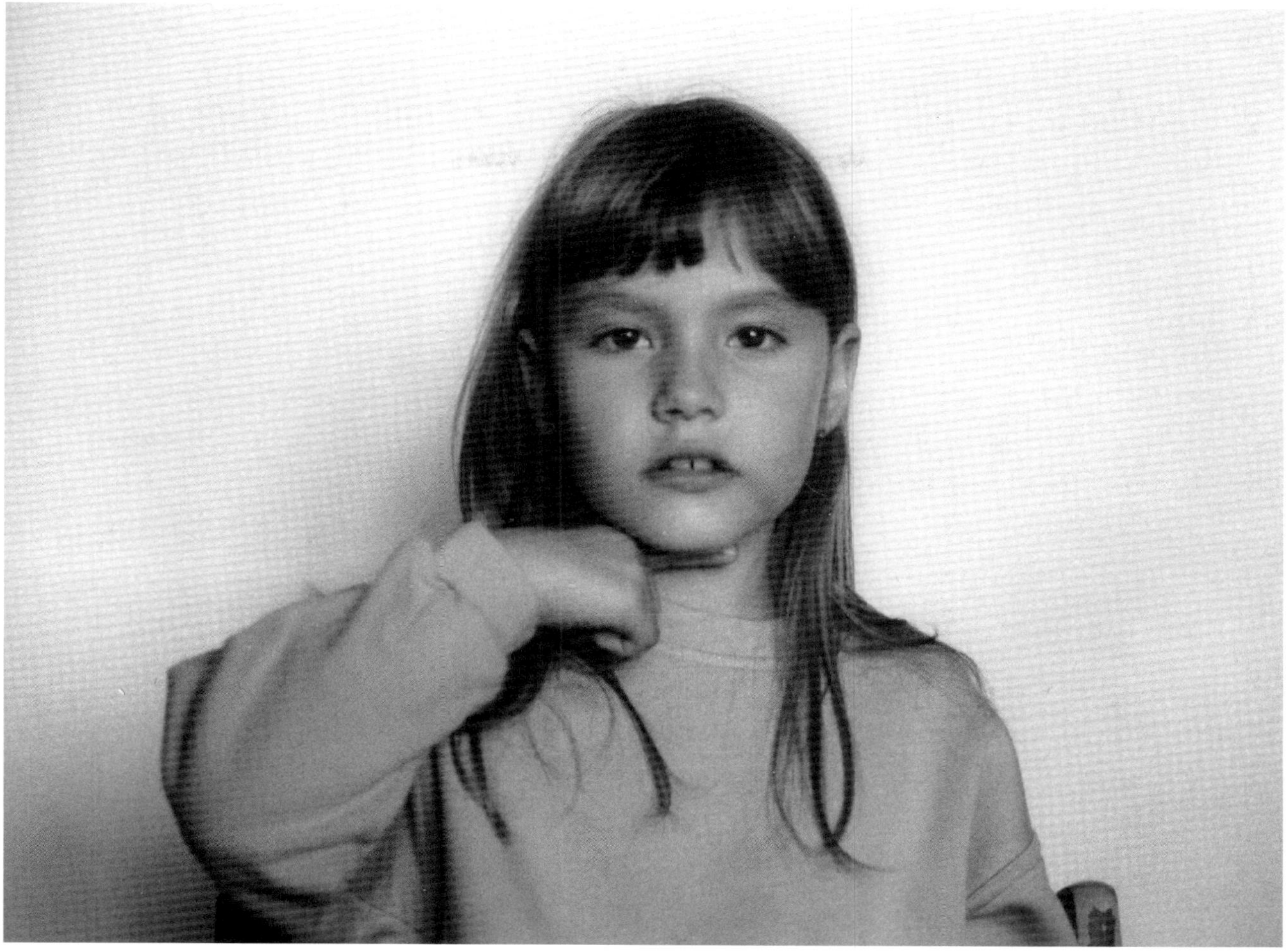

g G

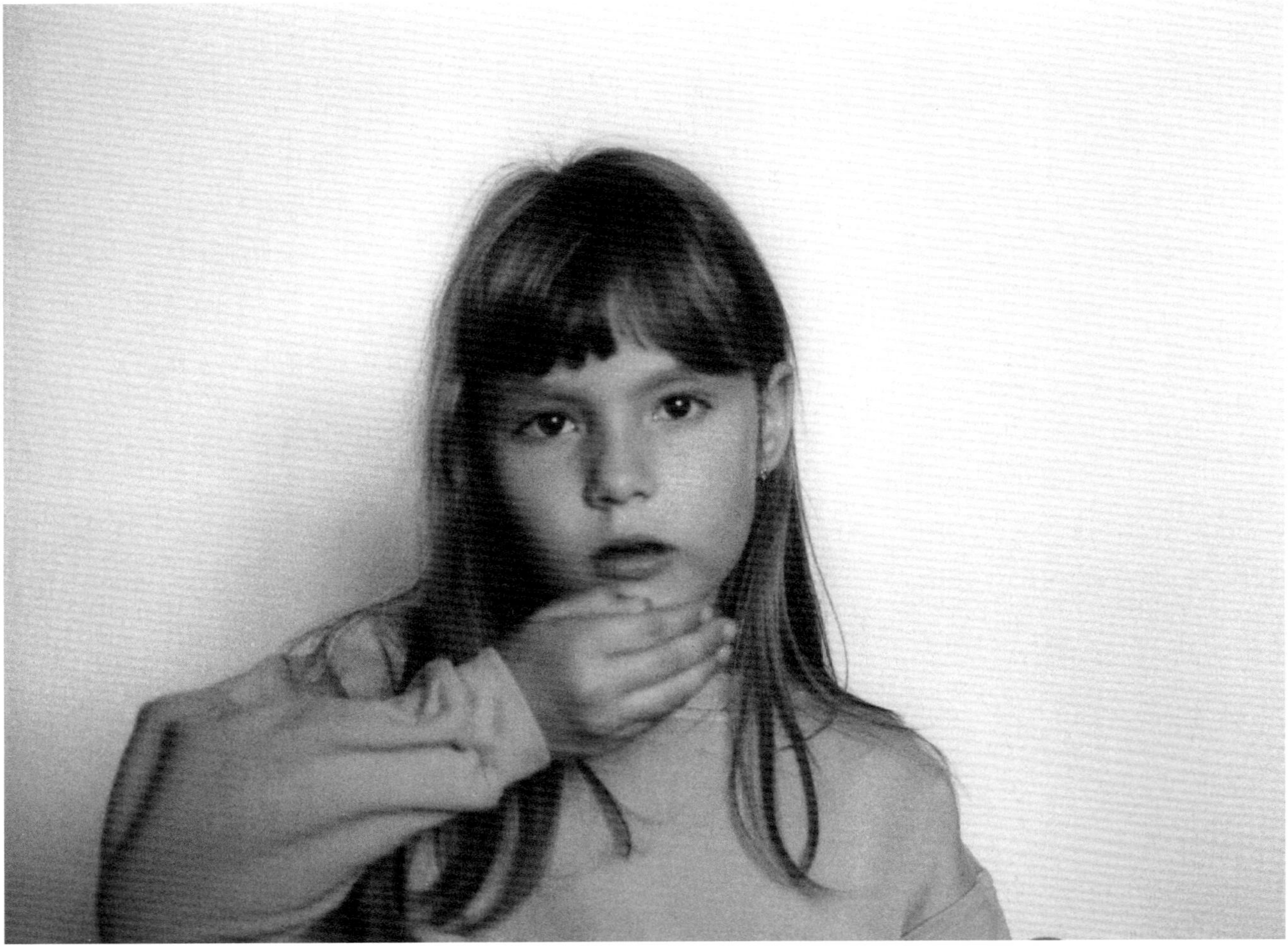

h H

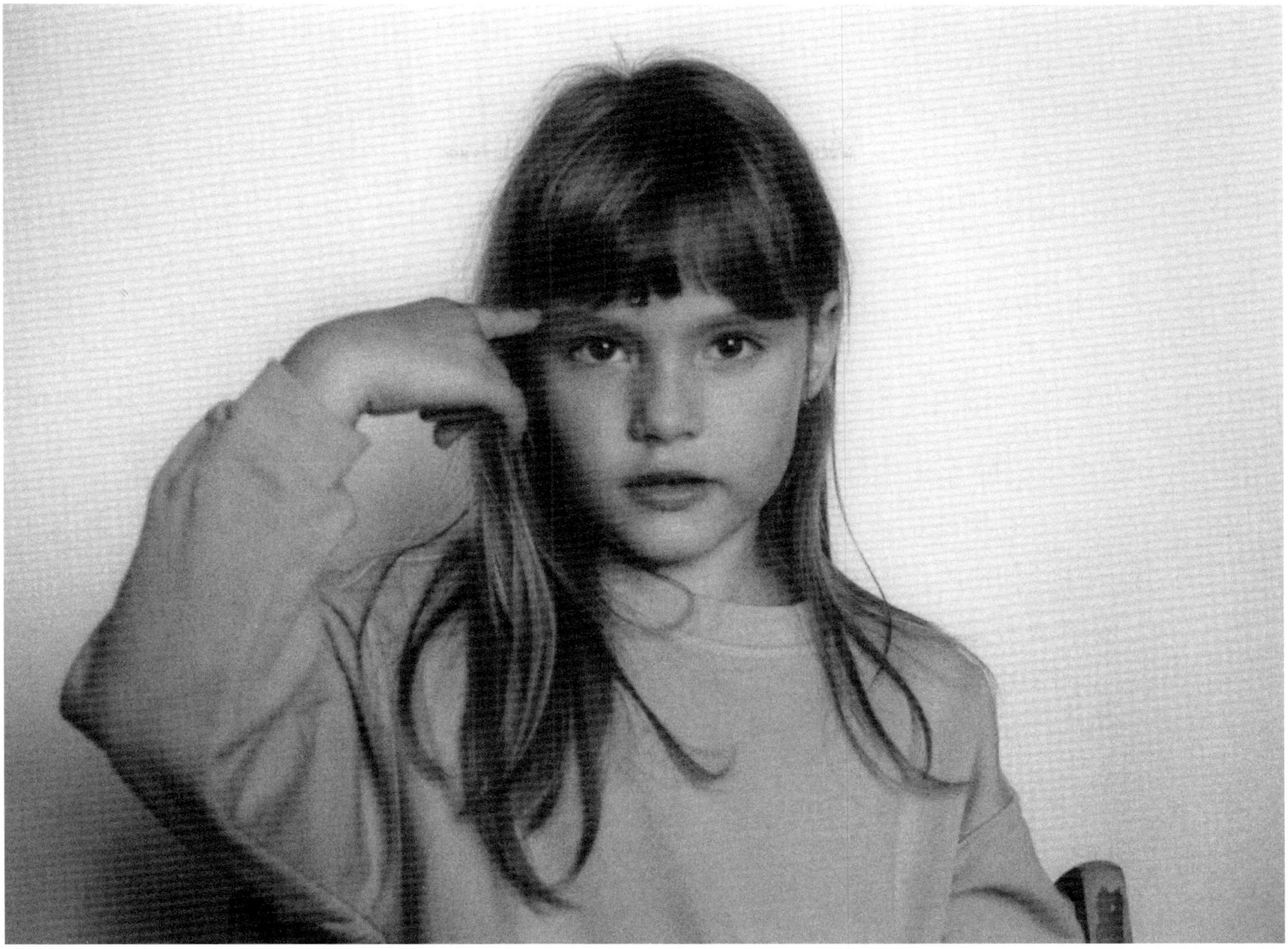

i l

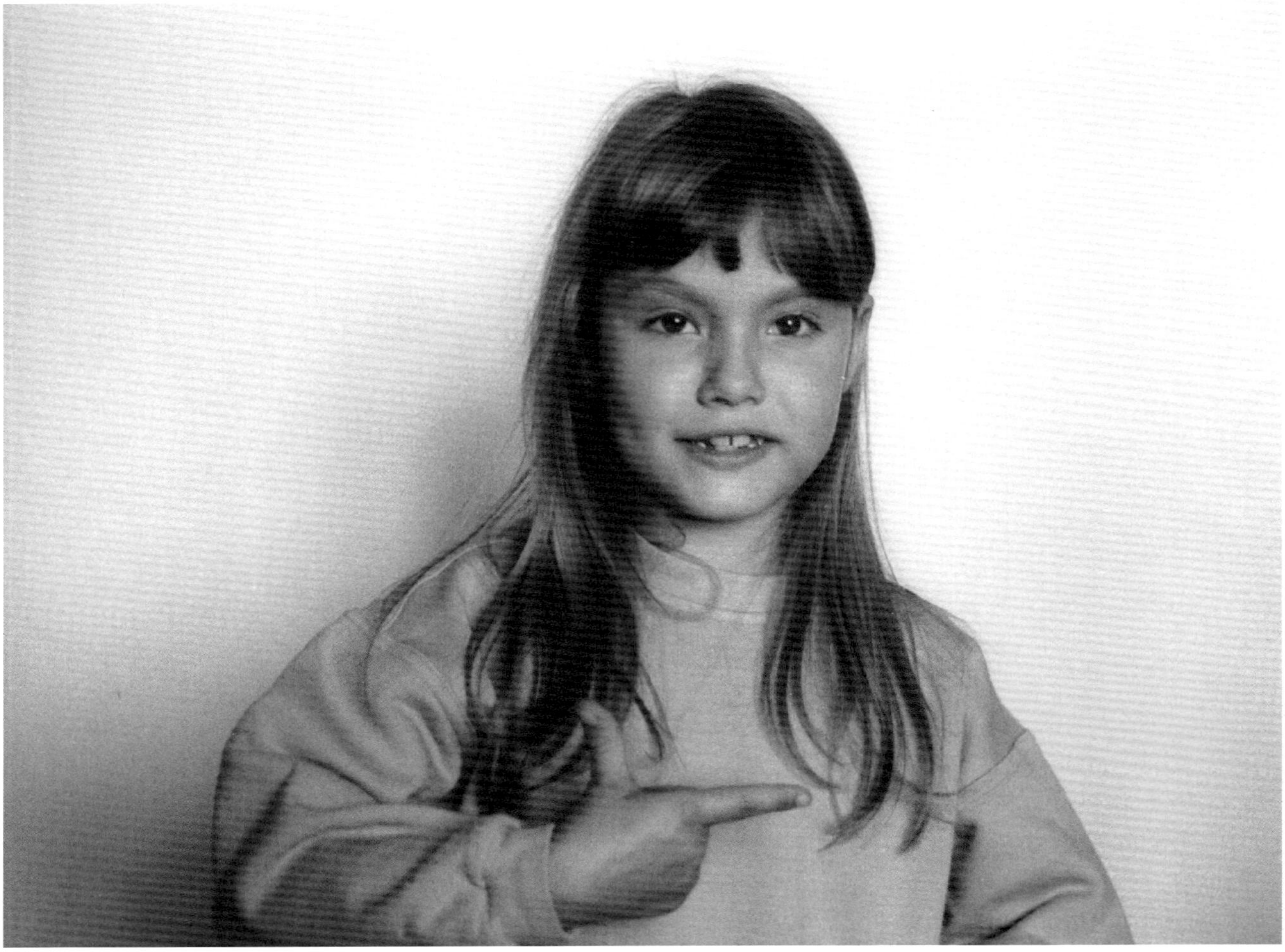

j J

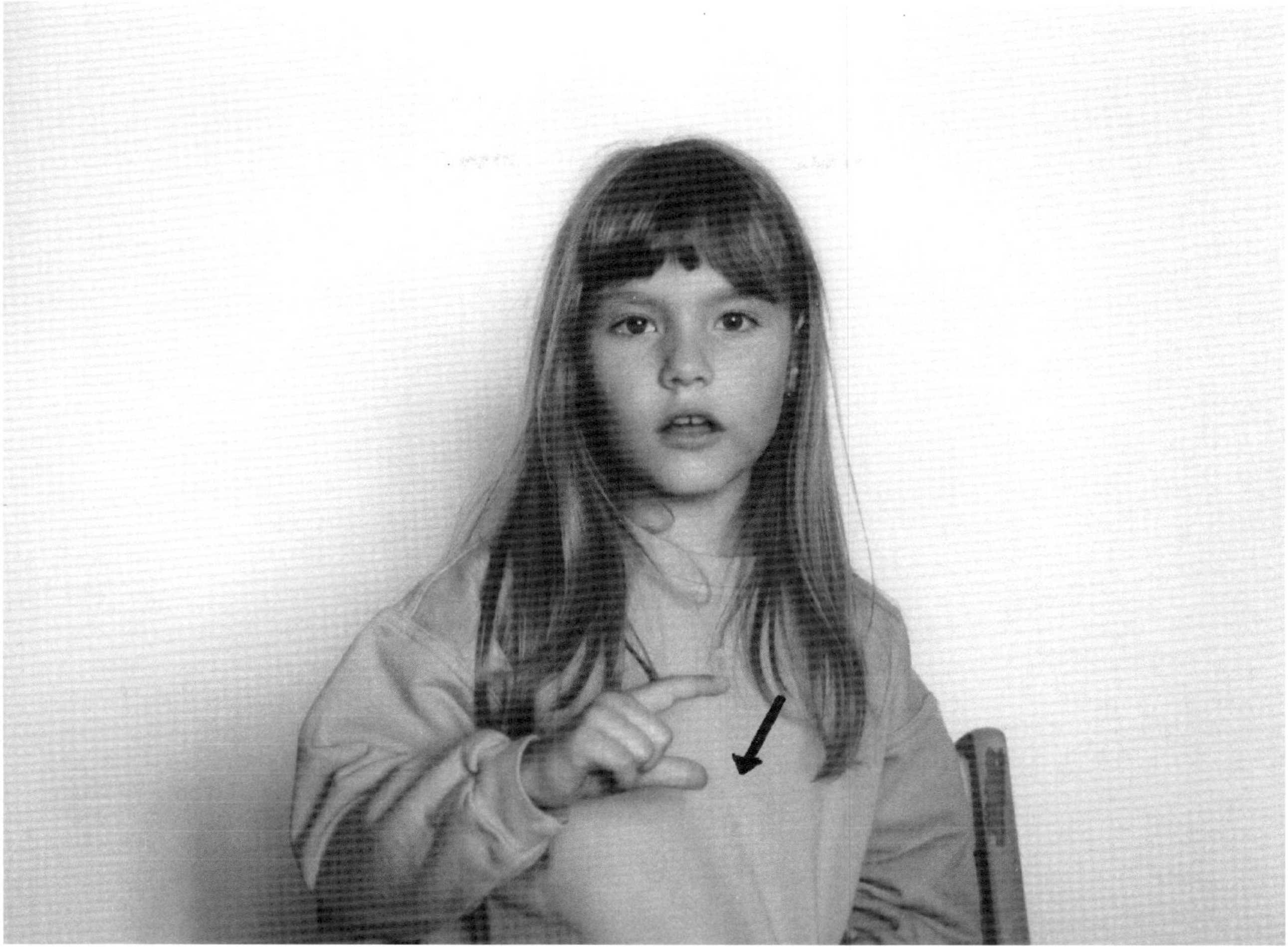

k K

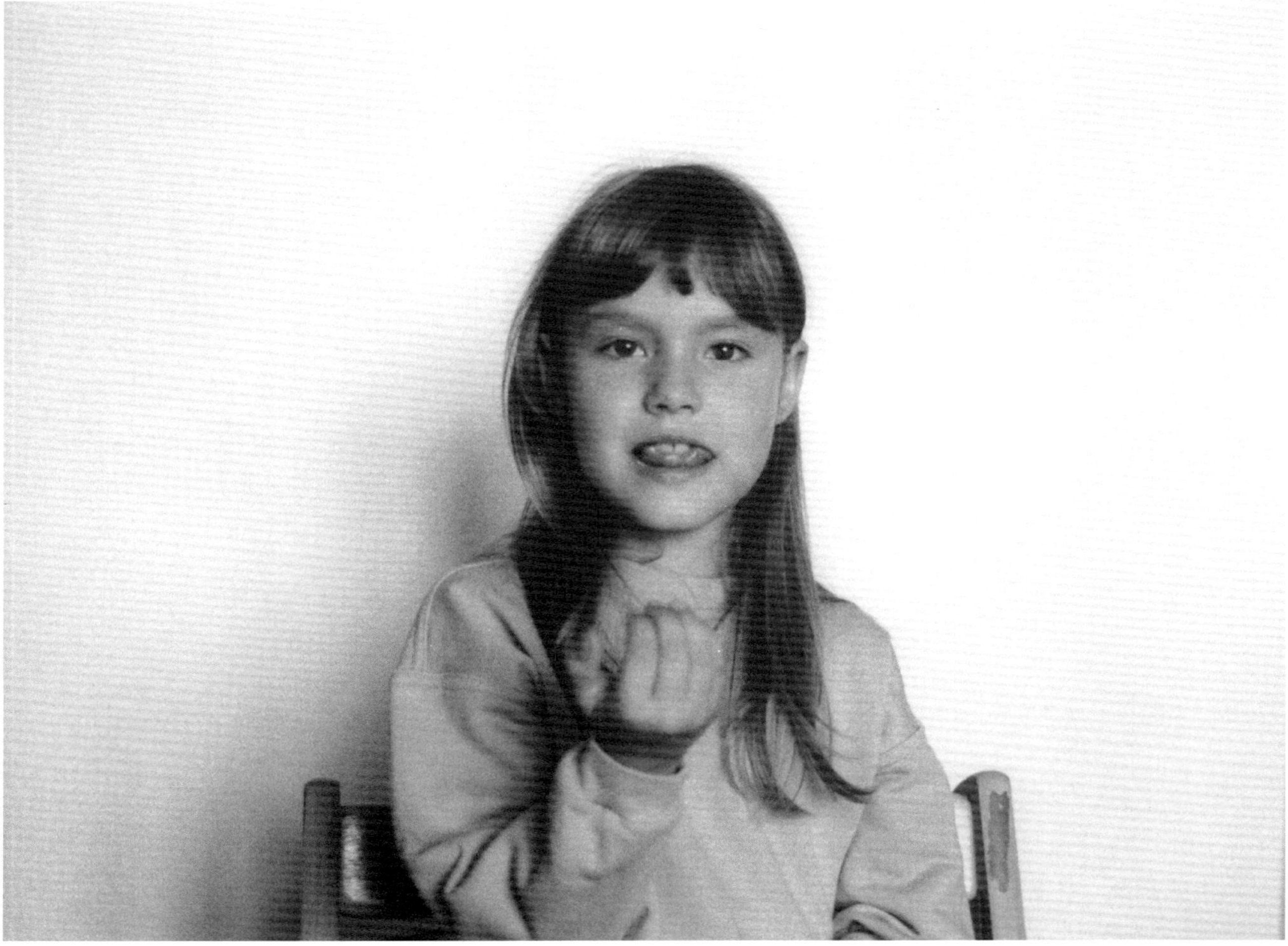

I L

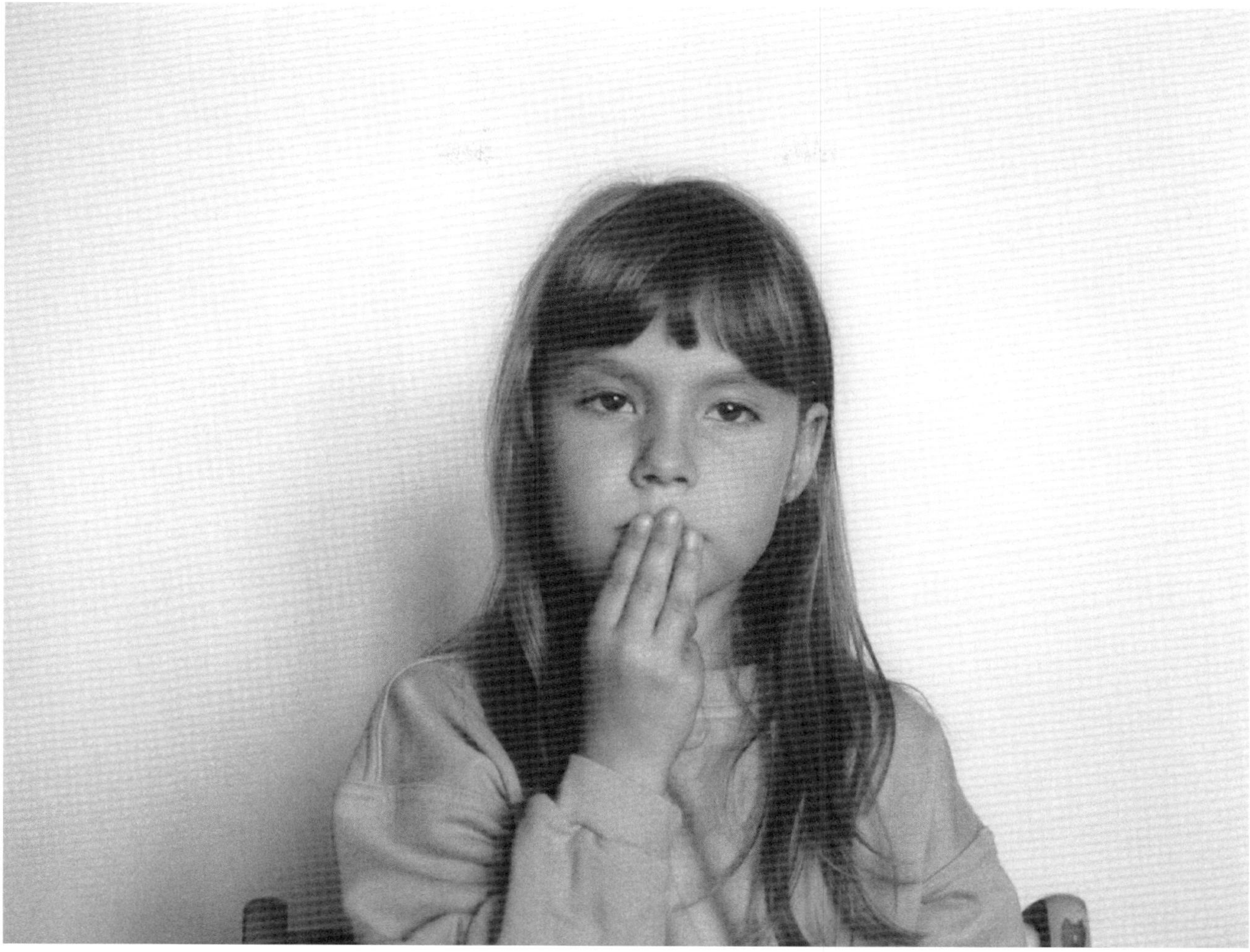

m M

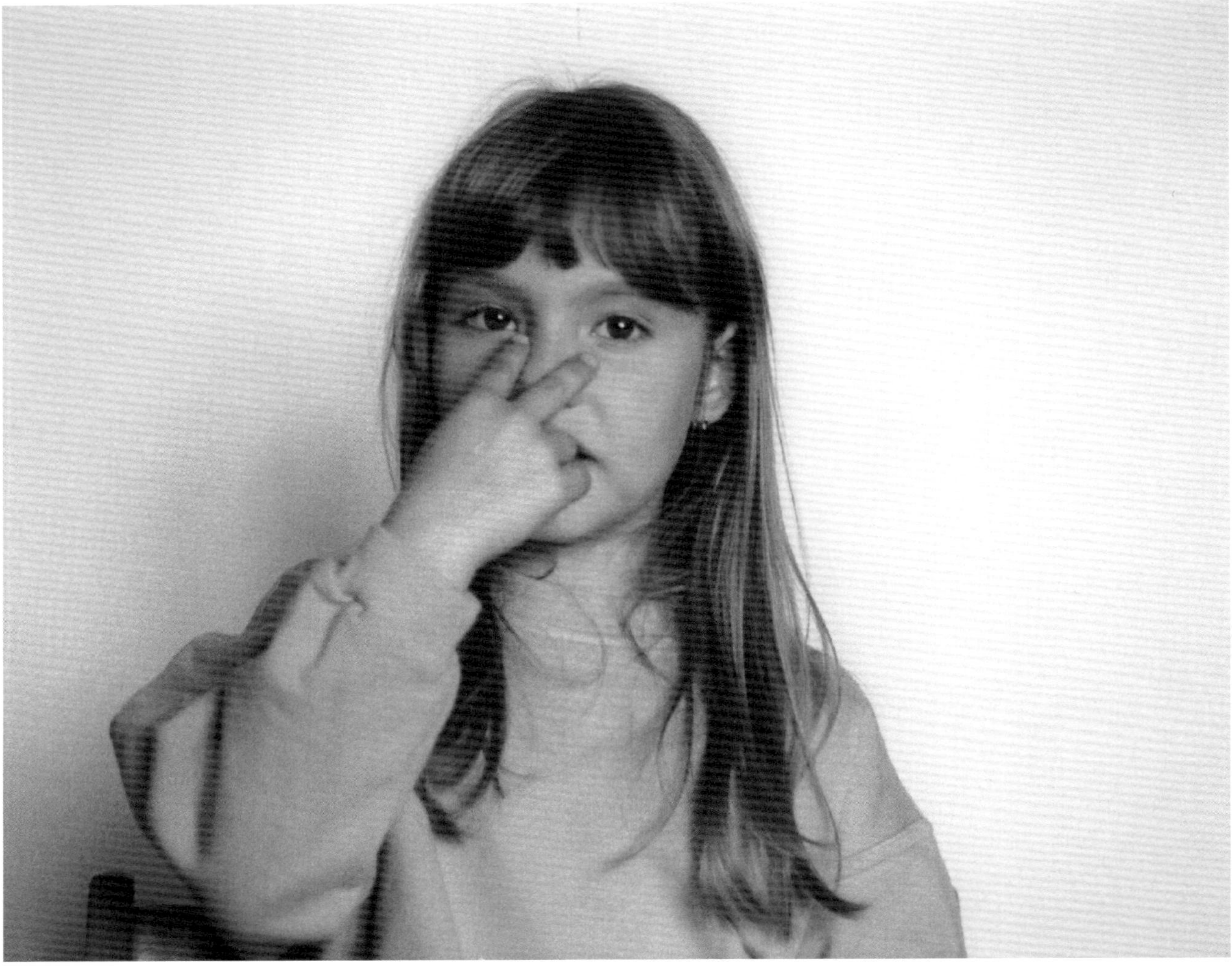

n N

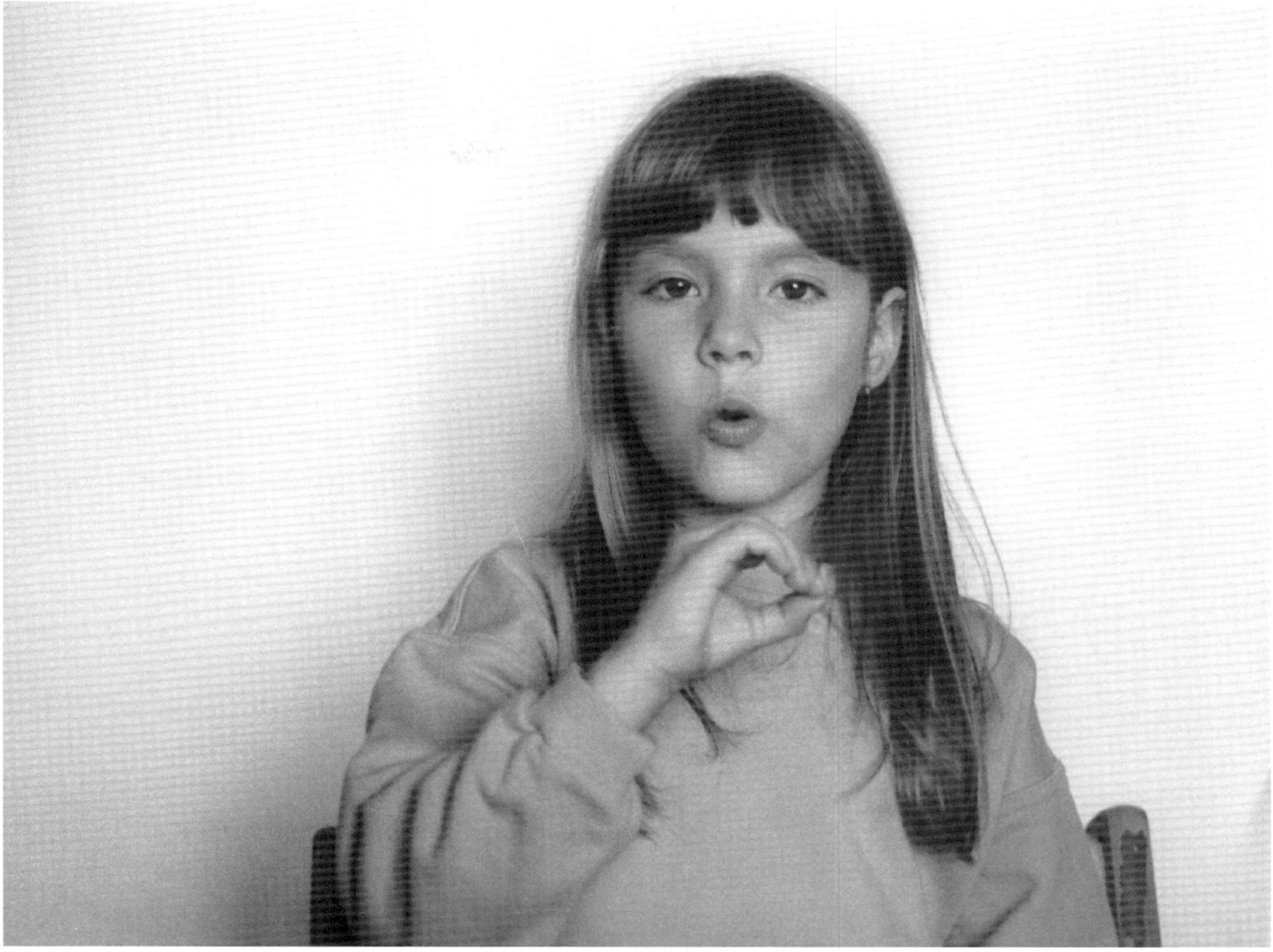

o O

p P

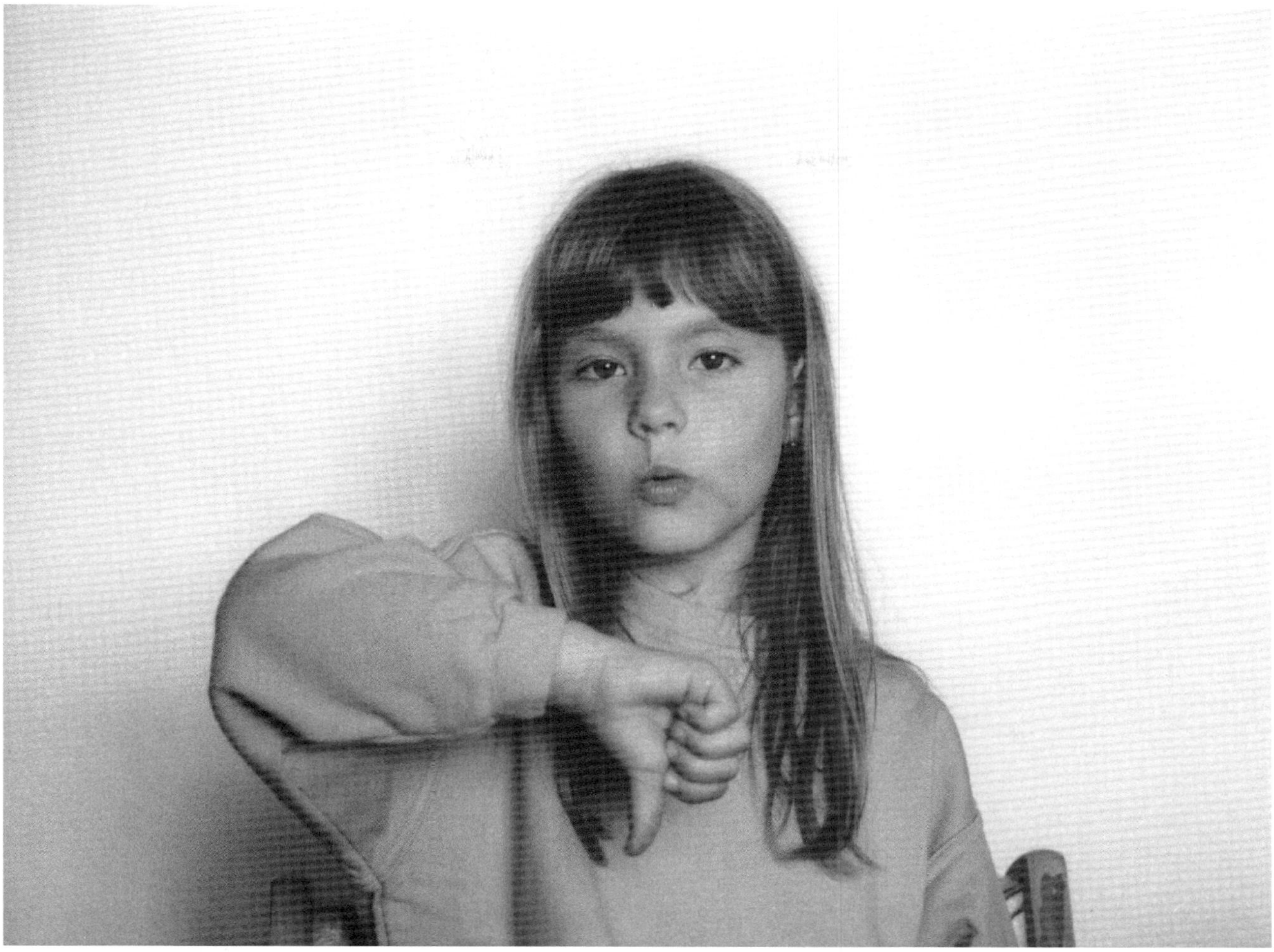

qu Qu

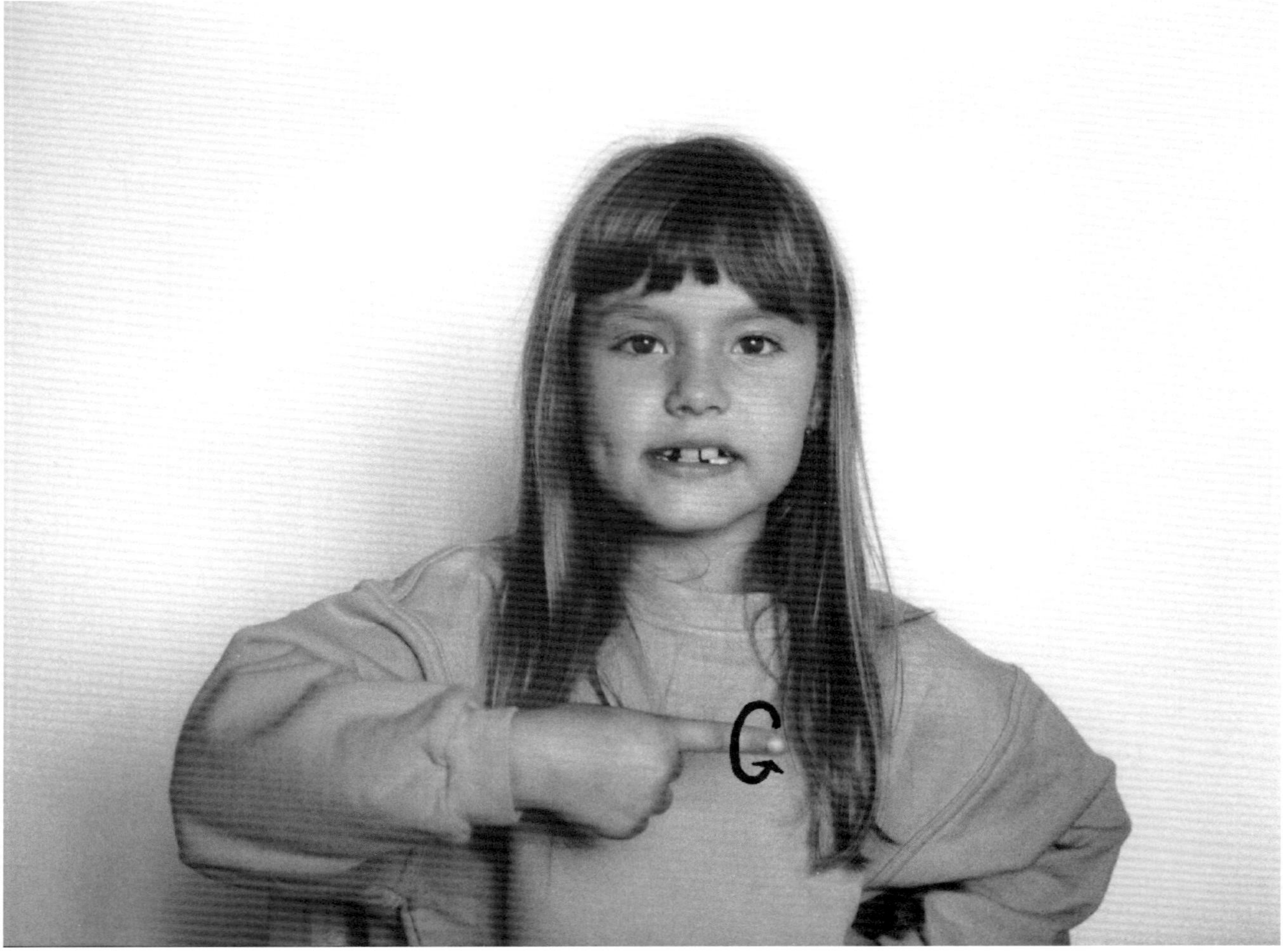

r R

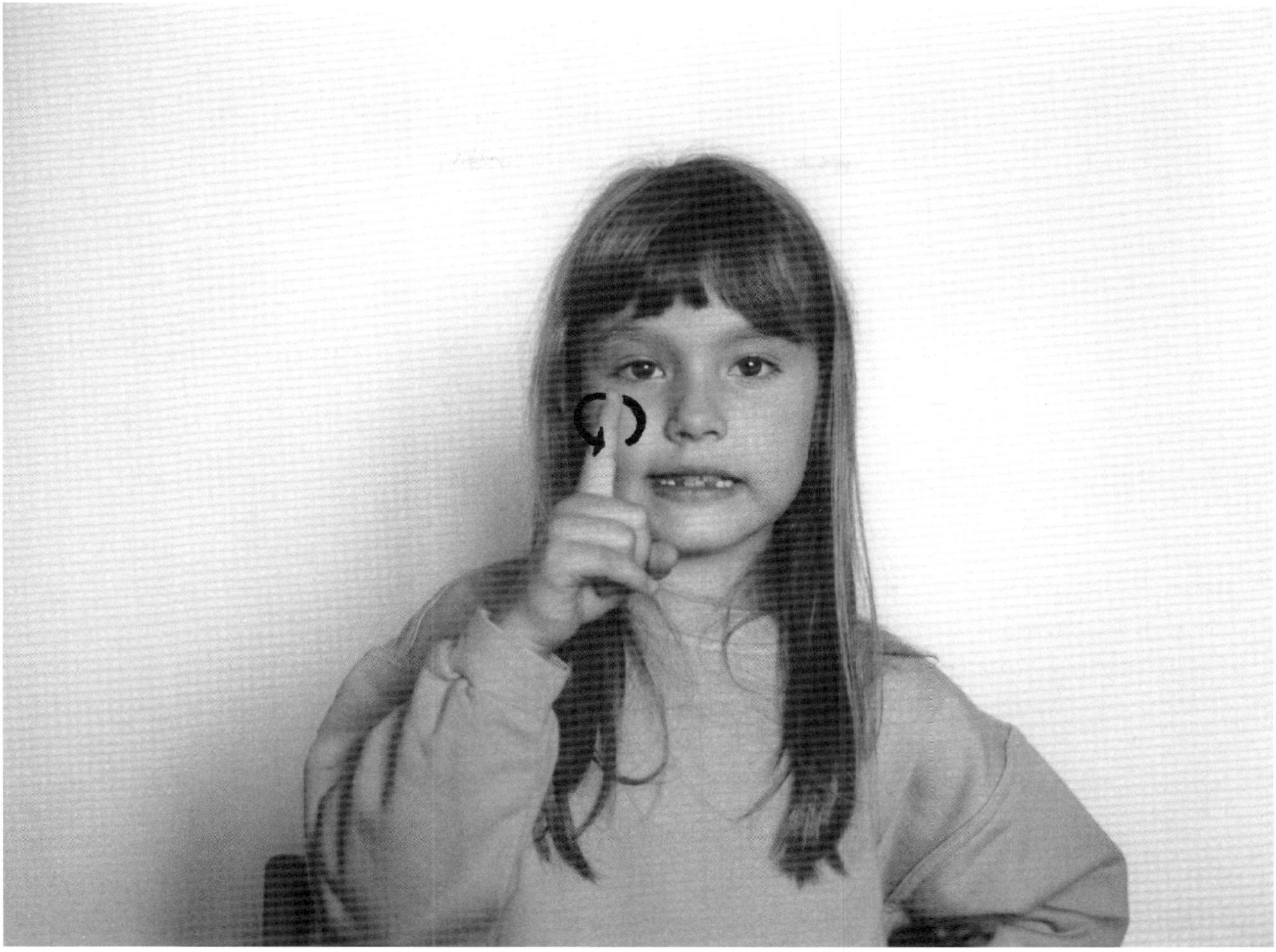

s S

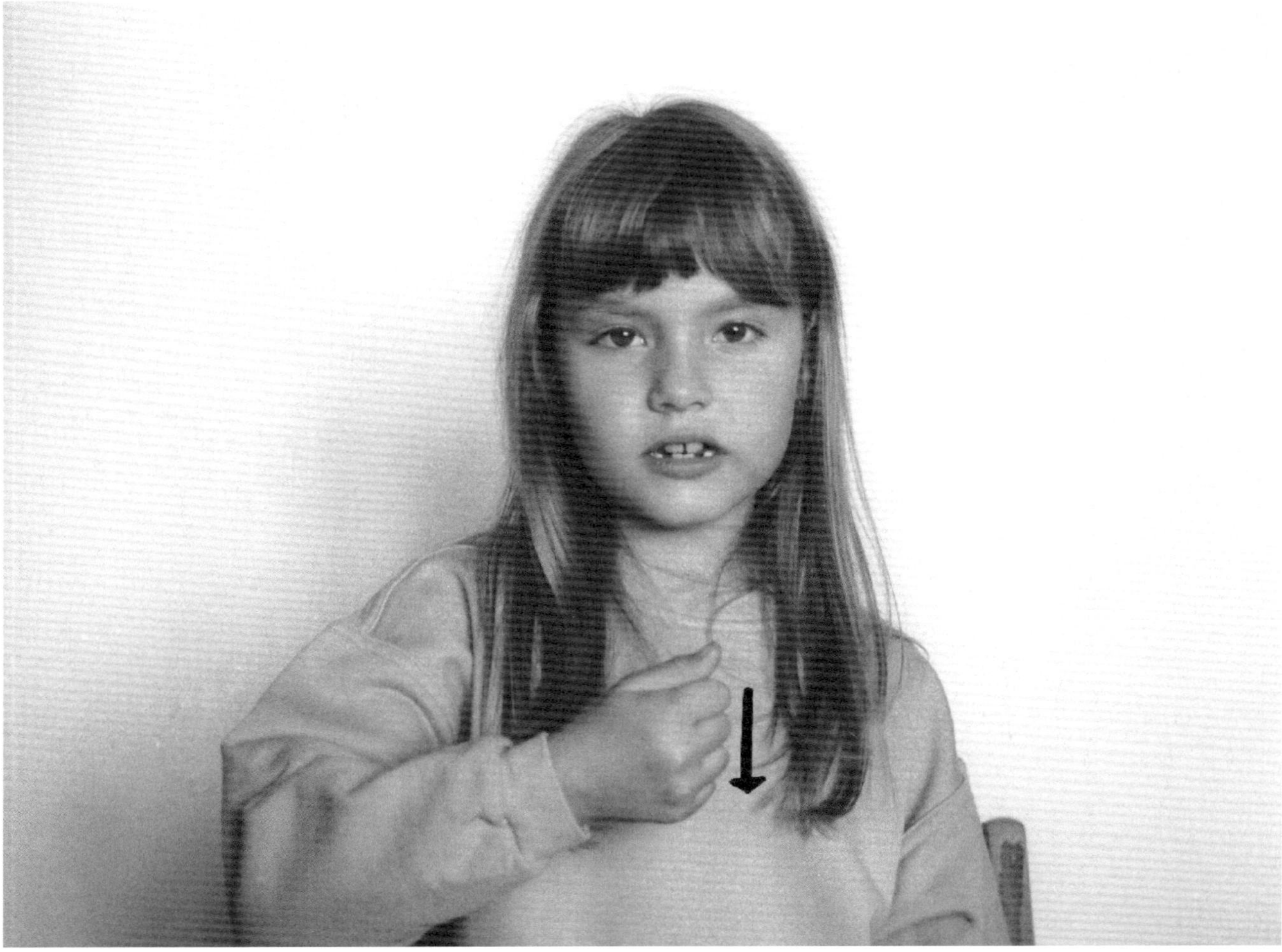

t T

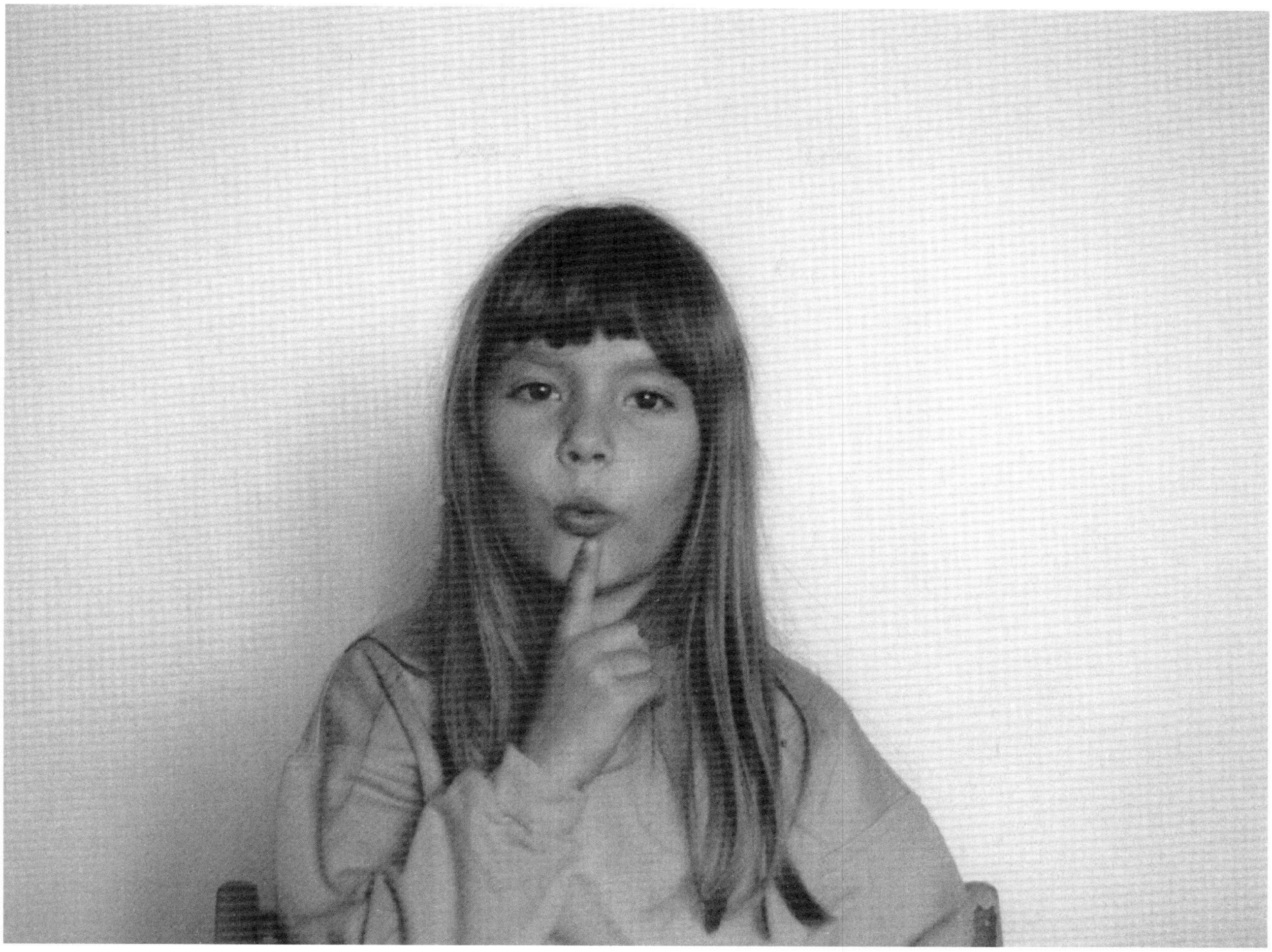

u U

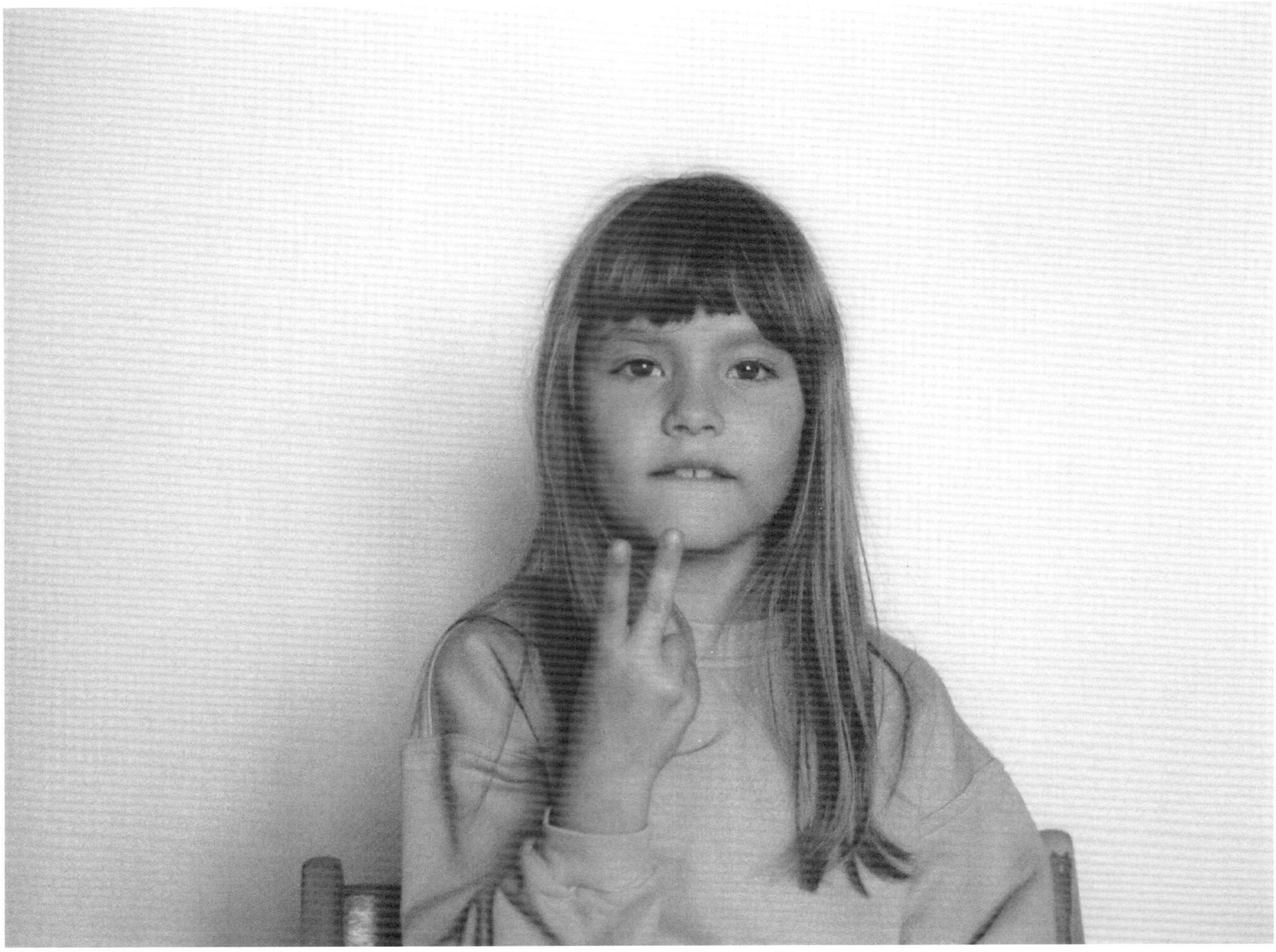

v V

w W

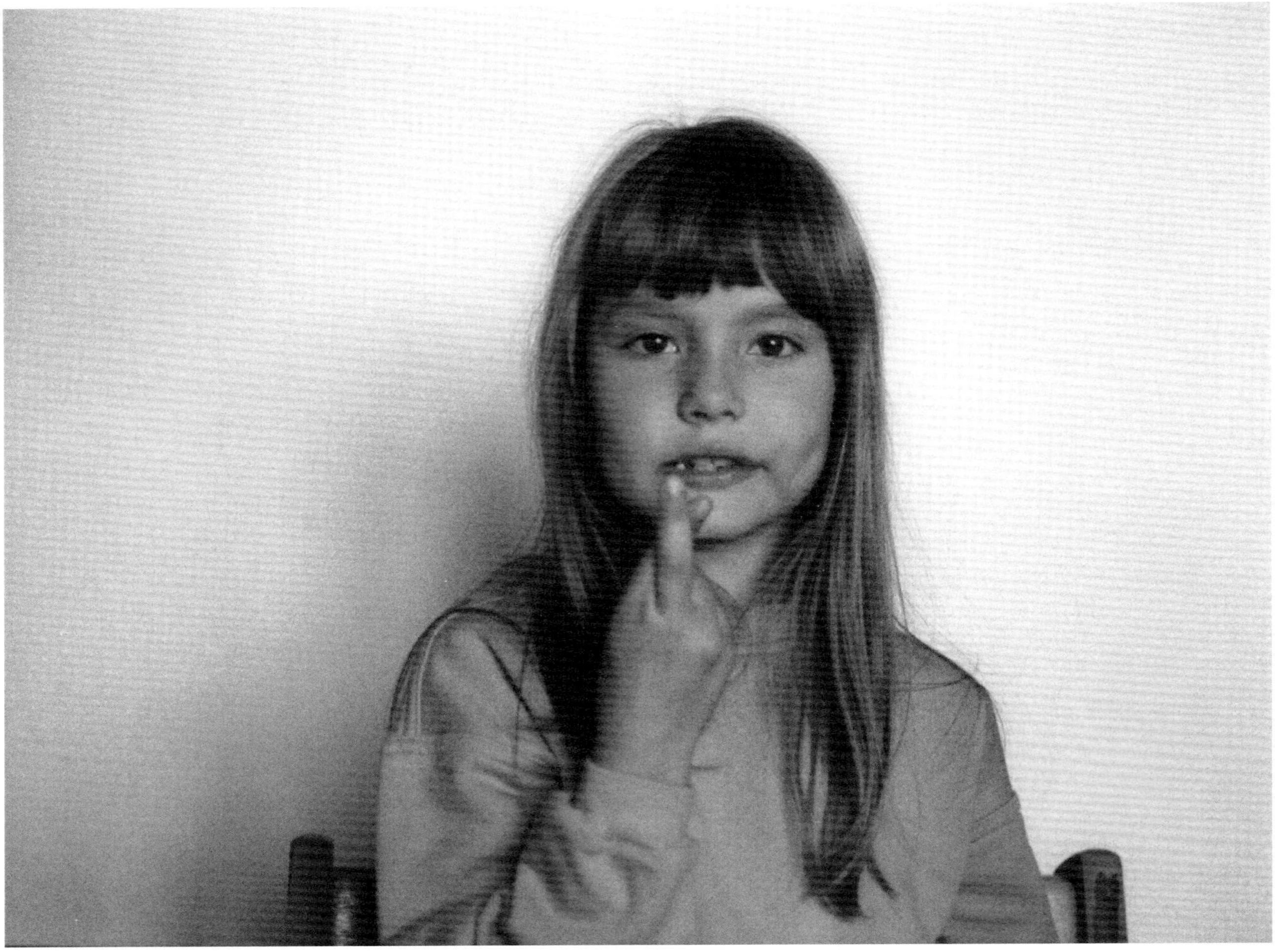

x X

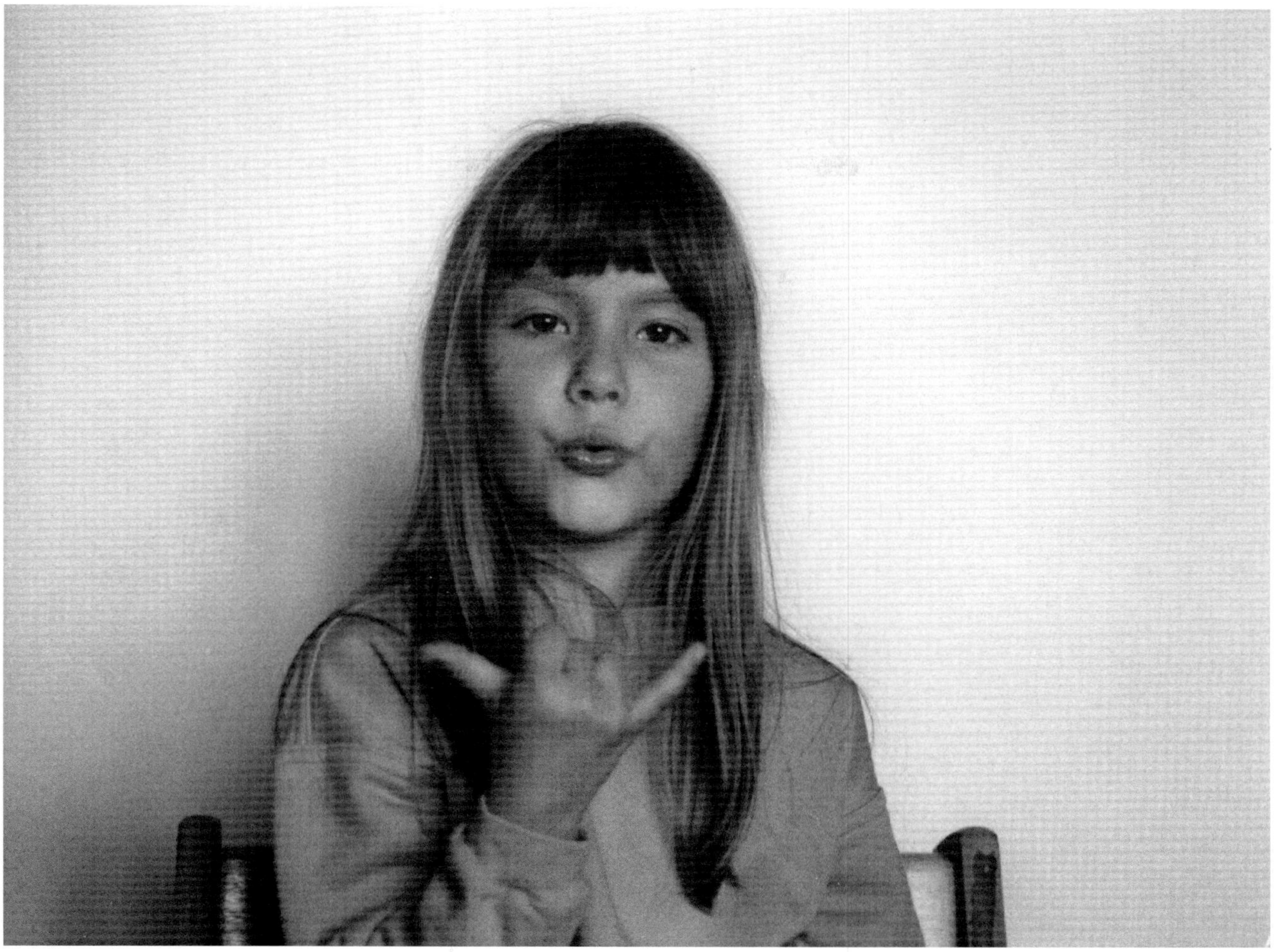

y Y

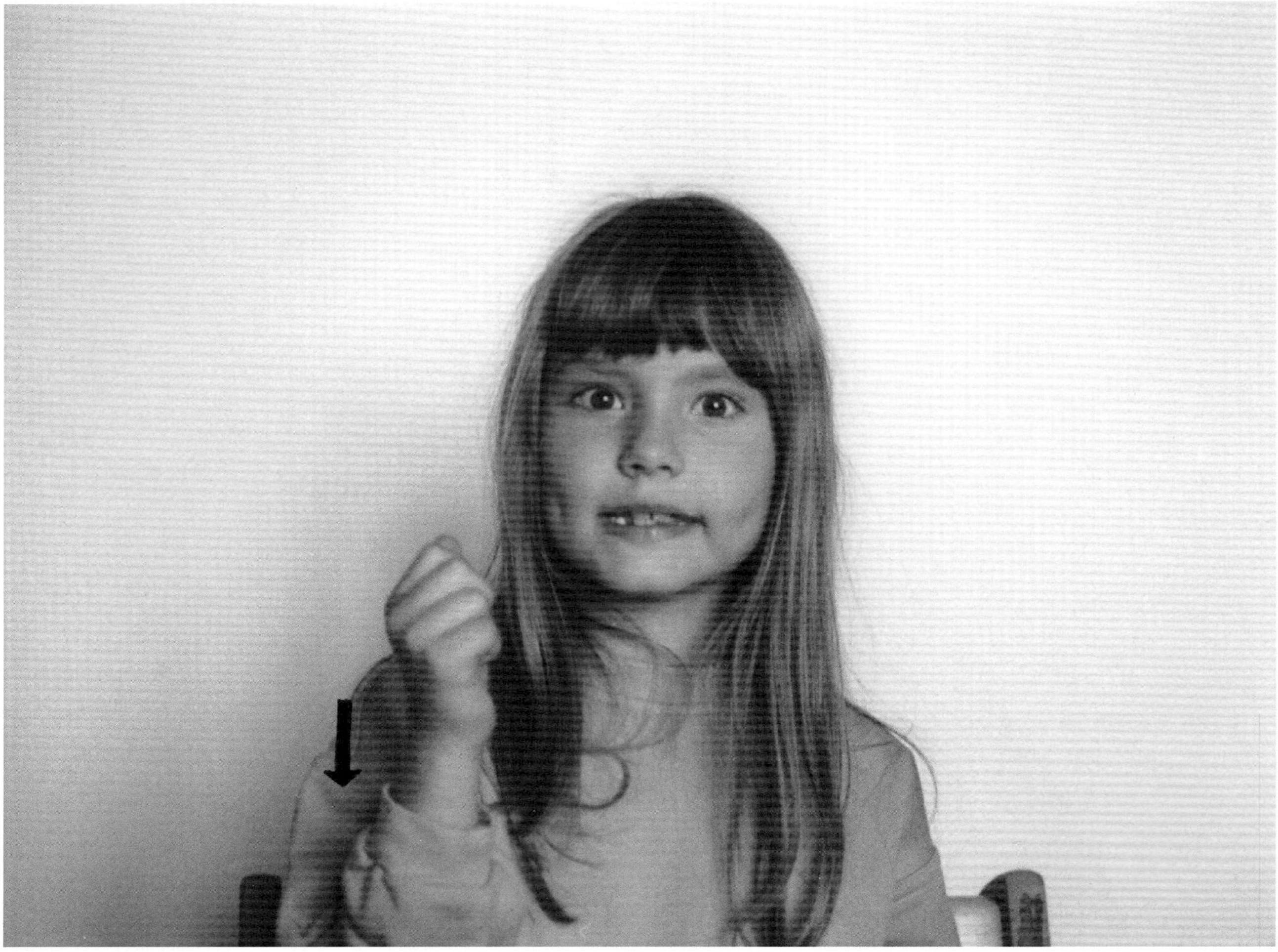

z Z

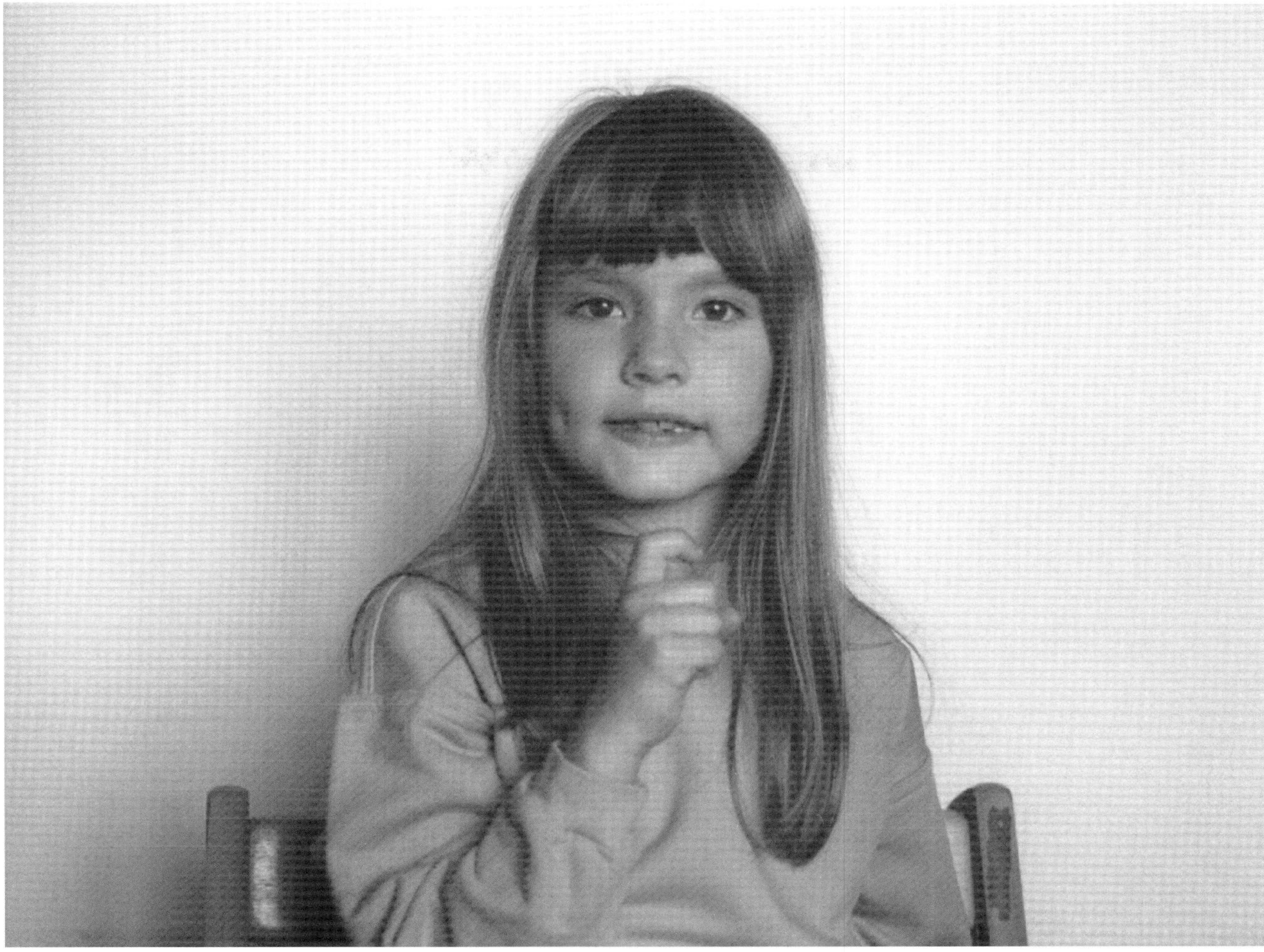

ß

au Au

ei Ei

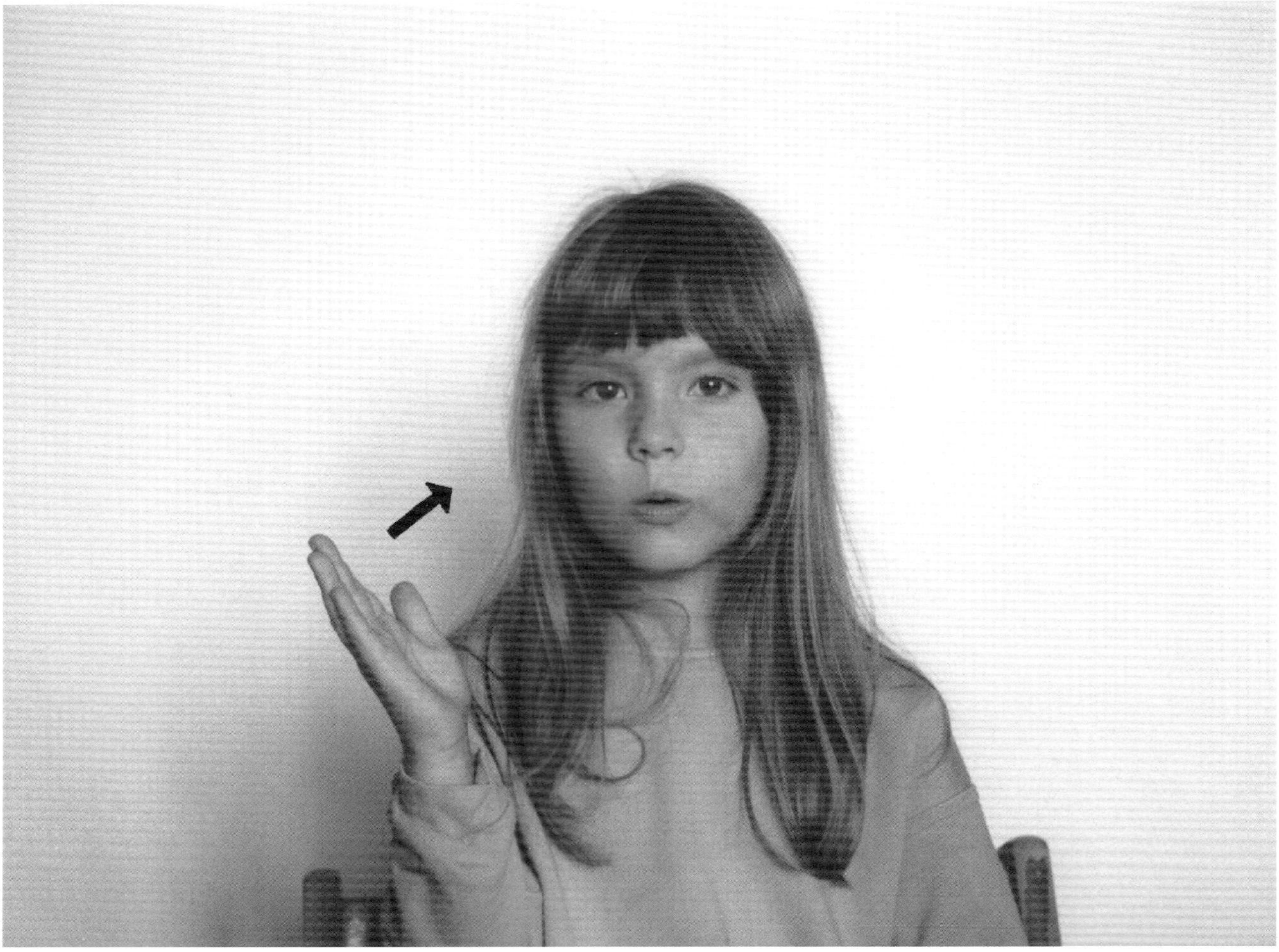

eu Eu

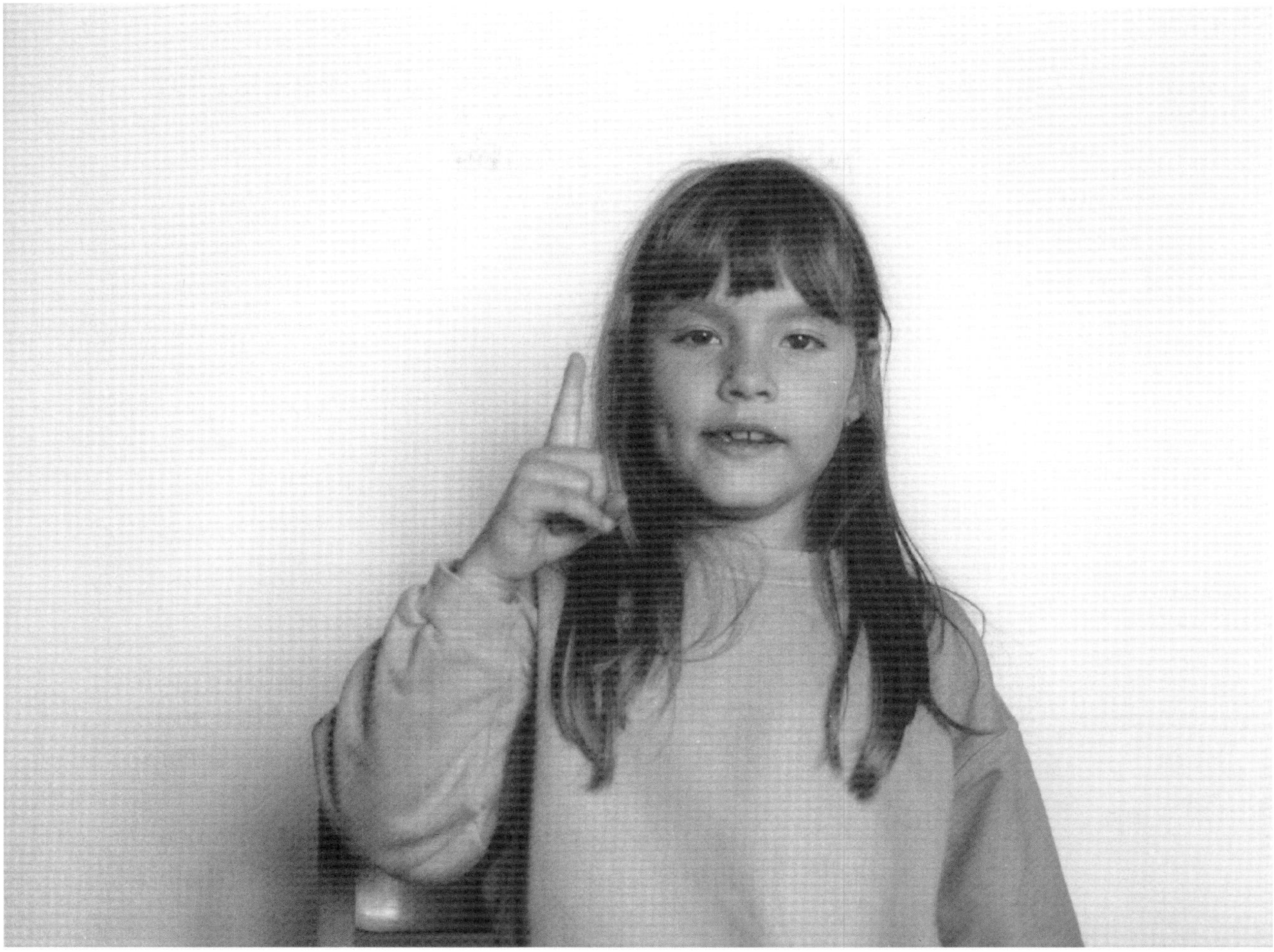

ie

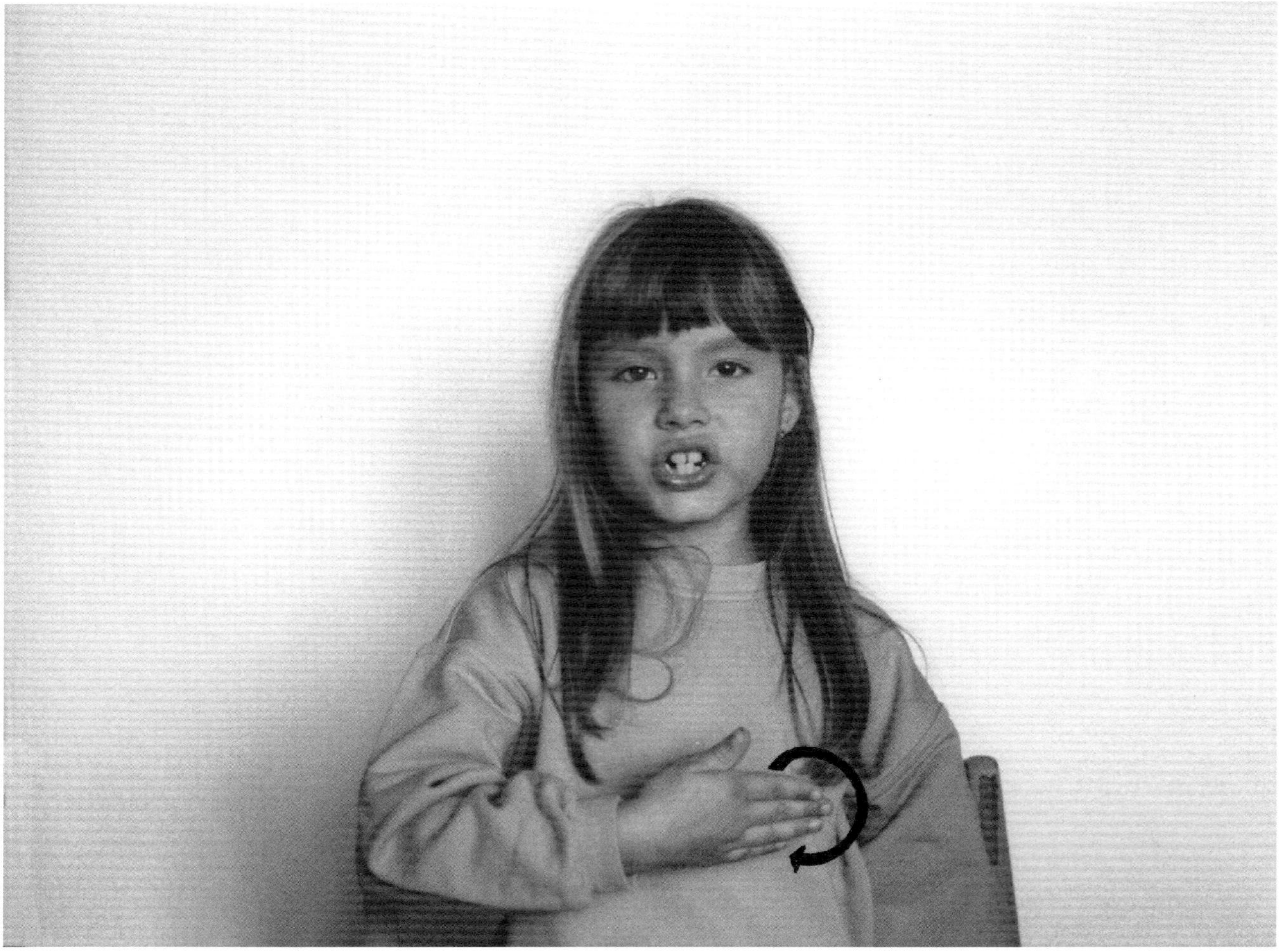

sch Sch

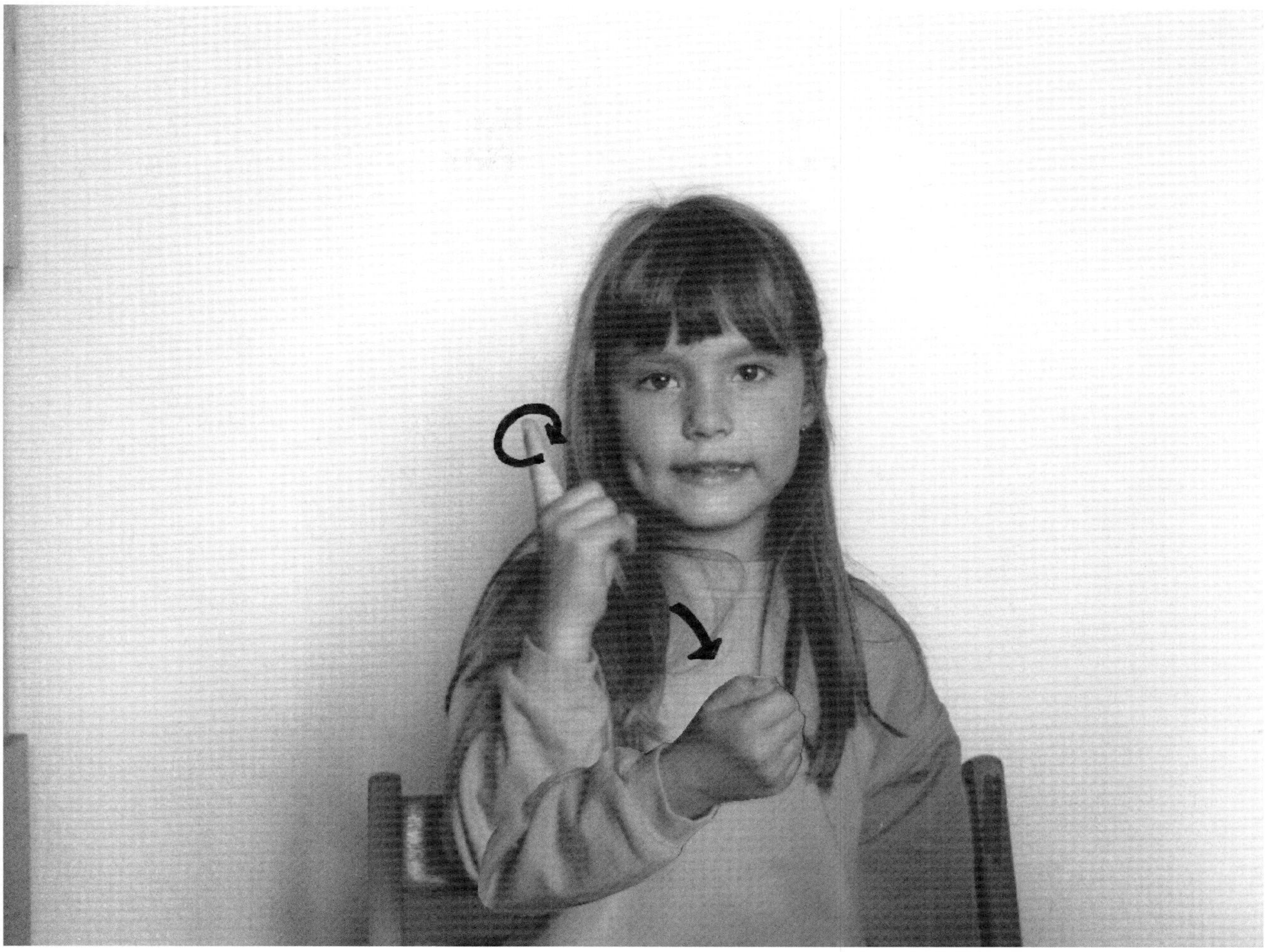

st St

ä Ä

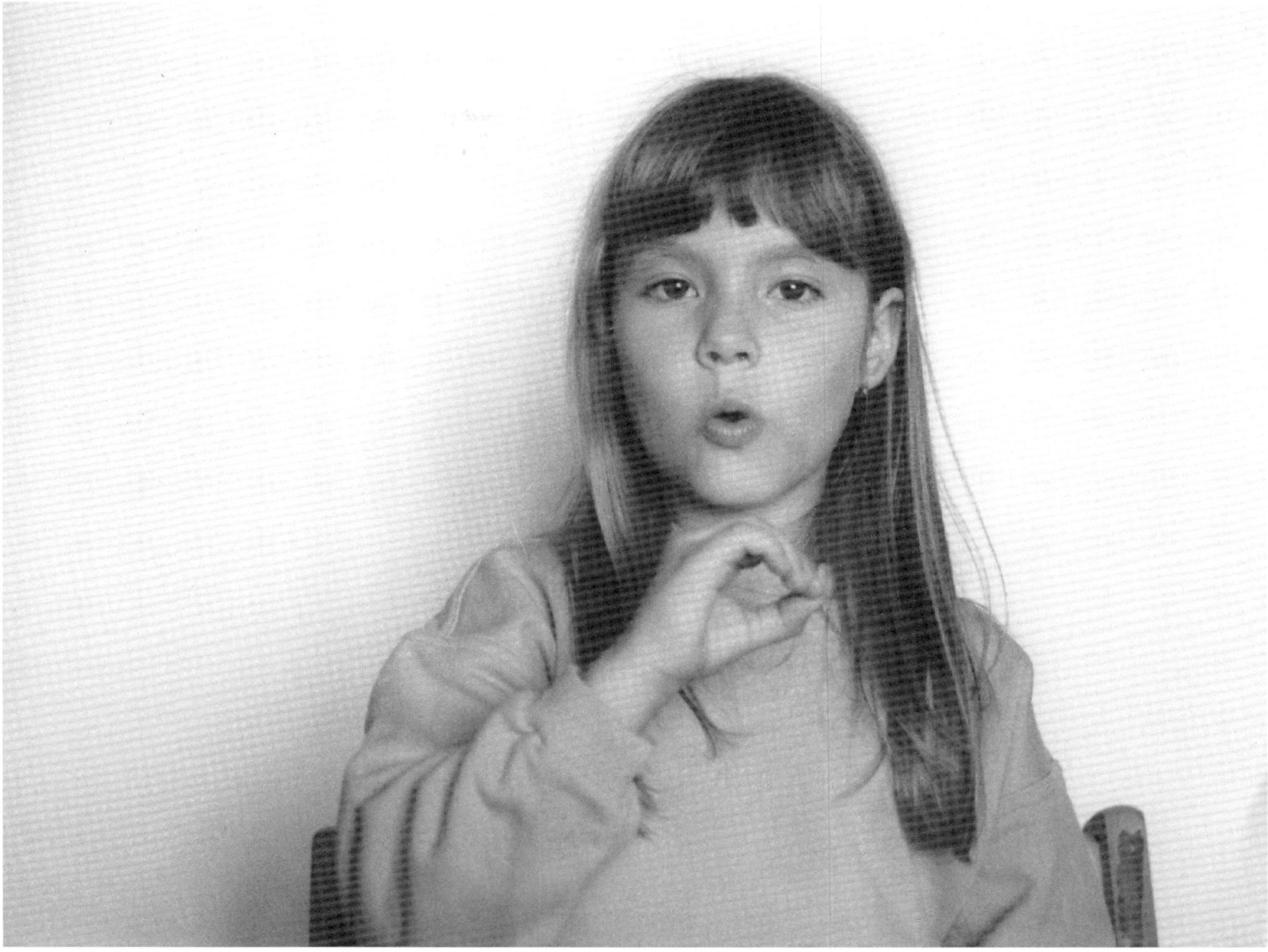

ö Ö

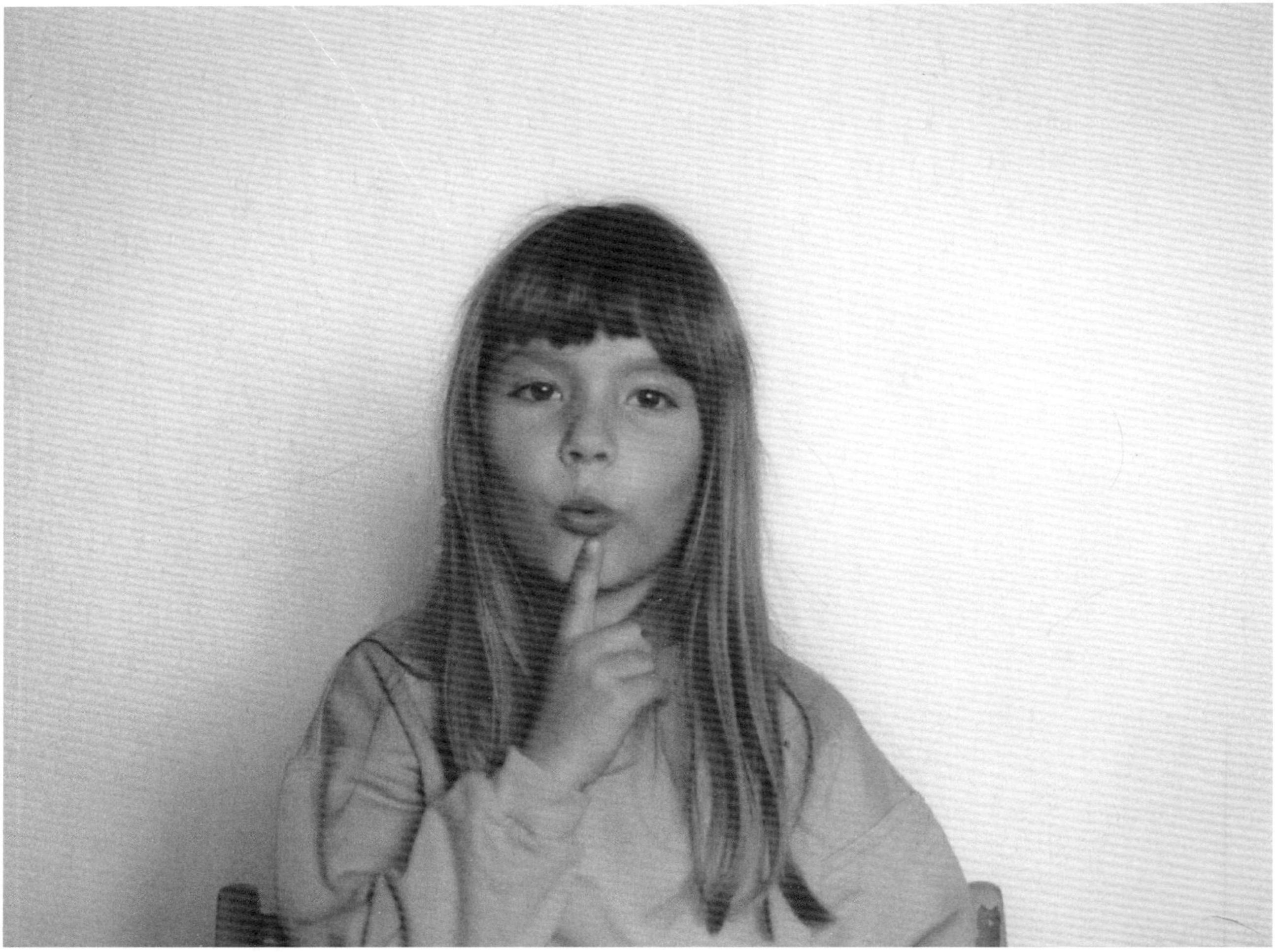

Ü Ü